Karin Riedl
Künstlerschamanen

Edition Kulturwissenschaft | Band 24

Karin Riedl (M.A.) promoviert am ethnologischen Institut der Ludwig-Maximilians-Universität München über das kulturelle Konzept der »freien Liebe« im Kontext des Neoliberalismus.

Karin Riedl

Künstlerschamanen

Zur Aneignung des Schamanenkonzepts bei Jim Morrison und Joseph Beuys

[transcript]

Bibliografische Information der Deutschen Nationalbibliothek
Die Deutsche Nationalbibliothek verzeichnet diese Publikation in der Deutschen Nationalbibliografie; detaillierte bibliografische Daten sind im Internet über http://dnb.d-nb.de abrufbar.

Umschlaggestaltung: Kordula Röckenhaus, Bielefeld
Umschlagabbildung: © Jalal Habach, Cittanova (Italien) 2013
Druck: Majuskel Medienproduktion GmbH, Wetzlar
ISBN 978-3-8376-2683-4

Gedruckt auf alterungsbeständigem Papier mit chlorfrei gebleichtem Zellstoff.
Besuchen Sie uns im Internet: *http://www.transcript-verlag.de*
Bitte fordern Sie unser Gesamtverzeichnis und andere Broschüren an unter: *info@transcript-verlag.de*

Inhalt

Prolog

„The lights dimmed […]. A roar lifted […], the sound swelled and expanded: a full range of voices screaming, yelling, whisteling and shouting. This was accompanied by thunderous clapping and booming foot stomping […]. At the exact second the […] howl could get no louder, [he] screamed […]. He screamed as only a person who knows how to let the scream fly free – without restrictions, without fear of damaged vocal cords – can scream. It sounded like a thousand dogs whining at a thousand untuned violins mixed with the air […]. The sound screamed him. Not one person in the audience had ever imagined, much less heard, such a sound. It shocked them into almost complete silence […]. Into that crack of illuminated and hypnotic attention, [he] sang the first words of the song […]. His power was a visible entity […]. He had contact with each and every member of the audience."[1] „His placid face turned into a thousand masks of tension and emotion […]. His movements and gestures became fitful and spasmodic […]. He danced, not with graceful and fluid motions, but with short hopping steps and piston like motions, bent foreward, head snapping up and down […]. And his eyes […] turned vacant, glazed over and stared out at the audience like two bright windows."[2] „They watched his eyes to see where his trip was taking him. It could be chaos, terror, violence, death, nightmare, or it could be gentle rebirth and joy. He seemed at times blinded by a mystic light, lost and reeling…"[3]

„Der Mann ließ [den Kojoten] niemals aus dem Auge. Die Sichtlinie zwischen ihnen wurde zum Zeigersystem eines geistigen Zifferblattes, das den Ablauf der Bewe-

---

1 Lisciandro 1982: 19.

2 Ebd.: 29.

3 Ebd.: 19.

gungen maß […]. Dann hüllte er sich in […] Filz ein bis hoch über den Hut […]. Der Mann führte seine Bewegungsfigur aus, eine auf den Kojoten hin gerichtete Choreographie, Zeitablauf und Stimmung vom Tier reguliert […]. Die Grundstruktur der Bewegungen blieb immer gleich, aber die des Kojoten veränderte sich bei jeder Sequenz […]. Manchmal hielt er auf Abstand oder schien ganz unbeteiligt zu sein, und die Atmosphäre war würdig und still. Dann wieder wurde er angespannt, wartend und wachsam die Filzgestalt behutsam umkreisend, nervös bei der kleinsten Bewegung. Gelegentlich wurde er verrückt vor Erregung, spitzbübisch – boshaft, heimtückisch und verschlagen, verspielt bis zur Aggression […]. Besonders heftig reagierte er, wenn die Figur starr dalag, besorgt daran witternd, stupsend und scharrend […]. Plötzlich sprang die […] Gestalt auf, warf dabei die Filzhüllen ab, und schlug drei klare weittragende Töne auf der Triangel an, die frei von seiner Brust herunterhing. Der hohe scharfe Ton zersplitterte die Stille. Dann baute sich die Stille innerhalb der nächsten zehn Sekunden wieder neu auf, um erneut ausradiert zu werden, diesmal durch einen zwanzig Sekunden lang widerhallenden Lärmausbruch…“[4]

4 Tisdall 1976: 6 f.

1. Einleitung

Gegenstand

Der Ausgangspunkt dieser Studie war eine ebenso beiläufige wie anregende Beobachtung: Im Laufe des 20.Jahrhunderts kam es wiederholt vor, dass Künstler verschiedener Sparten mit Schamanen gleichgesetzt wurden. Es existieren Ansätze, das Werk Kandinskys auf seine Beschäftigung mit sibirischer Ethnographie und eine weitreichende Identifikation mit der Figur des Schamanen hin zu interpretieren[1]. Auch für Frida Kahlo[2] und den Dichter Ted Hughes[3] nehmen verschiedene Wissenschaftler eine Beeinflussung ihres Werkes durch die Beschäftigung mit Schamanismus an. Von Kritikern und Journalisten gelegentlich als Schamanen tituliert zu werden, war verschiedenen Größen der Populärkultur wie Janis Joplin[4], Bob Dylan, den *Beatles*, Michael Jackson sowie einer Reihe von Opernsängern gemeinsam[5].

Im Hinblick auf die Verknüpfung der Künstlerrolle mit der des Schamanen erweisen sich allerdings zwei Biographien und künstlerische Entwürfe als besonders aufschlussreich: die Rede ist von Jim Morrison und Joseph Beuys. In beiden Fällen kristallisierte die Schamanen-Metapher – weit über äußere Zuschreibung oder die Aufnahme schamanischer Elemente ins Werk hinausreichend – zu einem essentiellen Element künstlerischer

1 Vgl. Weiss 1995.

2 Vgl. Gockel 2006.

3 Vgl. Kupferschmidt-Neugeborn 1995.

4 Vgl. Gusaitis 1968.

5 Vgl. Flaherty 1988: 520; in Bezugnahme auf Artikel in *People*, *Time* und *The New York Times*.

Selbstkonzeption und hallte vielfach in der populären, literarischen und wissenschaftlichen Rezeption dieser beiden Künstler nach.

Ganz offensichtlich besteht nun ein grundlegender kontextueller Unterschied darin, ob jemand ein Ritual für eine kleine Gemeinschaft in einem Zelt in Sibirien durchführt, in einer europäischen Kunstgalerie ausstellt, oder vor einigen tausend Zuschauern auf einer Bühne in Los Angeles steht. Daher scheint es zunächst naheliegend, das beobachtete Phänomen als einen Prozess kultureller Aneignung zu interpretieren.

In der Begrifflichkeit der ethnologischen Theorie kultureller Aneignung lässt sich also sagen: Zumindest Morrison und Beuys haben sich die Figur des Schamanen *angeeignet*, das heißt: sie von einem kulturellen Kontext in einen anderen überführt, sie in andere gesellschaftliche und philosophische Zusammenhänge eingefügt, dabei zugleich umgedeutet und als diskursives Element in die relevanten Diskussionen ihrer Gegenwart eingebracht.

So scheint es. Bei genauerer Betrachtung allerdings ist obigem Gedankengang eine wichtige Feststellung hinzuzufügen: Den genannten Künstlern und der rezipierenden Gesellschaft war Schamanismus nur mittelbar ein Begriff – Schamanismus war ihnen tatsächlich *ein Begriff*, und entscheidend mitgeprägt hat diesen Begriff die Ethnologie, die dadurch eine Mittlerposition zwischen der Herkunfts- und der aneignenden Gesellschaft einnimmt. Man muss also vielmehr von einer Aneignung des Schamanen*konzeptes* sprechen, das eine kulturelle Institution repräsentiert, als von einer direkten Aneignung dieser Institution selbst.

Begriffe und Definitionen

Dementsprechend befasst sich dieses Buch nicht mit Schamanismus als sozialem, religiösem oder psychischem Phänomen in indigenen Gemeinschaften, sondern mit der diskursiven Konstruktion des Schamanismus (respektive des Schamanen) im Westen. Mit den ersten Reiseberichten über die spirituellen Praktiken der Bevölkerungsgruppen Sibiriens begann der ethnographische Wissensbestand über Schamanismus in der westlichen Gesellschaft zu zirkulieren. Die Ethnologie war in diesem Falle Urheberin eines Konzeptes, das in mehreren Wellen der Popularisierung Eingang in die westliche Vorstellungswelt gefunden hat, dort transformiert und in verschiedenen Formen adaptiert wurde und somit von Beginn an nicht ‚Eigentum' der Ethnologie war, die dennoch – vermutlich gerade deshalb – bis heute die Interpretationshoheit dafür in Anspruch nimmt[6]. Philosophische, wissenschaftliche, künstlerisch-literarische und populärkulturelle Rezeptionen fanden gleichermaßen statt, bedingten und reflektierten sich gegenseitig[7].

Ich möchte mich in dieser Hinsicht dem Religionswissenschaftler Kocku von Stuckrad anschließen, der von einem „unfreiwilligen Gesprächsbeitrag der Ethnologie“[8] spricht und seinen Untersuchungsgegenstand als das *Diskursfeld Schamanismus* definiert, in dem eine Vielzahl von Beiträgen aus Wissenschaft, Philosophie, Kunst, Literatur und Religion die Bedeutung und Konnotation des Begriffes in einem interaktiven Prozess aushandeln und konstruieren[9].

Mein Verständnis des Begriffes ‚Diskurs‘ lehnt sich dabei an das von Michel Foucault an. Diskurse im Sinne Foucaults sind „Praktiken [...], die systematisch die Gegenstände bilden, von denen sie sprechen“[10]. Ein Diskurs legt fest, wie über bestimmte Dinge gesprochen wird, wie sie behandelt, benannt, analysiert und klassifiziert werden[11] – wodurch er alle anderen möglichen Formen der Äußerung ausschließt[12]. Empirisch fassbar wird ein Diskurs durch die „Gesamtheit aller effektiven Aussagen“[13] zu einem Gegenstand, wobei unter „Aussage“ auch Hypothesen[14], Begriffe und Konzepte[15] zu verstehen sind. Ausgehend von einer Sammlung dieser ‚diskursiven Fakten‘ unternimmt es Foucault, Relationen zwischen diesen Aussagen[16] sowie Regeln zu identifizieren, nach denen diese Relationen sich ändern[17]. Diese Regeln umfassen „die formalen Strukturen, die Kategorien, die Weisen der logischen Verkettung, die Typen der Argumentation und

6 Vgl. Irwin o.J.: 1.

7 Vgl. von Stuckrad 2003: 6.

8 Ebd.: 137.

9 Vgl. ebd.: 4.

10 Foucault 1981 [1969]: 74.

11 Vgl. ebd.: 70.

12 Vgl. ebd.: 43.

13 Ebd.: 41.

14 Vgl. ebd.: 51.

15 Vgl. ebd.: 57.

16 Vgl. ebd.: 45.

17 Vgl. ebd.: 80.

der Induktion, die Formen der Analyse und Synthese, die in einem Diskurs angewandt werden konnten"[18]. Durch die Analyse dieser diskursiven Vorgänge soll die grundlegende Frage beantwortet werden: „wie kommt es, daß eine bestimmte Aussage erschienen ist und keine andere an ihrer Stelle?"[19]

Die gesellschaftliche Produktion eines Diskurses wird durch bestimmte Mechanismen kanalisiert, kontrolliert und „gebändigt"[20]; sie unterliegt historischen *Möglichkeitsbedingungen.* Foucault identifiziert hier die beiden großen Gruppen der *Ausschlussmechanismen* wie Verbot und Tabu, Grenzziehung und Verwerfung[21] und den als ‚nicht menschengemacht' wahrgenommenen „Gegensatz zwischen dem Wahren und dem Falschen"[22], und der *internen Prozeduren* wie die Autorschaft, die wissenschaftlichen Disziplinen[23] und insbesondere der Kommentar, der, „welche Methoden er auch anwenden mag, nur die Aufgabe [hat], das *schließlich* zu sagen, was *dort* [im Primärtext] schon verschwiegen artikuliert war [...]. Das unendliche Gewimmel der Kommentare ist vom Traum einer maskierten Wiederholung durchdrungen [...]. Der Kommentar bannt den Zufall des Diskurses [...]."[24] In all diesen Mechanismen sind Begehren und Macht am Werk: Um zu einem Diskurs beitragen zu können, muss man seiner „diskursiven ‚Polizei'"[25] gehorchen. Obwohl Foucault es ablehnt, Diskursen einen klaren historischen Ursprungspunkt zuzuschreiben[26], und sie als von Diskontinuitäten und Brüchen gekennzeichnet sieht[27], spricht er ihnen weder Chronologie noch historische Entfaltung ab, die zurückzuverfolgen sind[28]. Innerhalb dieser historischen Entwicklung lassen sich Brüche und Schwellen feststel-

18 Foucault 1981 [1969]: 81.

19 Ebd.: 42.

20 Foucault 2007 [1970]: 11.

21 Vgl. ebd.: 35

22 Ebd.: 13.

23 Vgl. ebd.: 20 ff.

24 Ebd.: 19 f.

25 Ebd.: 25.

26 Vgl. Foucault 1981 [1969]: 190.

27 Vgl. Foucault 2007 [1970]: 34.

28 Vgl. Foucault 1981 [1969]: 61.

len[29]. „Darunter kann man sich einen Zeitraum vorstellen, in welchem ein Diskurs die kritische Masse erreicht, zu Tage tritt, wirkmächtig oder sogar dominant wird und beginnt […], nur noch das zu erlauben, was ihm entspricht.“[30]

Schließlich muss noch angemerkt werden, dass ein Diskurs im Sinne Foucaults nicht nur Geistiges, Geschriebenes oder Gesprochenes – Vorstellungen – beinhaltet, sondern sich auch in „Institutionen, ökonomischen und gesellschaftlichen Prozessen, Verhaltensformen, Normsystemen [und] Techniken“[31] manifestiert. Diese Manifestationen und der entsprechende Diskurs bedingen, beeinflussen und bestätigen sich gegenseitig, sind also letztendlich nur pragmatisch voneinander zu trennen[32]. Ein Diskurs formt die Realität, auf die er sich bezieht.

Eine Definition des Begriffes Schamanismus respektive des Schamanen werde ich zunächst nicht vornehmen, da selbst in der Ethnologie darüber kein Konsens herrscht und meiner Meinung nach die Definition des Begriffes in dessen Geschichte liegt, die sowohl eine Theoriegeschichte als auch eine Geschichte der Popularisierung des Konzeptes ist. Die Definitionsproblematik ist der von einer Spannung zwischen Faszination und Abwehr gekennzeichneten westlichen Auseinandersetzung mit dem Schamanismus inhärent.

Mit dem zweiten zentralen Begriff dieser Arbeit, dem des Künstlers, verhält es sich ähnlich: Eine ontologische Definition ist auch hier nicht sinnvoll, da es sich bei der Figur des Künstlers um eine soziokulturelle Konstruktion handelt, die im Laufe der Zeit die unterschiedlichsten Konnotationen trug und Gegenstand eines Aushandlungsprozesses ist; Und genau diese Art von Prozessen, die Bedeutung zuschreiben, ist wiederum Gegenstand der Ethnologie – nicht der Künstler ‚an sich‘, selbst wenn man dessen Definierbarkeit annähme.

29 Vgl. Foucault 1981 [1969]: 61, 252.

30 Knorr 2011: 46.

31 Foucault 1981 [1969]: 68.

32 Vgl. ebd.: 44.

Fragestellung und Aufbau des Buches

Meine Ausgangsfrage war nun, warum diese Künstler als Schamanen konzipiert werden bzw. sich selbst als solche konzipieren. Wie kommen sie dazu?

Um dieser Frage nachzugehen, werde ich zunächst die Theorie kultureller Aneignung skizzieren, die unter anderem davon ausgeht, dass zwar jedes anzueignende ‚Ding' deutungsoffen und damit in die unterschiedlichsten Kontexte aufnehmbar ist, aber zugleich auch davon, dass Aneignung nicht ‚im luftleeren Raum' stattfindet, sondern innerhalb eines Rahmens, der einerseits durch den soziokulturellen Kontext und andererseits durch den ‚Eigensinn des Dinges' (also seine Eigenschaften, die die Möglichkeiten seiner Nutzung beschränken und manche Nutzungsarten nahelegen) festgelegt ist. Um nun diesen ‚Eigensinn des Dinges' (also des Schamanenkonzeptes) herauszufinden, muss man der Genese des Konzeptes und dessen Implikationen auf den Grund gehen. Dabei wird sich zeigen, dass eine geistesgeschichtliche Verknüpfung der Diskurse vorhanden ist, die sich um den ‚Künstler', respektive den ‚Schamanen' drehen, und dass diese von einer Vielzahl von Beteiligten aus unterschiedlichen gesellschaftlichen Bereichen und wissenschaftlichen Disziplinen gesponnene Verknüpfung genau jenen ‚Eigensinn' des Schamanenkonzeptes ausmacht, der dieses Konzept dazu prädestinierte, in einer Art Zirkelschluss von Künstlern angeeignet zu werden.

Daraus wiederum ergibt sich die nächste Frage: Kann man überhaupt noch von einer Aneignungsleistung durch die Künstler sprechen (wobei die ethnologische Literatur über den Schamanismus lediglich einen virtuellen Kontakt ermöglichte), oder fand vielmehr die Aneignung – eine intellektuelle Aneignung – nicht eigentlich schon viel früher statt, nämlich im Zuge der Konzeptualisierung des Schamanismus durch westliche Denker? Dieser Frage werde ich mich in den Kapiteln vier und fünf durch eine detaillierte Analyse des jeweilig spezifischen Umgangs mit dem Schamanenkonzept durch Morrison und Beuys und der weiteren gesellschaftlichen ‚Prozessierung' von deren Werk und Leben nähern. Diese Werke werden sich dabei – alles andere als zufällig – als jene geistesgeschichtlichen Zusammenhänge aufgreifend und verdichtend erweisen, innerhalb derer das westliche Verständnis von Schamanismus erwuchs. Zugleich aber handelt es sich aber auch um sehr individuelle Werke mit elaborierter ‚Privatsymbolik', die das

Element des Schamanen in unterschiedliche philosophische Zusammenhänge einarbeiten und zudem ein sehr unterschiedliches Publikum ansprechen. Dies korrespondiert mit der Annahme, dass jedes anzueignende ‚Ding' deutungsoffen ist, also die Möglichkeiten seiner Interpretation und Nutzung nicht determiniert.

Abschließend werde ich zwei Fragen diskutieren: Inwiefern und mit welchen konzeptuellen Schwierigkeiten ist die Theorie kultureller Aneignung auf Phänomene der Übernahme intellektueller Konzepte und kultureller Institutionen anwendbar? Und welche erkenntnistheoretischen, auch für die Ethnologie im Allgemeinen grundsätzlichen Überlegungen illustriert das behandelte Beispiel?

Nach diesem Überblick über den Aufbau des Buches möchte ich noch zwei Dinge anmerken:

(1) Das Phänomen der westlichen Aneignung des Schamanismus steht bei genauerer Betrachtung nicht für sich, sondern sollte vielmehr als Sonderfall einer allgemeinen Tendenz aufgefasst werden, außereuropäische kulturelle Elemente zu übernehmen und zu idealisieren, wie dies zum Beispiel mit Yoga, dem Buddhismus, Voodoo oder Capoeira geschah. Das Spezielle am hier besprochenen Fall ist allerdings die Verknüpfung und Interaktion des angeeigneten mit einem eigenkulturellen Konzept, nämlich dem des Künstlers.

(2) Da die Ethnologie sich grundsätzlich mit kollektiven Phänomenen und nicht, zumindest nicht vorrangig, mit Einzelpersonen beschäftigt, verlangt der Hauptgegenstand dieses Buches (das ja ursprünglich eine Magisterarbeit im Fach Ethnologie war) – nämlich zwei Einzelpersonen – nach einer gewissen Rechtfertigung. Diese besteht erstens darin, dass es sich bei Morrison und Beuys um Personen mit weit über ihren Tod hinaus anhaltender Popularität und Wirkmacht handelt, die nur vor dem Hintergrund bestimmter zeitgeschichtlicher und kultureller Zusammenhänge verständlich wird und zugleich für solche Zusammenhänge konstitutiv ist. Künstler dieses Bekanntheitsgrades sind also in gewisser Weise immer Phänomene mit kollektiver Komponente. Zweitens kann künstlerische und populärkulturelle Produktion, obwohl sie von Individuen betrieben wird, umso mehr als Schlüssel zum Verständnis einer Gesellschaft angesehen werden, als sie in dieser rezipiert und angenommen wird; das Individuum reflektiert und reto-

talisiert in diesem Falle auf indikatorische Weise gesellschaftliche Diskussionszusammenhänge.

Zugleich bietet diese künstlerische Repräsentation dem Publikum wiederum (gewandelte und erweiterte) Imaginationsvorlagen und bereichert so einen kulturellen Fundus, aus dem wiederum andere Individuen schöpfen. Aufgrund dieser Überlegungen plädiert auch Arjun Appadurai für die Berücksichtigung populärkultureller Produkte als Primärquellen, um sich einem Verständnis der multiplen und komplexen Lebenswirklichkeiten der Moderne nähern zu können: „[...] we need to incorporate the complexities of expressive representation [...] into our ethnographies, not only as technical adjuncts but as primary material [...].“[33]

KULTURELLE ANEIGNUNG

Vorläufer

Der Begriff der kulturellen Aneignung ist zwar relativ jung, allerdings traten ähnliche Konzepte bereits in der ethnologischen Theoriegeschichte auf: so versuchten die Vertreter des Diffusionismus anhand der Katalogisierung materieller Objekte die Ausbreitung kultureller Strömungen und (in der deutschen ‚Kulturkreislehre‘) Kreise zurückzuverfolgen. Allerdings war dabei die Übernahme und Aneignung kultureller Elemente nicht der eigentliche Gegenstand des Interesses, sondern ein Mittel, um die Herkunft bestimmter kultureller Züge aufzuspüren. Aneignung wurde im Diffusionismus zwar konstatiert, aber im Gegensatz zu der hier zu besprechenden Theorie nicht als Prozess aufgefasst[34].

Interessant ist auch, dass Aneignung ein der Kunstgeschichte gut bekanntes Phänomen ist; allerdings beschreibt der Begriff hier die Übernahme und Einarbeitung künstlerischer Ausdrucksmittel, weshalb er in diesem Sinne auf das Phänomen der Aneignung des Schamanismus in der Kunst nicht anzuwenden ist – es sei denn, man konzipiert Schamanismus als künstlerische Ausdrucksform, wie dies im Laufe der Konzeptualisierung des Schamanismus häufig geschehen ist. Dabei handelt es sich allerdings

33 Appadurai 1996: 64.

34 Vgl. Schneider 2003: 219.

um eine unzulässige Übertragung eigenkultureller Kategorien, wie sie uns in diesem Buch durchgehend beschäftigen wird.

Deutungsoffenheit und ,Eigensinn' der Dinge

Der Begriff der kulturellen Aneignung wurde im Zusammenhang einer Neuentdeckung der Ethnologie der Arbeit, der materiellen Kultur und der damit verbundenen Prozesse und Praktiken (wie eben dem Aneignungsprozess) geprägt, die in den 1970 er und 1980er Jahren durch Gerd Spittler ins Leben gerufen wurde:

> „Die Beobachtung überraschender, nicht vorhersehbarer lokaler Umwidmungen, führte dazu, dass die Vorstellung von Anpassung [...] an die kulturellen Vorstellungen der dominant erscheinenden stark industrialisierten Gesellschaften in den Hintergrund trat, und durch eine Perspektive ersetzt wurde, welche die Handlungsmächtigkeit der Protagonisten am vermeintlich ,empfangenden' Ende betont."[35]

Der Aneignungsbegriff bezeichnete also zunächst eine Perspektive auf den Umgang mit materiellen Gütern, wurde dann aber als hilfreiches Theoriewerkzeug zur Konzeptualisierung sowohl materieller als auch nicht materieller Prozesse im Kontext der Globalisierung erkannt. In diesem Kontext findet er häufig ähnliche Anwendung wie die verwandten Begriffe der Hybridisierung, Transkulturalität und Kreolisierung, die Prozesse der Neukombination soziokultureller Elemente beschreiben und der Annahme einer Homogenisierung im Zuge der Globalisierung widersprechen wollen[36]. Rogers definiert kulturelle Aneignung (im Englischen *cultural appropriation*) zunächst so: „[Cultural appropriation is] defined broadly as the use of a culture's symbols, artifacts, genres, rituals, or technologies by members of another culture."[37]

In diesem Konzept, dem ein klarer Anti-Determinismus inhärent ist, treten die Menschen als kreative und innovative Akteure mit Handlungsmacht auf[38]; tatsächlich ist diese Prämisse auch aus empirischen Gründen gerecht-

---

35 Knorr 2009: 218 f.

36 Vgl. Hahn 2011: 13.

37 Rogers 2006: 474.

38 Vgl. Hahn 2011: 11.

fertigt (und nicht, wie es scheinen mag, aus Gründen postmodern-ideologischer Betonung der *agency*): in jeder Situation gibt es erstens grundsätzlich eine Vielzahl von Handlungsmöglichkeiten, und zweitens legen Dinge (im weitesten – also auch ‚immateriellen' – Sinne) die Möglichkeiten ihres Gebrauchs nicht von vorneherein fest. Sie sind deutungsoffen oder „[umgeben] von einer interpretativen Flexibilität"[39].

Die Theorie kultureller Aneignung geht aber – trotz aller Anerkennung von Innovation und Kreativität – *nicht* davon aus, dass Aneignung ein voraussetzungsloser Prozess ist. Sowohl die Akteure der Aneignung als auch das anzueignende ‚Ding' bringen gewisse Voraussetzungen mit: Die Handlungsoptionen der aneignenden Gesellschaft sind durch ihre sozialen, kulturellen und ökonomischen Rahmenbedingungen zwar nicht völlig festgelegt, aber auf ein gewisses Maß eingeschränkt. Und das anzueignende Ding kann nicht jeder beliebigen Verwendung zugeführt werden, da seine Eigenschaften den Möglichkeiten seines Gebrauchs Grenzen setzen beziehungsweise bestimmte Gebrauchsweisen nahe legen: Das Ding bringt einen ‚Eigensinn' mit. Dieser ist auch bei der Aneignung sozialer und kultureller Institutionen vorhanden[40].

Dialektik und Typologisierung von Aneignungsprozessen

Der transformative Prozess kultureller Aneignung lässt sich methodisch in mehrere Teilprozesse untergliedern. Diese überlagern und bedingen sich zwar gegenseitig; auch findet nicht jeder dieser Teilprozesse in jedem Aneignungsprozess statt, aber eine Systematik ist zur Differenzierung verschiedener Aspekte dennoch hilfreich.

Als Teilprozesse können nach Hahn identifiziert werden[41]: Die Inbesitznahme; die Umdeutung und Neukontextualisierung, bei der ein Gegenstand zwar im ursprünglichen Sinne genutzt wird, ihm aber eine neue Bedeutung zugeschrieben wird (so zum Beispiel der Gebrauch von Sonnenbrillen als Verschleierung bei den *Kel Ewey Tuareg*[42]); die Neubenennung; die Umwidmung und Inkorporierung in bestimmte Umgangsweisen, die

---

39 Knorr 2009: 218.

40 Vgl. Hahn 2005: 104.

41 Vgl. Hahn 2005; Dieser bezieht sich auf Silverstone 1992.

42 Vgl. Spittler 2002.

einen Gegenstand einem völlig neuen Zweck zuführen (zum Beispiel der Gebrauch von industriell produzierten Plastikpuppen als rituelle *Ibeji*-Figuren in Nigeria[43]); die Umarbeitung (zum Beispiel die Umgestaltung englischer Lastwägen im Sudan[44]); und die Traditionalisierung der angeeigneten Dinge oder Institutionen. Letztlich erweist Aneignung sich immer als ein reflexiver, dialektischer Prozess, der sowohl die Dinge als auch die aneignende Gesellschaft verändert[45].

Einen weiteren Beitrag zur konzeptuellen Klärung des Aneignungsbegriffes liefert Rogers, der eine Typologie verschiedener Arten von Aneignungsprozessen erstellt hat. Als Unterscheidungskriterium dienen hier der soziale und politische Kontext, in dem der Prozess stattfindet, und die damit zusammenhängenden Machtverhältnisse. Genau genommen handelt es sich um eine Typologie der Umstände, unter denen Aneignungsprozesse stattfinden, Umstände, von denen sie beeinflusst werden und die sie wiederum verändern.

Rogers unterscheidet zwischen (1) kulturellem Austausch (*cultural exchange*), (2) kultureller Dominanz (*cultural dominance*), (3) kultureller Ausnutzung (*cultural exploitation*) und (4) Transkulturation (*transculturation*).

Mit kulturellem Austausch (1) wird ein als nicht existent angenommenes Ideal reziproken Austauschs kultureller Elemente bei Machtgleichheit beschrieben. Bei den nächsten beiden Typen wird deutlich, dass Aneignung selten ein machtfreier Vorgang ist; politische Implikationen sind im kolonialen und neokolonialen Kontext die Regel. Als kulturelle Dominanz (2) bezeichnet Rogers die Grundbedingung unidirektionaler Aufnötigung einer dominanten Kultur auf eine politisch untergeordnete, wie sie etwa im kolonialen Kontext existierte. Die Aneignungsleistung besteht hier in den Taktiken des Umgangs mit der Aufnötigung und kann zur Widerstandsstrategie werden, indem Elementen der dominanten Kultur neue, alternative Bedeutungen zugeschrieben werden[46]. Diese konkurrierenden Lesarten untergraben die Autorität und die hegemonialen Deutungsansprüche der dominan-

43 Vgl. Hahn 2005: 106.

44 Vgl. Beck 2004.

45 Vgl. Hahn 2011: 13.

46 Vgl. Rogers 2006: 477 ff.

ten Kultur: „Die Symbole der Macht […] entgleiten der Kontrolle durch ihre Träger.“[47]

Kulturelle Ausnutzung (3) bezeichnet den umgekehrten Prozess, also die Aneignung von kulturellen Elementen einer politisch und ökonomisch untergeordneten Gesellschaft durch eine dominante. Die Konnotation von Diebstahl, die der Begriff der Aneignung ohnehin trägt, ist hier am stärksten ausgeprägt. Obwohl Vorgänge dieser Art auch als Akzeptanz (beispielsweise einer indigenen Kultur) gedeutet werden können, verstärken sie häufig bestehende Machtverhältnisse – insbesondere, wenn Aspekte indigener Kultur zur Ware umgewandelt werden. Gerichtliche Streitigkeiten über geistige Eigentumsrechte illustrieren diese Problematik. Aus kulturwissenschaftlicher Perspektive kann man aus der Verurteilung derartiger Prozesse zwar ein essentialistisches Kulturmodell herauslesen, aber diese Feststellung läuft häufig Gefahr, legitime Ansprüche indigener Gemeinschaften zu untergraben[48].

Man könnte vermuten, dass der nicht aufgenötigten Aneignung durch eine dominante Gesellschaft irgendein von dieser empfundener Mangel vorausgehen muss, eine ‚Lücke‘, die mit dem fremdkulturellen ‚Ding‘ gefüllt, eine ‚Problem‘, das dadurch gelöst werden kann: Eine Kultur ‚ergänzt‘ das eigene materielle oder geistige Repertoire durch ein neues Element. Die westliche Aneignung des Schamanismus fällt in diese Kategorie.

Die letzte Kategorie, die der Transkulturation (4) schließlich, kommt nach Rogers einem Paradigmenwechsel gleich und stellt die Validität der drei anderen Kategorien in Frage. Das Konzept der Transkulturation betrachtet Aneignung nicht als einen Vorgang, der lediglich *geschieht*, sondern als einen für Kultur *konstitutiven* Vorgang. Damit geht ein postmoderner, relationaler, antiessentialistischer Kulturbegriff einher, der kulturelle Differenz als Gefüge mit multiplen, sich verschiebenden und überlappenden Grenzen begreift. Rogers warnt jedoch davor, dass dieses Konzept, das Authentizitätsansprüche obsolet macht, als ‚Lizenz‘ für neoliberalen Imperialismus missbraucht werden kann, weshalb es stets wichtig sei, die den Prozessen innewohnenden Machtverhältnisse nicht zu übergehen[49].

---

47 Hahn 2011: 15.

48 Vgl. Rogers 2006: 486.

49 Vgl. ebd.: 491 ff.

Der Aneignungstheorie ist hinzuzufügen, dass sowohl auf individueller als auch auf kollektiver Ebene ständig Prozesse einer intellektuellen Aneignung im Sinne eines geistigen Durchdringens und Verstehens stattfinden, die einer jeden Aneignung materieller wie auch immaterieller Güter vorausgehen. Die Thematik der intellektuellen Aneignung wird hier noch eine wichtige Rolle spielen, die ich jetzt aber nicht vorwegnehme.

Was ist Gegenstand der Aneignung?

Wenn man nun die Theorie kultureller Aneignung auf das Phänomen der sich als Schamanen konzipierenden Künstler überträgt, kann man als Gegenstand dieses Aneignungsprozesses einerseits eine fremdkulturelle Institution (Schamanismus) und eine damit verbundene gesellschaftliche Rolle (Schamane) betrachten, andererseits aber auch das westliche Konzept des Schamanen. Die Frage, *was* genau nun *wann* und *durch wen* angeeignet wurde, wird erst im Laufe meiner Analyse beantwortet werden; wenn man allerdings das Phänomen als Aneignung des Schamanen*konzeptes* interpretiert, steht in Frage, ob von *kultureller* Aneignung gesprochen werden kann, da es sich bei den Urhebern dieses Konzeptes um Mitglieder der eigenen (‚westlichen') Kultur und nicht um die einer fremden Kultur handelt. Insofern wäre eher von der Rezeption eines ethnologischen Konzeptes auf einer anderen Ebene der eigenen Gesellschaft zu sprechen. Die Teilbereiche einer Gesellschaft als Analogie zu verschiedenen ‚Kulturen' zu konzipieren, um weiter von kultureller Aneignung sprechen zu können, scheint mir wenig elegant – vielmehr denke ich, dass der Begriff der *kulturellen* Aneignung hier aus zwei anderen Gründen haltbar ist: Zum einen ist dieser Vorgang insofern als kulturell zu verstehen, als Kultur als Prozess kollektiver Bedeutungskonstruktion und -zuschreibung aufgefasst werden sollte. Und zum anderen handelt es sich bei diesem Vorgang, unabhängig davon, wo genau die eigentliche Aneignungsleistung oder der entscheidende Schritt dazu stattgefunden haben, ohne Zweifel um ein Phänomen, das aus dem Kontakt zweier (oder mehrerer) Kulturen entstanden ist.

Das Schamanenkonzept und sein Eigensinn

2. Künstler und Schamanen – Abriss einer Diskursgeschichte

Die etymologische Wurzel des Wortes ‚Schamane' wird meist im tungusischen ‚shaman' vermutet[1].

„Eine allererste Definition dieses komplexen Phänomens, und die vielleicht wenigst gewagte, wäre: *Schamanismus = Technik der Ekstase.*"[2]

„[A shaman is] a social functionary who, with the help of guardian spirits, attains ecstasy in order to create a rapport with the supernatural world on behalf of his group members."[3]

„They [the terms „ecstasy" and „trance", K.R.] are unfit to serve as both descriptive tools and analytical concepts for an anthropological approach to shamanism."[4]

„Obtaining the promise of game or ‚good luck' for hunters of his community is the shaman's main function."[5]

„Schamanismus ist [...] eine Methode für persönliche Experimente."[6]

---

1 Vgl. von Stuckrad 2003: 10.

2 Eliade 1975 [1954]: 14; Fußnote 2-7: Herv. i.O.

3 Hultkrantz 1973: 34.

4 Hamayon 2000: 3.

5 Hamayon 1996: 61.

6 Harner 1996 [1980]: 228.

„Bestandteile einer solchen *schamanischen Matrix*, wie ich sie nennen würde, wären Begriffe wie Transformation, Jenseitsreise, Initiation, Heilung, Kommunikation mit Toten, Trennung von Körper und Seele sowie außergewöhnliche Bewusstseinszustände, die in der Regel durch Musik induziert werden.“[7]

2.1 These

Wie eingangs erläutert, findet jeder Aneignungsprozess unter bestimmten Voraussetzungen und Bedingungen statt: denen des soziokulturellen Rahmens einerseits und denen des ‚Eigensinns des Dinges‘ andererseits. Die gesellschaftlichen Rahmenbedingungen des hier besprochenen Aneignungsprozesses (nämlich der zeitgeschichtliche Kontext der 60er Jahre in den USA respektive der 60er und 70er Jahre in Deutschland) sollen im Zuge meiner Auseinandersetzung mit dem Schamanen- und Künstlerbegriff und vor der detaillierten Analyse der Werke und Biographien von Morrison und Beuys näher beschrieben werden.

Den ‚Eigensinn‘ des Schamanenkonzeptes, also die zweite Voraussetzung der Aneignung, herauszufinden, aber bedeutet, seine unter bestimmten geistesgeschichtlichen Bedingungen entstandenen Implikationen und die diesen wiederum zugrundeliegenden Konzepte und impliziten Grundannahmen aufzudecken. Stellt man an dieser Stelle die erste und nächstliegende Frage – Warum finden Künstler des 20. Jahrhunderts wie Jim Morrison und Joseph Beuys sich in der Gestalt sibirischer oder indianischer spiritueller Praktiker des vorangegangen Jahrhunderts wieder? Wie kommen sie dazu? –, so wird sich herausstellen, dass ein Gutteil der Antwort in der geistesgeschichtlichen Genese des Schamanenbegriffs liegt. Es ist eine enge Verwandtschaft der Diskurse zu beobachten, die sich um die Begriffe ‚Künstler‘ und ‚Schamane‘ ranken, wobei das moderne Künstlerbild sich in einer entscheidenden, bis heute nachwirkenden Phase seiner Entstehung befand, als in Europa die Figur des Schamanen erstmals auftrat. Meine These ist, dass zum einen das Konzept des Künstlers maßgebliche Entstehungsbedingung für das Schamanenkonzept war, und dass zum anderen beide Konzepte auf denselben westlichen Wirklichkeitsmodellen und Menschenbildern fußen. Hierin ist meiner Meinung nach die Ursache einer in

7 Von Stuckrad 2003: 114.

wichtigen Aspekten parallel laufenden Geschichte der Konzeptualisierung von Schamanen und Künstlern zu sehen. Und darin wiederum findet sich eine Erklärung für die Selbstkonzeption von Künstlern als Schamanen und für die begeisterte Aufnahme dieser Konzeption durch das Publikum. Die Möglichkeit, von Künstlern angeeignet zu werden, war dem Schamanenkonzept inhärent; sie war Teil seines ‚Eigensinns'.

Die westliche Konstruktion und Aneignung des Schamanismus ist ein Phänomen, das weit über den von mir behandelten Aspekt hinausreicht; erwähnenswert ist in diesem Zusammenhang vor allem der westliche moderne Schamanismus mit seiner großen Anhängerschar im Kontext einer allgemeinen, auf- und abebbenden Esoterikbegeisterung. Bis zu einem gewissen Punkt läuft die Aneignung des Schamanismus in verschiedenen Bereichen wie alternativer Medizin, Populärpsychologie und Kunst parallel, weshalb der Aspekt der künstlerischen Aneignung auch nicht völlig isoliert betrachtet werden kann. Mein Hauptaugenmerk liegt aber natürlich darauf, wie das Diskursfeld Schamanismus interagiert mit einem zweiten solchen Feld, nämlich dem der Kunst, insbesondere der Figur des Künstlers. Denn in dem durch diese Interaktion abgesteckten Rahmen haben die Künstler sich das ethnologische Konzept des Schamanen angeeignet und es zum zentralen Bestandteil künstlerischer Selbstentwürfe gemacht.

Im diesem Buchteil soll nun die Herkunft und Verwobenheit der beiden Diskurse unter Einbezug ihrer philosophischen Prämissen beleuchtet werden, um auf dieser Grundlage zur Diskussion der Popularisierung des Schamanenkonzepts im 20. Jahrhundert und zu einer konkreten Auseinandersetzung mit der Aneignung des Konzepts durch verschiedene Künstler sowie der gesellschaftlichen Rezeption dieser Aneignung fortschreiten zu können. Die Darstellung erfolgt chronologisch, um Wechselwirkungen und zeitliche Parallelen besser aufzeigen zu können, und stützt sich im Wesentlichen auf Sekundärliteratur[8].

Es sei noch einmal darauf hingewiesen, dass es sich bei der folgenden Analyse nicht um den phänomenologischen Abgleich zweier gesellschaftlicher Institutionen handelt, sondern um eine Analyse der Diskurse, die sich um diese Institutionen drehen und sie damit zugleich ins Leben rufen. Die

8 Meine Hauptquellen zum Künstlerdiskurs sind Krieger 2007 und Neumann 1986; zum Schamanismusdiskurs von Stuckrad 2003 und Znamenski 2007.

Analyse bewegt sich auf einer Metaebene, ohne allerdings soziokulturellen Konstruktionen jeglichen Realitätscharakter oder die Möglichkeit ihrer gesellschaftlichen Manifestation absprechen zu wollen. Um mit Marcel Duchamp zu sprechen: Schamanen und Künstler sind das, als was sie vereinbart werden[9]. Es geht nicht darum, hinter dieser ‚Vereinbarung' eine ‚wahre Wirklichkeit' aufzudecken, was auch nach Foucault mithilfe einer Diskursanalyse nicht erreichbar ist: „Der Diskurs ist nicht in ein Spiel von vorgängigen Bedeutungen aufzulösen. Wir müssen uns nicht einbilden, daß uns die Welt ein lesbares Gesicht zuwendet, welches wir nur zu entziffern haben. Die Welt ist kein Komplize unserer Erkenntnis."[10]

2.2 Aufbau eines Spannungsfeldes: Zwischen Aufklärung und Romantik

Antike

Wichtige Grundannahmen des schamanischen wie auch des künstlerischen Diskurses lassen sich bis in die Antike zurückverfolgen. Daher soll im Folgenden kurz die Herkunft einiger Grundkonzepte der europäischen Geistesgeschichte aufgezeigt werden, ohne die auch die späteren Konzeptualisierungen von Künstlern und Schamanen nicht hätten stattfinden können.

Während man aus Homers *Ilias* noch eine Gleichsetzung der Person mit ihrem Köper ablesen kann, vollzog sich bei Platon eine entscheidende Wende, die als konstitutiv für das westliche Menschenbild bis in die Gegenwart anzusehen ist: An der Diskussion des Todes Sokrates' in der Schrift *Phaidon* zeigt er auf, dass er die Seele (*psychê*) als den eigentlichen, vom Köper unabhängigen Kern des Menschen betrachtet. Dieses Paradigma des ‚inneren Menschen' ebnete den Weg für die Auffassung des Köpers als sekundär und akzidentell, für die Idee der Erlösung der Seele aus dem Körper und für eine Abwertung des körperlichen Seins, wie sie für das Christentum im Mittelalter charakteristisch wurden. Auch Vorstellungen von Wiedergeburt und Seelenwanderung gründen letztendlich in der (neo-)platonischen Seelenkonzeption. In derselben Denklinie argumentiert auch

9 Vgl. Feulner 2010: 32.

10 Foucault 2007 [1970]: 34.

Plotin, der eine Verbundenheit der Einzelseele zu einer absoluten Weltseele annahm und erstmals die Auffassung einer Mittlerstellung der Seele zwischen einer materiellen und einer geistigen Welt formulierte, die auch mit dem gnostischen Konzept des Seelenaufstiegs und der Wiedervereinigung mit einem Urprinzip korrespondiert[11].

Auch die Kunstkonzeptionen der Antike wurden in der Neuzeit auf verschiedene Weise aufgenommen und variiert. Für meine Diskussion sind insbesondere die Kunstkonzeptionen Aristoteles' und Platons interessant: Aristoteles bestimmt in der Diskussion der griechischen Tragödie, die als die Urform von Kunst galt, in der *Poetik* die *Katharsis*, also die Reinigung der Zuschauer von bestimmten Affekten, als die wichtigste Qualität von Kunst. Diese Reinigung wird auf dem Wege der Identifikation mit den Schauspielern und durch das Miterleben der von diesen verkörperten positiven wie negativen Emotionen erzielt[12]. Aristoteles bestimmt damit den Künstler als sozialen Akteur und Kunst als eine Institution mit gesellschaftlicher Funktion.

Platons Kunsttheorie dagegen konzentrierte sich im Wesentlichen auf die Person des Künstlers. In seiner Enthusiasmuslehre begründet Platon die Leistungen von Musikern und Dichtern mit göttlicher Inspiration, was auch die umschreibende Übersetzung von Enthusiasmus als ‚des Gottes voll sein' illustriert. Dichterische Inspiration vergleicht Platon mit der heiligen Besessenheit während der Dionysien. Wichtig ist dabei allerdings, dass Platon eine klare Unterscheidung zwischen diesem durch Inspiration erzeugten Verzückungszustand des Künstlers, der auch als *mania* bezeichnet wurde, und einem Zustand von Wahnsinn, toxischem Rausch oder Geisteskrankheit trifft – eine Grenzziehung, die bei der Rezeption Platons durch die ‚Genie und Wahnsinn'-Theorien des 19. und 20. Jahrhunderts nicht wahrgenommen wurde[13].

Zu beachten ist, dass diese Konzeptionen von Kunst in der Antike zunächst nur auf Poesie, Architektur und Musik (die wegen ihrer Nähe zur Arithmetik und Geometrie respektive zur Grammatik und Rhetorik als erhaben galten) angewendet wurden, während die bildenden Künste zum Handwerk zählten und erst in der hellenistischen Zeit eine Aufwertung er-

11 Vgl. von Stuckrad 2003: 252 ff.

12 Vgl. Hiltunen 2001: 33 ff.

13 Vgl. Neumann 1986: 13 f.

fuhren, die allerdings im Mittelalter wieder verloren ging. Auch in dieser Zeit galten die bildenden Künstler als Handwerker, waren in Zünften organisiert und führten ausschließlich Auftragsarbeiten durch. Charakteristisch für das Mittelalter war auch die Christianisierung des antiken Inspirationsmotivs, die bis zu dessen Neuinterpretation in der Renaissance andauerte[14].

Renaissance

Menschenbild

Das Denken der Renaissance – ein im 19. Jahrhundert geprägter Begriff, der diese Zeit als ‚Wiedergeburt der Antike' nach dem christlich dominierten Mittelalter beschreibt – war tatsächlich maßgeblich von antiken Denktraditionen beeinflusst; zugleich aber entstanden in dieser Zeit einige grundlegende Gedanken der Neuzeit.

Im Neoplatonismus wurden die durch Platon und Plotin formulierten Seelenkonzeptionen wieder aufgegriffen: So betont Giordano Bruno die Bezogenheit des Einzelnen auf die Weltseele; die Einzelseele fungiert dabei als Spiegel eines beseelten Kosmos. Aus diesen Überlegungen folgt der zentrale Gedanke der Renaissance, dass der Mensch wegen der Teilhabe seiner Einzelseele am Absoluten keiner Vermittlung eines von ihm getrennt existierenden Gottes bedarf. Das daraus folgende Paradigma des ‚göttlichen Menschen' stellt die Basis für das humanistische Autonomiedenken der Neuzeit und die hohe Bedeutung eines selbstbestimmten, schöpferischen Individuums dar.

In der Tradition der antiken Seelenkonzeptionen stehen, wie sich noch zeigen wird, auf dem Weg über die Renaissance sowohl die westliche Esoterik und die Psychologie Jungs, die für das neo-schamanische Spektrum von großer Bedeutung ist, als auch die für meine Diskussion zentrale Konzeption des Schamanen als ‚Mittler zwischen den Welten'. Der gemeinsame Nenner dieser Ansätze ist eine Sakralisierung des Psychischen und die angenommene Einbindung der menschlichen Seele in kosmische Gesamtzusammenhänge. Wegen der dezidiert neuzeitlichen Subjektbetonung im Neo-Schamanismus identifiziert von Stuckrad diesen als Phänomen euro-amerikanischer Neuzeit[15]; darüber hinaus lässt sich sagen, dass die gesamte

14 Vgl. Krieger 2007: 24.

15 Vgl. von Stuckrad 2003: 255 ff.

Rezeption des Schamanismus im Westen, insbesondere die Fokussierung auf die Person des Schamanen unter Vernachlässigung des soziokulturellen Kontextes, wie etwa Eliade sie betrieb, offensichtlich durch die moderne Betonung des Individuums mitbedingt worden ist.

Künstlerbild

Das neue Menschenbild der Renaissance spiegelt sich in ihrer Künstlerkonzeption wieder. Krieger bezeichnet den Künstler als eine „Erfindung der Neuzeit“[16], ein „genuines Projekt der Renaissance“[17], das in Analogie zum Wandel des Menschenbildes von einer Aufwertung des Künstlers zum gottgleichen Schöpfer gekennzeichnet war.

Dieser Entwicklung ging im ausgehenden Mittelalter und der Frührenaissance eine Intellektualisierung der Künstlertätigkeit durch die Angleichung an die Wissenschaften, insbesondere an die Geometrie voran, die eine Befreiung der bildenden Künste aus dem Zunft- und Handwerkswesen ermöglichte. Die Gründung der ersten Kunstakademie 1563 in Florenz gilt in diesem Prozess als Meilenstein. Im 16. Jahrhundert entstand in Italien auch das Ideal des *uomo universale*, des umfassend gebildeten, künstlerisch und wissenschaftlich kreativen Menschen, wie ihn etwa Leonardo da Vinci verkörperte[18]. Die beiden Komponenten *sciencia*, also auf Ausbildung beruhendes technisches Können und Wissen, und *ingenium*, also eine entchristianisierte Auffassung göttlicher Inspiration nach antikem Vorbild, wurden zunächst als gleich wichtig für die künstlerische Tätigkeit angesehen. Bis zur Hochrenaissance rückte das *ingenium* an die vorderste Stelle, wie es etwa der Kult um die Person Michelangelos im späten 16. Jahrhundert illustriert[19].

Der Begriff des *ingeniums* erfuhr dabei aber im Laufe des 16. und 17. Jahrhunderts eine äußerst wichtige Bedeutungswandlung von der Annahme eines göttlichen Wirkens im schöpferischen Akt hin zur Annahme einer rein *menschlichen* Begabung[20]. Der Künstler wurde nun als gottgleicher – und nicht von Gott inspirierter – Schöpfer gesehen. So bezeichnet Vasari,

16 Krieger 2007: 13.

17 Ebd.: 16.

18 Vgl. ebd.: 16 f.

19 Vgl. Neumann 1986: 21.

20 Vgl. ebd.: 26 f.

Autor mehrerer Künstlerbiographien, Leonardo und Michelangelo als ‚divus', also göttlich. Dies entspricht der Verlagerung des Sakralen in den Menschen selbst, wie sie für das Denken der Renaissance charakteristisch war. Zugleich entstand der Gedanke, dass diese menschliche Begabung die ‚Schau höherer Dinge' ermögliche, was der Konzeption des Künstlers als Mittler zwischen profanen und sakralen Teilen der Welt den Weg ebnete[21]. Sehr deutlich wird hier auch die Abwendung von einer christlich-monotheistischen Gottesvorstellung hin zur pantheistischen Vorstellung eines den Kosmos durchwirkenden und sich im Menschen manifestierenden, nicht personifizierten Sakralen.

Ein weiterer wichtiger Schritt auf dem Weg zum Künstlerbild der Moderne war die Verschiebung vom Ideal der möglichst naturgetreuen Nachahmung hin zum Originalitätsparadigma, das ab dem 16. Jahrhundert zunehmend virulent wurde und durch die Wertschätzung eines aus sich selbst heraus Neues schaffenden Menschen den Geniekult des 18. und 19. Jahrhunderts vorbereitete[22]. In der Abwendung vom Ideal des *uomo universale* durchlief das Künstlerbild bis auf eine kurze Unterbrechung in der Aufklärung eine zunehmende Irrationalisierung; erstmals wurde nun Kunst mit dem Wirken der Phantasie assoziiert und trat damit in Opposition zur Wissenschaft (nur ein Jahrhundert, nachdem sie sich durch eine Angleichung an dieselbe eine höhere gesellschaftliche Stellung erkämpft hatte). Neumann spricht in diesem Zusammenhang treffend von einer „rollentypisierenden Eingrenzung von Fähigkeiten und Eigenschaften"[23], die die Verrückung der Künstlerrolle vom gesellschaftlichen Zentrum in den Bereich des Bizarren vorbereitete.

Aufklärung

Die Aufklärung des 18. Jahrhunderts schrieb einerseits das Menschenkonzept der Renaissance fort, formulierte aber zugleich weitere Paradigmen des neuzeitlichen Denkens, die bis in die Gegenwart zentral sind: Es handelt sich um die Paradigmen von Materialismus, Rationalismus und Fortschritt, die schon nach kurzer Zeit im Sturm und Drang eine erste heftige

21 Vgl. Krieger 2007: 21 ff.

22 Vgl. ebd.: 20.

23 Neumann 1986: 31.

Gegenbewegung erfuhren. In diesem Spannungsfeld wurde einerseits der moderne Geniebegriff geprägt, und andererseits erfolgte hier auch die erste und für die gesamte weitere Rezeptionsgeschichte maßgebliche Auseinandersetzung mit dem Schamanismus.

Im Folgenden sollen die wichtigsten Eckpunkte dieses Spannungsfeldes abgesteckt und das Künstlerbild des 18. Jahrhunderts skizziert werden, um die Anfänge des Schamanendiskurses und seine Verbindung mit dem Diskurs des Künstlers vor dem entsprechenden geistesgeschichtlichen Hintergrund darstellen zu können.

Prämissen neuzeitlichen Denkens

Als interessante Einleitung in die Besonderheit aufklärerischen Denkens bestimmt Palmer die Erfindung der Zentralperspektive in der Malerei als eine Neuerung mit weitreichenden epistemologischen Implikationen: Durch diese Technik wurde der sichtbare Raum mit abstrakten Zahlen assoziiert, was als Sinnbild für eine revolutionäre Auffassung der Welt gesehen werden kann – die Welt wurde als messbar und durch Vernunft kontrollierbar konzipiert. Die bis heute nur von wenigen Disziplinen (darunter der Ethnologie) hinterfragten wissenschaftlichen Paradigmen der Subjekt-Objekt-Trennung und der Objektivität, die Wahrheit mit verifizierbarem Wissen gleichsetzt, entstanden in dieser Zeit[24].

Mit der Objektivierung der Umwelt ging auch die Gleichsetzung des Natürlichem mit dem Materiellen einher (was sich gut an dem Begriff des ‚Über*natürlichen*' ablesen lässt, der tatsächlich ja nicht materiell erklärbare Phänomene beschreibt). Dies führte zur Verbannung des Magischen, Okkulten und Sakralen aus Alltagsbewusstsein und Wissenschaft, was für die Auseinandersetzung mit fremdkultureller Spiritualität noch von großer Bedeutung sein sollte: Im Falle des Schamanismus diente dieser dem aufklärerischen Denken vor allem als Kontrastfolie, übte aber zugleich eine noch näher zu bestimmende Faszination aus. Zu beobachten ist jedenfalls der bis heute fortgesetzte diskursive Ausschluss ‚paranormaler Phänomene' aus der positivistischen Wissenschaft, den etwa das Beispiel des Ethnologen Paul Stoller gut illustriert: Sein nach einer Lehre bei einem Hexer der *Songhay* in Westafrika veröffentlichtes Buch *In Sorcery's Shadow* (1987)

24 Vgl. Palmer 1977: 21 f.

löste einen regelrechten Skandal aus, da es für bestimmte ‚übernatürliche' Ereignisse keine rationale Erklärung anbot.

Diesem Konflikt liegen zwei in sich kohärente, aber miteinander inkommensurable Modelle der Wirklichkeitskonstruktion zugrunde: einerseits die Setzung, dass es keine immateriellen Bestandteile des Universums gibt, was eine psychologisierende Erklärung entsprechender Erfahrungen als Täuschung oder Projektion nach sich zieht (eine Annahme, die auch eine der Grundlagen egozentrierter Psychologie ist), und andererseits ein integratives Modell, das immaterielle Kräfte und Wesenheiten als ‚normalen' Bestandteil der Welt auffasst[25]. Dies ist in vielen indigenen Ontologien der Fall. Westliche esoterische Vorstellungen unterscheiden sich von diesen wiederum darin, dass sie die westlich-neuzeitliche Dichotomie von Transzendentem und Materiellem[26] gerade durch die Anstrengungen fortschreiben, die sie auf deren Überwindung verwenden, während in nichtwestlichen Ontologien die besagte Dichotomie gar nicht erst aufgespannt wurde. Dem materialistischen Ansatz entsprechend wurde die Natur in der Aufklärung mechanistisch und kausal konzipiert und tendenziell als unbelebt gesehen – eine Auffassung, zu der die holistische Naturkonzeption der Romantik bald in klare Opposition treten sollte.

Neben den Paradigmen des Rationalismus und Materialismus wurde in der Aufklärung noch eine dritte Idee virulent, nämlich die der Linearität der Zeit und damit einhergehend die Idee des Fortschrittes, der graduellen Selbstverbesserung des menschlichen Lebens im Lauf der Geschichte durch das Wirken der Vernunft[27]. Die Aufklärung legte also den Grundstein sowohl für Wissenschaft im modernen Sinne als auch für Kolonialismus und Industrialisierung, die beide durch die Prinzipien des Materialismus und des Fortschritts motiviert und legitimiert wurden (und werden) – und dies ist eine Feststellung, die am Anfang jeder Kritik der westlichen Zivilisation steht.

Im Hinblick auf die westliche Rezeption des Schamanismus lässt sich an dieser Stelle feststellen, dass das in Renaissance und Aufklärung geprägte moderne Welt- und Menschenbild wegen seiner Subjektbetonung sowohl Voraussetzung der Schamanismusrezeption war, als es auch wegen seiner

---

25 Vgl. von Stuckrad 2003: 277.

26 Vgl. ebd.: 268.

27 Vgl. Palmer 1977: 25 f.

Paradigmen von Rationalität und Materialismus eine Reibungsfläche darbot, an der sich eine bis in die Gegenwart stark polarisierte Diskussion dieses Phänomens entzündete.

Künstlerbild der Aufklärung

Die Polarisierung von Ratio und Intuition schlug sich in der Aufklärung auch auf den Diskurs des Künstlers nieder: In der künstlerischen Epoche des Klassizismus glich sich die Vorstellung von Kunst mit den Idealen von Einfachheit, Regelmäßigkeit und Gesetzmäßigkeit und der Wertschätzung von Abstraktion anstatt Imaginationdem rationalistischen Denken der Aufklärung an[28].

Bei genauerer Betrachtung aber war das Verhältnis der führenden Denker der Aufklärung zur künstlerischen Tätigkeit keineswegs eindimensional: Mit der Begründung der philosophischen Disziplin der Ästhetik durch Baumgarten und Kant, welcher die sinnliche Empfindung (auf dem Gebiet der Ästhetik) als eigenständige Erkenntnisform neben der rationalen Erkenntnis anerkannte, wurden die Künste aus der Vorherrschaft von Wissenschaft und Rationalität gleichsam entlassen[29]. Aus Kants Ästhetik lässt sich auch eine endgültige Säkularisierung des bereits im 16. Jahrhunderts angelegten Geniebegriffes ablesen; dies allerdings folgte erst auf den Geniekult des späten 18. Jahrhunderts, der im folgenden Abschnitt näher beleuchtet werden soll.

Sturm und Drang

Im 18. Jahrhundert wurde das traditionelle Konzept göttlicher Inspiration endgültig abgelegt; der Geniebegriff, der in dieser Zeit formuliert wurde, trug keine metaphysische Konnotation, wurde aber nichtsdestotrotz emphatisch verwendet. Der Kult um das Genie als neuem Persönlichkeitsideal erreichte seinen Höhepunkt in der kurzen literarischen Epoche des Sturm und Drang in den 1770er Jahren, die durch eine radikale Infragestellung des Rationalitätsparadigmas und der Ideale von Mäßigung und Regelorientierung in der Kunst gekennzeichnet ist.

28 Vgl. Neumann 1986: 13.

29 Vgl. Krieger 2007: 37 f.

Zwei Autoren des 18. Jahrhunderts bereiteten diesen Geniekult vor: Der englische Philosoph Anthony Ashley-Cooper stellte das Genie als Manifestation des Kosmos und der Natur ins Zentrum seiner Lehre[30]. Einflussreicher noch war Dénis Diderot, der zwar der Aufklärung angehörte, dieser aber nicht unkritisch gegenüberstand und in seiner berühmten Enzyklopädie geistige Weite, Vorstellungskraft, Empfindsamkeit und Leidenschaft als die hervorragenden Eigenschaften des Genies bestimmte[31]. Er stellt zwar eine Verbindung zum antiken Enthusiasmuskonzept her[32], sieht das Genie dabei aber als ‚Geschenk der Natur' und begründet seine Herkunft nicht metaphysisch.

Der Geniebegriff des Sturm und Drang schließlich wurde durch Johann Gottfried Herder und Johann Wolfgang von Goethe formuliert, die das Genie durch Regellosigkeit, Originalität, Schöpferkraft und Subjektivismus charakterisierten; das Genie benötige kein Studium und kein Vorbild[33]. Sowohl Herder als auch Goethe wandten sich von dieser verabsolutierenden Geniekonzeption allerdings nach wenigen Jahren ab und begründeten mit der Überzeugung, dass für große Kunst durchaus auch Regeln und Ausbildung nötig seien, die Denktradition der nachfolgenden Klassik. In der Diskussion um den Geniebegriff nahm Kant in seiner *Kritik der Urteilskraft* eine vermittelnde Position ein: Er definierte das Genie als „das Talent, welches der Kunst die Regel gibt"[34]. Das Talent betrachtet er dabei als Teil der Natur; durch diese Behauptung einer *regelsetzenden Qualität eines natürlichen Genies* integriert Kants Geniebegriff auf elegante Weise Diderots Auffassung des Genies als natürlich, Herders und Goethes Ideal des Sturm und Drang, der das Genie jenseits aller Regeln sieht, und die klassizistische Forderung nach Regeln in der Kunst. Ästhetische Wahrheit wird bei Kant allein aus der Subjektivität des Genies abgeleitet[35].

Der Geniebegriff des 18. Jahrhunderts erwies sich trotz aller Kritik als für die nachfolgende Zeit prägend. Im 19. Jahrhundert trat die Romantik

---

30 Vgl. Krieger 2007: 37.

31 Vgl. Diderot 1770-1775: 942.

32 Vgl. ebd.: 519.

33 Vgl. Krieger 2007: 38; Goethes früher Geniebegriff kommt exemplarisch im Gedicht „Prometheus" zum Ausdruck.

34 Kant 1790, zit. in: Krieger 2007: 39.

35 Vgl. Krieger 2007: 38 f.

das Erbe des Sturm und Drang an, deren Opposition zum Klassizismus und Akademismus einen bis ins 20. Jahrhundert hineinreichenden polarisierenden Diskurs weiterführt. Da es sich sowohl bei der Romantik als auch beim Klassizismus um literarische und philosophische Denkschulen handelte, war dieser Diskurs selbstverständlich nie auf die Künste beschränkt. Dennoch wird allein an diesem kurzen Abriss des Wandels des Künstlerbildes deutlich, wie sehr die europäische Geistesgeschichte von einer Dialektik zwischen dem rationalistischen Denken der Aufklärung und gegenläufigen Pendelbewegungen der Irrationalisierung bestimmt ist. Von Stuckrad spricht (Weber zitierend) von einem Prozess der Entzauberung der Welt, dem Tendenzen zur Wiederverzauberung inhärent sind[36].

Schamanismusrezeptionen im 18. Jahrhundert

Das beschriebene Spannungsfeld zwischen Aufklärung und beginnender Romantik bildete nun den geistesgeschichtlichen Hintergrund der ersten europäischen Auseinandersetzung mit dem Schamanismus. Das Interesse an diesem Phänomen war unter den Gelehrten dieser Zeit ausgesprochen groß; die Beschäftigung damit stellte keinen Ausnahmefall dar, sondern war in intellektuellen Kreisen die Regel[37]. Als Gegenstand der Abgrenzung (und damit auch der Selbstdefinition) im Diskurs der Aufklärung spielte der Schamanismus eine wichtige Rolle, die derjenigen anderer als irrational und inferior konnotierter Praktiken wie Hexerei und Magie ähnelte. Hutton schreibt: „[S]hamanism [...] has been one of the phenomena against which modern western civilisation has defined itself."[38]

Bereits unter Zar Peter dem Großen hatten erste Informationen über Schamanen Moskau erreicht, wo sie als Beispiel exotischer Kuriosität galten. Auf Befehl des Zaren und einiger Wissenschaftler wurden mehrmals Schamanen zu Zwecken der Belustigung und ‚Forschung' aus Sibirien nach Moskau verschleppt und gezwungen, eine Séance durchzuführen. Die ersten Forscher überwiegend deutscher Herkunft allerdings, die im Auftrag der russischen Zarin Katharina der Großen (1729-1796), einer erbitterten Verfechterin von Aufklärung und Wissenschaftlichkeit, Expeditionen nach Si-

36 Vgl. von Stuckrad 2003: 270.

37 Vgl. Flaherty 1989: 582 f. und von Stuckrad 2003: 58.

38 Hutton 2001: ix.

birien unternahmen und damit (abgesehen von einigen früheren privaten Forschungsreisenden) die Schamanismusforschung begründeten, hatten vor allem ein Interesse an umfassender Katalogisierung der Geographie, der Flora und Fauna und der Ressourcen sowie der Lebensweise der indigenen Bevölkerungsgruppen. Eine der ersten großen im Auftrag der russischen Wissenschaftsakademie durchgeführten Expeditionen unternahmen Johann Gmelin und George Steller zwischen 1733 und 1743, sowie der Zoologe Simon Pallas und der Biologe Johann Georgi von 1768 bis 1774. Die Ergebnisse dieser Expeditionen wurden in den wichtigsten europäischen Sprachen mehrfach publiziert und etablierten schnell ein vom Geist der Aufklärung geprägtes Bild des Schamanen. Insbesondere Georgi und Pallas berichten in skeptischer und abwertender Weise von den beobachteten Praktiken. Die Schamanen wurden entweder als geschickte Betrüger und Täuscher, als bizarre Persönlichkeiten oder als reizbare Neurotiker und Psychopathen eingeordnet. So hieß es, sie murmelten Unsinn, machten unverständliche Geräusche, sprängen wild herum, schnitten Grimassen, verhielten sich wie Irre oder seien durchtrieben und gerissen[39].

Die Rezeption dieser Informationen über die spirituellen Praktiken der indigenen Bevölkerung Sibiriens allerdings war nicht so einseitig, wie derlei Formulierungen es vermuten lassen würden. Tatsächlich zeigten westliche Intellektuelle von Beginn an ein ambivalentes Verhältnis zum Schamanismus, das von einem „Schwanken zwischen Abwehr und Verlangen“[40] gekennzeichnet war. Dieses Verhältnis lässt sich gut aus dem Lustspiel *Der sibirische Schaman* ablesen, das Katharina die Große 1786 publizierte. Es handelt von dem Schamanen Amban Lai, der betrügerische Machenschaften in Moskau betreibt und letztendlich entlarvt wird. Seine westlich geprägte Umgebung spaltet sich in ‚Anhänger‘, die ihn als Heiler und Philosophen verehren, und ‚Ablehner‘, die ihn als Hexer und Betrüger ansehen. Es liegt im Duktus des Stückes, dass letztere am Ende Recht behalten; dennoch vermittelt Katharina trotz allen aufklärerischen Impetus’ ein scharfsichtiges Bild des Schamanen als westlicher Projektionsfläche[41].

In den Kreisen der europäischen Bevölkerung des 18. Jahrhunderts, die Zugang zu der entsprechenden Reiseliteratur hatte, wurde der Schamane als

39 Vgl. Znamenski 2007: 7.

40 Von Stuckrad 2003: 58.

41 Vgl. ebd.: 58 ff.

Analogon zu Gauklern, Magiern und Trickspielern betrachtet; allerdings mischte sich dieses Bild mit dem dunkleren des Hexers und Satanspriesters – eine Übertragung, die die Faszination des Phänomens bei aller kritischen Abwehr noch wahrscheinlicher machte. Die Einordnung und Beurteilung des Schamanismus fand vor dem oben beschriebenen Beginn einer rationalistischen, männlich dominierten Wissenschaft statt, die allgemein die Praktiken ‚Eingeborener' als wild, brutal, stupide und irrational einordnete und häufig weiblich konnotierte[42].

Gleichzeitig mit der verächtlich-abwertenden Beurteilung des Schamanismus aber wurden die Beschreibungen dieses Phänomens von Vertretern des Sturm und Drang und der Romantik begeistert aufgegriffen – eine Ambiguität, die die Spannungen innerhalb des europäischen Denkens widerspiegelt. Sogar Diderot als Vertreter der Aufklärung zeigte Interesse daran. Auch die ersten Aussagen, die explizit eine Verbindung zwischen Schamanen- und Künstlertum herstellen, fallen in diese Zeit. Von Stuckrad spricht vom Entstehen einer „schamanischen Matrix, deren Gravitationszentrum eine Konzeptionalisierung von Dionysischem, Orphischem und Ethnographischem war"[43] – die Nennung dieser drei Faktoren, mit denen ich mich noch ausführlicher beschäftigen werde, lässt bereits erahnen, dass Motive der europäischen Geistesgeschichte, die eng mit dem Künstlerkonzept zusammenhängen, bei der Konzeptualisierung des Schamanen eine zentrale Rolle spielten.

Der Einfluss Diderots

Dénis Diderot, den ich bereits als Mitbegründer des Geniebegriffs erwähnt habe, hatte als Anhänger des Vernunftparadigmas ein ambivalentes Verhältnis zum Schamanismus: Er zeigte sich einerseits über die westliche (ihrerseits auch ambivalente) Begeisterung für dieses Phänomen erschreckt, pflegte aber selbst ein gewisses Interesse daran und versuchte, Parallelen zu westlichen Konzepten zu ziehen (was ihn in Konflikt mit seiner Freundin im Geiste der Aufklärung, Katharina der Großen, brachte). Mehrere Artikel in Diderots Enzyklopädie befassen sich mit Schamanismus und damit assoziierten Phänomenen. Während der Eintrag zu ‚Schamans' diese in bester aufklärerischer Tradition als Scharlatane darstellt, die in primitiven Ge-

42 Vgl. Irwin o.J.: 2.

43 Von Stuckrad 2003: 67.

meinschaften die Funktion von Priestern und Ärzten ausüben[44], bereitet der Eintrag über Enthusiasmus die diskursive Verbindung des Schamanismus mit der griechischen Antike vor[45]: Platons Konzept des Enthusiasmus wird, wie oben bereits erwähnt, hier nicht mehr metaphysisch, sondern als im Menschen – genauer: im Genie – angelegt betrachtet und als Transport[46], als Außer-sich-sein, beschrieben. Als Beispiele für diesen Zustand erwähnt der Artikel ausdrücklich „Heidenpriester" und „Scharlatane", die andernorts mit Schamanen gleichgesetzt werden. Als vergleichbares Phänomen der Gegenwart, also des 18. Jahrhunderts, nennt Diderot bezeichnenderweise das moderne Theater, in dem eine Übertragung des Enthusiasmus der Schauspieler auf die Zuschauer stattfände[47]. Diderot schlägt hier also einen Bogen von der antiken Enthusiasmuslehre über das neuzeitliche Genie und die Ekstaseerfahrung indigener spiritueller Praktiker bis hin zum Theater als moderner Kunstform. Dies stellt ein gedankliches Durchdringen ethnographischer Informationen mit eigenkulturellen Konzepten dar, dessen Bedeutung nicht zu unterschätzen und für das gesamte hier besprochene diskursive Feld illustrativ ist. In Diderots Genie- und Enthusiasmuskonzeptionen schwingt bereits eine Kritik an der Vernunftbetonung mit, die auf außereuropäische Kulturen Bezug nimmt, um die eigene Position zu verdeutlichen[48]. Wie sehr Diderot von den Berichten aus Sibirien beeinflusst war, zeigt auch seine literarische Ausarbeitung der Thematik des kreativen Prozesses und der Übertragung seiner Kräfte auf das Publikum im Roman *Le Neveu de Rameau*, der posthum von Goethe ins Deutsche übersetzt und 1805 veröffentlicht wurde. In der Figur des Exzentrikers Lui fließen wichtige Aspekte des Geniebildes mit denen des Schamanenbildes zusammen, so dass eine Beeinflussung dieser Romanfigur durch Diderots Beschäftigung mit dem Schamanismus angenommen werden kann: Luis Irrationalität und Frivolität, seine Emotionalität, Kindlichkeit und Androgynität, sein

44 Vgl. Diderot 1770-1775: 239.

45 Vgl. von Stuckrad 2003: 67.

46 ‚Transport' war in der französischen Literatur dieser Zeit auch eine häufige Übersetzung des antiken Begriffs der ‚mania' (vgl. Neumann 1986: 14).

47 Vgl. Diderot 1770-1775: 517 ff.

48 Von Stuckrad (2003: 68) merkt an, dass Diderot (wie Rousseau und später auch Herder) diese Kulturen bewusst als philosophische Fiktion einsetzt – wie es andernorts, etwa bei Nietzsche, auch mit der Antike geschah.

Faible für Orgien und Sex, eine gewisse Nachlässigkeit und Unehrlichkeit etablieren ihn – in Verbindung mit einem exzellenten schauspielerischen und musikalischen Talent, einer hohen Konzentrationsfähigkeit und der Fähigkeit zu imaginären Flügen – als eine Gestalt, die das Genie des Sturm und Drang mit dem Schamanen auf verblüffende Weise integriert[49]. Nach der Analyse einer tranceartigen Szene, in der Lui durch seinen Gesang ein großes Publikum bannt, kommt Flaherty aufgrund der Konvergenz der Schamanen- mit der Künstlerrolle zu folgendem Schluss: „Diderots *Le Neveu de Rameau* clearly shows that the performing artist was beginning to be considered the shaman of higher civilization – that is, eighteenth-century Western European civilization."[50]

Interessant ist in diesem Kontext auch der Versuch Ludwig Tiecks aus den 1770er Jahren, Shakespeare als ‚vollendeten Schamanen' zu identifizieren, der durch seine Stücke und Charaktere eine Initiation der Zuschauer in eine magische Weltsicht erziele[51]. Es wird deutlich, dass die Gleichsetzung künstlerischer Starfiguren mit Schamanen, wie sie im 20. Jahrhundert gehäuft auftrat, eine verblüffend lange Vorgeschichte hat.

Herder

Noch wichtiger als Diderot erweist sich für die Absorption des Künstlerkonzeptes in den schamanischen Diskurs allerdings Johann Gottfried Herder, der philosophische Mentor des Sturm und Drang. Auch ihm waren die entsprechenden Reiseberichte gut bekannt; er formulierte als einer der ersten eine Kritik am unsensiblen, unreflektierten Ethnozentrismus der aufklärerischen Berichterstatter und machte sich deren Informationen zu eigen, um seine Position im Aufklärungsdiskurs herauszuarbeiten. Vor allem in der Zeit des Sturm und Drang, aber auch darüber hinaus, verteidigte Herder Gefühl und Magie als Möglichkeiten des Erkenntnisgewinnes gegen das Paradigma der objektivistischen Forschung[52]. Was von anderen als ‚primitiver Aberglaube' gesehen wurde, erkannte er als Religion an. Im Schamanismus, dessen Ursprung er in zeitgenössischer orientalistischer Manier in

49 Vgl. Flaherty 1992: 126 ff.

50 Ebd.: 131.

51 Vgl. Irwin o.J.: 5.

52 Vgl. Flaherty 1992: 132 f. und von Stuckrad 2003: 68.

Indien vermutete[53], glaubte Herder den Keim menschlicher Kreativität entdeckt zu haben, wie sie auch in künstlerischen Werken zum Ausdruck komme[54].

Im Zuge dieser Argumentation konstruierte Herder auch die wichtige Verbindung zur Orphik. Zwei Züge der griechischen mythologischen Gestalt des Orpheus sind dabei besonders wichtig: Zum einen ist Orpheus der Prototyp des Künstlers, der durch seinen Gesang selbst Tiere in seinen Bann schlägt und mit ihnen kommuniziert (wodurch eine wichtige Verbindung von Kunst, Religion und Naturphilosophie hergestellt ist). So ersetzte Herder im Laufe der 1780er Jahre den Geniebegriff, der, wie oben beschrieben, rasch an Beliebtheit verlor, zunehmend durch den des Schamanen als dem ‚wahren Künstler'. Zum anderen tritt Orpheus beim (letztendlich vergeblichen) Versuch, die Seele seiner Geliebten Eurydike ins Leben zurückzuholen, eine Reise in die Unterwelt an. Durch diese Identifikation als ‚Reisender in andere Weltenteile', als Seelenrückholer und Künstler, der gerade durch seine Kunst diesen Zugang erlangt, wurde Orpheus im 19.Jahrhundert zunehmend zu einer Gegenfigur der Aufklärung. Auch in den Werken nachfolgender Autoren wie Hugo[55] und Rilke tritt Orpheus als Reisender in andere Weltenteile auf, dem die Schau einer ‚wahren Wirklichkeit' möglich ist[56]. Bezeichnenderweise stellen alle diese Charakteristiken bis heute zentrale Elemente des populären schamanischen Diskurses dar[57]. Herder schreibt Orpheus in seiner *Aeltesten Urkunde des Menschengeschlechts* (1774) eine kultur- und zivilisationsbegründende Rolle zu. Orpheus (und der Schamane im Allgemeinen) erscheint dabei aber nicht nur als Dichter und Sänger, sondern auch als Urheber von Medizin, Mathematik und Recht; als einer, der Ordnung ins Chaos brachte (letztere Zuschreibung sollte noch häufig wiederholt werden)[58]. Orpheus' Gesänge fasst Herder als Echo „barbarischer" Legenden, als *„zerstückte Glieder des Urgesangs aller Wesen"*[59] auf.

53 Vgl. Znamenski 2007: 13.

54 Vgl. von Stuckrad 2003: 69.

55 Vgl. ebd.: 84 f.

56 Vgl. ebd.: 116 f.

57 Vgl. ebd.: 83 f.

58 Vgl. Flaherty 1992: 139.

59 Herder 1967 [1774]: 398.

Diese Zuschreibung verweist auf einen größeren Zusammenhang: Herder identifizierte ‚primitive' Kulturen als den Ursprung von Kultur im Allgemeinen: „Die Wiege des Menschlichen Geschlechts stand verdeckt. Die Geschichte jeder Wissenschaft auch unter den Griechen, war ohne Kopf, oder verbarg ihn – wohin? *unter den Barbarn*! da geh und suche."[60] Diese Tendenz, ‚primitive' Völker in einer Art positiv besetzten Evolutionismus' als ‚näher am Ursprung' zu betrachten (wofür Rousseaus Konstruktion des ‚Edlen Wilden' als Vorreiter gesehen werden kann), findet sich auch bei Mircea Eliade noch in kaum veränderter Form.

Die Aufwertung indigener Kulturen zu gleichwertigen, ja im Hinblick auf den Kontakt zu einer sakralisierten Natur sogar überlegenen ‚Brüdern' veranlasste Herder (in Verbindung mit einem besonderen Augenmerk auf die Macht der Sprache) dazu, eine kommentierte Sammlung antiker und indigener Lieder und Gedichte anzulegen, die 1774 unter dem Titel *Alte Volkslieder* erschien[61]. Dass – um einen kleinen Vorgriff zu machen – Jerôme Rothenberg 1968 mit der Sammlung *Technicians of the Sacred* praktisch dasselbe Unterfangen wiederholte, bezeugt die Konstanz beziehungsweise zyklische Wiederkehr bestimmter gedanklicher Tendenzen in der westlichen Geistesgeschichte.

‚Antiker Schamanismus', Goethe und Mozart

Die von Diderot und Herder eingeleitete Assoziation des Schamanismus mit der griechischen Antike sollte um die Wende des 19. zum 20. Jahrhundert in der Altertumswissenschaft noch eine amüsante Blüte treiben: Unter anderem von Karl Meuli und Eric Dodds wurde (im Geiste des Diffusionismus) bei der Suche nach dem Ursprung antiker Religion die These aufgestellt, dieser sei im zentralasiatischen Schamanismus zu suchen. Belegt wurde diese Argumentation mit der Ähnlichkeit zwischen Orpheus und den sibirischen Schamanen, ohne dass man die Möglichkeit eines Zirkelschlusses in Erwägung zog. Dieser These liegt zudem eine unreflektierte Annahme der Geschichtslosigkeit indigener Kulturen zugrunde[62]. Selbst Eliade bespricht den Bezug der Orphik zum Schamanismus, begründet diesen aber nicht diffusionistisch, sondern durch einen „Archetyp ‚existentiellen Be-

60 Herder 1967 [1774]: 400.

61 Vgl. Flaherty 1992: 137.

62 Vgl. von Stuckrad 2003: 106 ff.

wusstwerdens"[63]. Von Stuckrad schließt aus seinem Exkurs über den ‚antiken Schamanismus': „Insofern lernen wir bei der Frage nach dem antiken Schamanismus wenig über dessen Existenz oder reale Beschaffenheit, viel dagegen über die Voraussetzungen unserer kulturellen und wissenschaftlichen Konstruktionen."[64]

Auch für Goethe, der bekanntlich eine enge Freundschaft mit Herder pflegte, ist eine intensive Beschäftigung mit den Berichten über Schamanismus belegt. Er kannte die Schriften von Georgi und Pallas und besichtigte in Göttingen schamanische Kostüme[65], bezog aber nie explizit Stellung zum Thema[66]. Gloria Flaherty, die ihre Ausführungen zu Diderot und Herder plausibel an den jeweiligen Quellen belegen kann, vertritt allerdings zu Goethe eine deutlich überzogene These, indem sie behauptet, die Figuren des *jungen Werther*[67] und des *Faust* trügen schamanische Züge oder seien gar nach dem Vorbild sibirischer Schamanen konzipiert[68]. Insbesondere für das Kapitel *Faust, the modern Shaman* weist von Stuckrad nach, dass Flaherty ihre Argumentation mit ungenau übersetzten englischen Passagen begründet und die pantheistischen, naturphilosophischen und alchimistischen Komponenten des Werkes übersieht. Goethes Figuren sind nicht als Schamanen konzipiert, sondern „vielmehr haben die westlichen Traditionsbestände, aus denen Goethe […] schöpfte, ihrerseits die Wahrnehmung des Schamanismus inspiriert"[69].

Eine ähnlich unhaltbare These verfolgt Flaherty in Bezug auf Mozart, für den sie eine nicht ausreichend begründete Selbstkonzeption als Orpheus respektive Schamane annimmt[70]. Interessant sind diese Thesen für meine Arbeit deshalb, weil sie illustrieren, wie bis heute an der im 18. Jahrhundert begonnenen diskursiven Verbindung von Künstlern mit Schamanen auch in wissenschaftlichen Kreisen weitergesponnen wird, und wie sehr manche Beiträge sich in genau dem diskursiven Geflecht gefangen zeigen, das sie

63 Eliade 1975: 375.

64 Von Stuckrad 2003: 116.

65 Vgl. Flaherty 1989: 585 f.

66 Vgl. von Stuckrad 2003: 70.

67 Vgl. Flaherty 1989: 591.

68 Vgl. Flaherty 1992: 183 ff.

69 Von Stuckrad 2003: 70.

70 Vgl. Flaherty 1992: 150 ff.

zu analysieren beabsichtigen. Noch mehr sogar: Selbst berechtigte Beiträge zum Thema, die genau dieses Diskursgeflecht zum *Gegenstand* haben, spinnen es allein durch ihre Existenz weiter (der vorliegende Text nicht ausgenommen). Sie sind Teil jenes „Gewimmels von Kommentaren“[71], das einen Diskurs perpetuiert.

Romantik

Sowohl das Künstler- als auch das Schamanenbild erfuhren im 19. Jahrhundert wichtige und einander stark ähnelnde Weiterungen. Von Stuckrad bezeichnet sich als „geneigt [...], diese Zeit als die Formierungsphase des Neo-Schamanismus zu bezeichnen“[72], da das Denken der Romantik dem schamanischen Diskurs einige seiner zentralen Themen verlieh. Wie sich zeigen wird, verhält es sich mit dem Künstlerdiskurs kaum anders.

Die Zeit der Romantik war geprägt von einer starken Tendenz zur ‚Wiederverzauberung‘ von Natur, Mensch und Kosmos, die insbesondere intellektuelle Kreise erfasste, die der christlichen wie auch der aufklärerischen Weltsicht nichts mehr abgewinnen konnten: „Pantheismus wurde zur Religion der Intellektuellen, Naturphilosophie verband sich [...] mit einer bestimmten Form von Naturverehrung, und der schamanische Charismatiker wurde zur Leitfigur einer individuellen Vereinigung mit dem Absoluten und ‚Wahren‘.“[73]

Esoterisches Denken

Die Romantik stand auch in der Tradition westlicher Esoterik[74], die sich bis in die Antike und die Renaissance (insbesondere den Neoplatonismus) zurückverfolgen lässt. Esoterisches Denken ist nach der Definition von Faivre eine Denkform, die sich durch folgende vier Grundzüge auszeichnet: (1) Ein Denken in Entsprechungen, das alle Teile des Universums als auf symbolische Weise verbunden und aufeinander verweisend auffasst; (2) Die Vorstellung vom Kosmos als beseeltem, komplexem, von einer ‚Lebensenergie‘ durchflossenem Wesen; (3) Die Idee, dass das Wissen um Ent-

71 Foucault 2007 [1970]: 19.

72 Von Stuckrad 2003: 7.

73 Ebd.: 270 f.

74 Vgl. ebd.

sprechungen durch die Imagination erfahren beziehungsweise durch spirituelle Autoritäten offenbart werden kann; und (4) die Möglichkeit einer läuternden inneren Metamorphose des Individuums auf seinem spirituellen Weg. Ergänzt werden diese Kriterien durch den Versuch, einen gemeinsamen, ahistorischen ‚Urgrund' aller spirituellen Lehren zu finden, und – auf soziologischer Ebene – häufig durch Vorgänge der Initiation durch spirituelle Autoritäten[75].

Auch wenn die Romantik in gewisser Hinsicht den dialektischen Gegenpol zur Aufklärung darstellt, ist es wichtig festzuhalten, dass es sich dabei nicht um eine schlichte, tendenziell regressive Protestbewegung handelte. Romantisches Denken verstand sich nicht als Gegenentwurf zur Aufklärung, sondern als deren philosophische Konsequenz: Aus Kants *Kritik der Urteilskraft*, die die Möglichkeit rationaler Erkenntnis durch ein vernünftiges Ich radikal in Frage stellte, folgte (etwa beim Naturphilosophen Schelling) in logischer Konsequenz eine ‚Ermächtigung des Nicht-Ich'. Diesem Nicht-Ich entsprach in der Romantik in erster Linie die Natur, der man eine ‚vernünftige Sinnlichkeit' und Ästhetik beimaß, die als dem erkenntnisunfähigen Individuum überlegen empfunden wurde[76]. Diese Ermächtigung der ‚Romantiknatur' (beziehungsweise eines anderen ‚Nicht-Ich') zur transpersonalen Autorität als freiwilliger, kontrollierter philosophischer Prozess wird uns im Kontext der 1960er Jahre wieder begegnen.

Romantische Naturphilosophie

Bevor ich mich dem Künstlerbild der Romantik zuwende, soll wegen ihrer großen Bedeutung für den schamanischen Diskurs die maßgeblich von Schelling geprägte Naturphilosophie näher betrachtet werden. Vorbereitet wurde diese Philosophie durch Wilhelm Leibniz (1646-1716), der in seiner Monadenlehre das Bild eines aus Einheiten (Monaden) bestehenden Kosmos entwarf, wobei die Einheiten sowohl Emanationen Gottes als auch Spiegel des Ganzen sind. Die Trennung in belebte und unbelebte Substanz wird aufgehoben, wodurch nicht-menschliche Lebensformen eine Aufwertung erfahren[77]. Friedrich Schelling (1775-1854) nun erhob 1799 in seinem *Ersten Entwurf eines Systems der Naturphilosophie* die Natur zu einem

75 Vgl. Faivre 2001: 24 ff.

76 Vgl. von Stuckrad 2003: 271 f.

77 Vgl. ebd.: 192 ff.

produktiven Subjekt (mit einem aristotelischen Begriff als *natura naturans* bezeichnet), das sich selbst ständig reproduziert. Diese Natur ist für Schelling ein einziger großer, beseelter Organismus; jeder Einzelorganismus darin gilt ihm als „zusammengezogenes[s] verkleinerte[s] Bild des allgemeinen Organismus"[78]. Diese Konzeption impliziert die Aufhebung der Dichotomie von Mensch und Natur und eine Kritik am abendländischen Anthropozentrismus und ersetzt diese Denkformen durch das Idealbild einer empathischen, liebevollen Verbundenheit des Menschen mit der Natur. Die Kunst nun spielt in diesem Konzept eine bedeutende Rolle als vermittelndes Moment zwischen Natur und menschlicher Freiheit: „Die Kunst ist gleichsam der erfahrbare Beweis einer möglichen Versöhntheit von Natur und Freiheit, denn in der bewusstlos-bewussten Kunstproduktion sind beide Momente zu einer schöpferischen Einheit verschmolzen."[79] Den künstlerischen Schöpfungsakt betrachtet Schelling dabei als dem natürlichen gleichwertig: Dies ist eine wichtige Konnotation, die den Wandel des Künstlers vom reinen ‚Abbilder' zum Schöpfer verdeutlicht[80].

Schellings Naturphilosophie wurde im Laufe des 19. Jahrhunderts fortgeschrieben und erfuhr dabei eine zunehmende Ästhetisierung und Emotionalisierung. So nahmen etwa Lorenz Oken, Gotthilf Schubert, Novalis und Carl Gustav Carus, um nur einige zu nennen, auf Schelling Bezug. Es etablierte sich zunehmend das Bild eines belebten, dynamischen, sakralisierten Kosmos, der dem Menschen nicht rational, sondern durch das unmittelbare Sinneserlebnis zugänglich und erfahrbar wird. Insbesondere die Kunst ermöglicht die emotionale Verbindung, das Verschmelzen des Menschen mit der sakralisierten Natur: So erhebt Novalis den Dichter zum eigentlichen „Mystagogen der Natur, der die Sprache des Universums versteht"[81], „jene heilige Sprache [...], die das glänzende Band jener königlichen Menschen mit überirdischen Gegenden und Bewohnern gewesen war"[82].

Im US-amerikanischen Bereich finden die Romantiker ihre Entsprechung in den Transzendentalisten wie Ralph Emerson, Henry Thoreau und John Muir, die ebenfalls eine Sakralisierung und Ontologisierung der Natur

---

78 Von Stuckrad 2003: 196.

79 Schmied-Kowarzik 1989: 256.

80 Vgl. Krieger 2007: 58.

81 Von Stuckrad 2003: 208.

82 Novalis 1978 [1791-1802]: Band I, 230.

auszeichnet. Der amerikanische Transzendentalismus war stärker biblisch und christlich fundiert und erfuhr erst später durch die Vermittlung englischer Dichter wie Samuel Coleridge und William Channing einen deutschen Einfluss, insbesondere durch Schelling. Interessant ist in diesem Kontext auch das spezifisch US-amerikanische Konstrukt von *wilderness*, das das Bild einer unberührten, erhabenen Wildnis mit dem seiner ebenso erhabenen Bewohner, der Indianer, vereint, und das, so von Stuckrad, in der Identitätskonstruktion der weißen Bevölkerung der USA eine mit „angstvoller Ehrfurcht und Beherrschungsfantasien“[83] assoziierte Rolle einnahm.

Die gedankliche Tradition der Romantik riss auch im 20. Jahrhundert nicht ab, wie von Stuckrad am Beispiel Darwins, der mystischen Naturphilosophie und der *deep ecology* zeigt[84]. So ist es nicht verwunderlich, dass die Thematik des empathischen Verschmelzens und der Kommunikation mit der Natur, insbesondere mit Tieren, auch im Neo-Schamanismus stark präsent ist. Die Fähigkeit, mit Tieren zu sprechen, spielt bereits bei der Assoziation des Schamanen mit Orpheus eine wichtige Rolle; ferner wurde diese Thematik in den Werken Eliades und Castañedas aufgegriffen, die ausführlich die tiergestaltigen Hilfsgeister und die Fähigkeit des Schamanen, ‚Tiersprache‘ zu sprechen und *Alter Egos* in Tierform anzunehmen, besprechen[85]. Bei Michael Harner, dem ‚Gründervater‘ des Neo-Schamanismus, kann man schließlich ganz schlicht lesen: „Wenn man schamanische Praxis beibehalten will, so muss man sich regelmäßig in sein Tier verwandeln, um das Tier zufriedenzustellen, damit es auch bleibt.“[86] Auch für die Protagonisten der vorliegenden Arbeit, Beuys und Morrison, war die Thematik der Kommunikation mit Tieren beziehungsweise die Anwendung von Tiersymboliken auf sich selbst ein wichtiges künstlerisches und biographisches Element.

Auch die Rolle, die dem Künstler in neo-schamanischen Denksystemen explizit zukommt, ist in der romantischen Naturphilosophie vorgeprägt. So schreibt Joan Halifax, eine der führenden Autorinnen im neo-schamanischen Bereich: „The singer is a specialist who through knowledge of evoca-

83 Von Stuckrad 2003: 211 f.

84 Vgl. ebd.: 223 ff.

85 Vgl. Eliade 1975 [1951]: 105 f. und Castañeda 1998 [1968]: 128 ff.

86 Harner 1996: 104.

tive language has access to the natural world."[87] In einem Seminarprospekt des *Scandinavian Center for Shamanic Research* von 1999 betonen Jonathan Horwitz und Annette Høst die Bedeutung künstlerischer Techniken im Schamanismus, die in einem Seminar geübt werden sollen, und setzen ein Gedicht Herman Hesses darunter, dessen Nähe zur romantischen Naturphilosophie erkennen lässt, wie kurz die Wege vom einen Punkt zum anderen tatsächlich sind[88].

Der Geniebegriff der Romantik

Um nun die Charakteristiken des romantischen Künstlerbildes (über die eben beschriebene Rolle des Künstlers in der Naturphilosophie hinaus) und seine Nähe zum Schamanenkonzept aufzeigen zu können, werde ich kurz den Genie- und Künstlerbegriff der Romantik erläutern, in dem einige bis heute gängige Stereotypen des Künstlertums ihren Ursprung haben.

Hatte auch der verabsolutierte Geniebegriff des Sturm und Drang nach seinem Höhepunkt um das Jahr 1800 eine schnelle und heftige Abwertung erfahren – manche Autoren sprachen verächtlich von einer „Genieseuche"[89] –, so lebte dieses Ideal in der romantischen Philosophie weiter, die in der Kunst des 19. Jahrhunderts das geistige Erbe des Sturm und Drang gegen die klassizistische Strömung und einen regelorientierten Akademismus verteidigte.

Krieger nennt als wichtigste Attribute des romantischen künstlerischen Genies Innerlichkeit, Außenseitertum und Leiden. Das Prinzip der Innerlichkeit, also des von Regeln, Schulung und technischem Wissen entbundenen künstlerischen Schaffens durch ein Genie, das allein aus sich selbst heraus schöpft, ist bereits aus dem Sturm und Drang bekannt. Im 19. Jahrhundert wurde eine gewisse Antibürgerlichkeit, die sich aus dem Bruch mit den Normen des Klassizismus und Akademismus herleitete, zum Markenzeichen des Künstlers. Den Begriff der ‚Künstlerwildheit', der sich anfangs auf Rousseaus Auffassung von Wildheit als unverbrauchter, natürlicher sittlicher Kraft beruft, wendeten die Künstler der Romantik in positiver Weise auf sich an, wobei er zugleich mit Charakterzügen wie Unberechenbarkeit und Sprunghaftigkeit assoziiert wurde. Aus der tatsächlich (vor allem ökonomisch) benachteiligten gesellschaftlichen Situation der Künstler entwi-

---

87 Halifax 1994: 82.

88 Vgl. von Stuckrad 2003: 183.

89 Neumann 1986: 130.

ckelte sich eine affirmative Haltung, eine Selbstwahrnehmung, die gleichsam die Not zur Tugend umstilisierte. Daraus ging auch der Topos des ‚verkannten Künstlers' hervor, der eigentlich eine zentrale Stellung haben sollte, aber von der ihm geistig und moralisch unterlegenen Gesellschaft nicht anerkannt wird. Erst durch den Ruhm der Nachwelt erhält er dafür eine angemessene, aber tragisch späte Kompensation.

Diese Neuausrichtung der künstlerischen Selbstwahrnehmung hatte auch eine soziologische Komponente: Sie führte zum Entstehen der Bohème, einer künstlerischen Gegenwelt, die sich selbst als besonders, ja auserwählt, von überkommenen gesellschaftlichen Normen entbunden betrachtet und stolz auf ihre materielle Armut ist[90]. In dieser gesellschaftlichen Außenseiterrolle ist eine gewisse Ambivalenz bereits angelegt: Einerseits erschien der Künstler zunehmend als befähigt, durch sein Wirken auf die Phantasie und Sensibilität der Menschen die Gesellschaft zum Besseren hin zu beeinflussen. Dieser Gedanke liegt auch dem ebenfalls im 19. Jahrhundert von Saint-Simon geprägten Konzept der Avantgarde zugrunde, das beispielsweise die Pariser Surrealistengruppe der 1920er Jahre um André Breton oder die russischen Konstruktivisten um Kasimir Malewitsch von 1913 an in die Tat umzusetzen versuchten[91]. Obwohl Kunst sich (spätestens seit Kants Behauptung, sie sei frei von Nützlichkeitserwägungen) im Grundton als autonom verstand, sahen diese Künstler sie als bedeutsames Medium universeller Emanzipation: Diese Kunst möchte eine – wenn auch in den meisten Fällen rein geistige – Gegenwelt zur gesellschaftlichen Realität aufbauen. In diesem Kontext traten Künstler häufig als Heilsbringer und Idealfiguren auf, die sowohl politische als auch religiöse Züge tragen[92]; auf diesen wichtigen Aspekt werde ich an anderer Stelle näher eingehen. Andererseits aber trägt die Außenseiterrolle des Künstlers, insbesondere des Künstlergenies, seit der Romantik die Konnotation von Leiden.

Aufgrund der Abhängigkeit von einem zunehmend ungewissen Kunstmarkt führten tatsächlich viele Künstler gesellschaftliche Randexistenzen; ihre Armut wurde aber im Laufe des 19. Jahrhunderts zum ‚Künstlerleid' als Bedingung und Ursache wahrer genialer Schaffenskraft idealisiert. Lei-

---

90 Vgl. Krieger 2007: 47 f.

91 Vgl. ebd.: 72 ff.

92 Vgl. ebd.: 57.

den wurde zu einem der Leitmotive in Kunst und Literatur der Romantik[93]. Es etablierte sich in Bezugnahme auf eine Aristoteles zugeschriebene Theorie (die aber vermutlich von dessen Schüler Theophrast stammte), die einen Zusammenhang zwischen Melancholie und außerordentlicher Begabung annahm, das Stereotyp des melancholischen Künstlers. Die Thematik des Leidens erfuhr durch die Behauptung einer allgemeinen Geschäfts- und Lebensuntüchtigkeit des Künstlers sogar eine gewisse Ausweitung. All diese Züge – die Weltfremdheit, die Melancholie, das Leid, die eigene Verletzlichkeit – wurden sowohl von Künstlern als auch von der Gesellschaft als Voraussetzungen und Beweise wahren Künstlertums zelebriert. Auch das bis heute immer wieder auftauchende Stereotyp des sich selbst verbrennenden und vernichtenden Künstlers gehört in diesen Kontext[94].

Schamanismusrezeption in der Romantik

Die Forschungsliteratur zum Schamanismus lässt in der Romantik einen deutlichen Wandel der Einstellung der Autoren zu dem Phänomen erkennen: Hatten die Schamanen den Vertretern der Aufklärung noch als negatives Gegenbild zur eigenen vernunftgeleiteten Zivilisation gedient, so entdeckten Forscher, die vom Geist der Romantik beeinflusst waren – ähnlich den Vertretern des Sturm und Drang – in der indigenen Spiritualität das Idealbild einer respektvollen, mystischen und emotionalen Einbindung des Menschen in die Natur. Ein verstärktes Interesse an spirituellen und mysteriösen Phänomenen löste die Abwertung und Unterdrückung ab, die diese Themen in der Aufklärung erfahren hatten. Die Forscher zeigten sich zunehmend offen, schamanische Séancen auf sich wirken zu lassen und die objektivistische Distanz zum Forschungsobjekt zumindest temporär aufzugeben.

So kritisierte Dorji Banzarov (1822-1855), ein gebürtiger Burjate mit westlicher Ausbildung, die Werke Georgis für ihre generalisierende und abwertende Haltung und interpretierte Schamanismus, sichtlich vom Gedankengut der Naturphilosophie geprägt, als Zeichen einer intimen Verbindung des Menschen zur Natur: „The black faith of the Mongols arose from the same source from which were formed many ancient religious systems:

93 Vgl. Krieger 2007: 49 f.

94 Vgl. Neumann 1986: 56 f.

the external world, nature, and the internal world, the soul of man."[95] Die Bereitschaft, sich der emotionalen Wirkung schamanischer Rituale auszusetzen, illustriert das Beispiel des deutschen Forschers Ferdinand von Wrangel, der sich dezidiert gegen die Charakterisierung der Schamanen als Betrüger wendete und sie als „bemerkenswerte psychische Phänomene" einordnete: „[The rituals] create the scene full of horror and mystery, which has captivated me strangely every time."[96]

Im Hinblick auf die diskursive Verbindung von Schamanen mit Künstlern ist besonders bemerkenswert, dass viele Autoren dieser Zeit Schamanen als kreative Persönlichkeiten mit starkem Willen und außerordentlicher Vorstellungskraft portraitierten, die (so Wrangel) auch bereit seien, für ihre Überzeugungen zu leiden. Der russische Autor Frants Beliavskii bezeichnete sie gar als ‚eingeborene Genies' von tragischem Schicksal, da sie ihre künstlerischen und kreativen Fähigkeiten in Sibirien verschwenden müssten (der Ethnozentrismus dieser Aussage ändert nichts an der bemerkenswerten Anwendung des Stereotyps der tragischen Künstlergestalt auf den Schamanen). M.F. Krivoshapkin schließlich zog einen expliziten Vergleich zwischen jungen Indigenen, die zum Schamanendasein bestimmt waren, und den tragischen Kreativcharakteren aus den Gedichten der russischen romantischen Autoren Alexander Pushkin und Mikhail Lermontov. Die tragische Komponente eines schamanischen Werdegangs verorteten diese Autoren in den Leiden, die die Initiationsphase mit sich brachte (wie Abtrennung von der Gemeinschaft, Fasten und Schlaflosigkeit)[97]. Dieser Topos sollte in der Schamanismusliteratur und -rezeption des 20. Jahrhunderts noch einen großen Stellenwert erhalten: Mircea Eliade, der sich in weiten Bereichen auf die Forschungsliteratur des 19. und beginnenden 20. Jahrhunderts stützte, behandelt ausführlich die Rolle von Krankheit und Leid bei der Initiation, die häufig mit Träumen einhergehe, bei denen der Schamane zerstückelt, gekocht und wieder zusammengesetzt werde. Erst durch diesen Initiationstod verwandele der Schamane sich in einen ‚Handhaber des Sakralen'. Von zentraler Bedeutung ist auch Eliades Aussage „[Der Schamane] ist vor allem ein Kranker, der sich selber geheilt hat"[98]. Aus dieser Auffassung leitet

95 Banzarov o.J.: 56 f.

96 Wrangel 1820-1823: 286.

97 Vgl. Znamenski 2007: 21 f.

98 Eliade 1975: 43, 37

sich das Prinzip des *wounded healer* ab, das im schamanischen Diskurs des 20. Jahrhunderts eine zentrale Rolle spielt und den Schamanen erstens als Heiler und zweitens als jemanden konzipiert, der erst *durch sein Leid* seine speziellen Fähigkeiten erlangt. Die konzeptuelle Nähe zum Künstlerbild der Romantik liegt auf der Hand.

2.3 GENIES ODER IRRE? VON SCHOPENHAUER BIS ZUM 20. JAHRHUNDERT

Genie und Wahnsinn

Kranker Künstler

Ein weiterer wichtiger Topos in der Konzeption des Schamanen als auch in der des Künstlers ist bereits angeklungen: In der Aufklärung wurden Schamanen häufig als Neurotiker und Psychopathen bezeichnet, und auch Eliades oben erwähnte Diskussion des Krankheitsstatus' des Schamanen bezieht sich auf diese Auffassungen. Und der Weg vom Künstlerleid, dessen Ursache man nicht in den schwierigen Lebensumständen der Künstler, sondern vielmehr intrinsisch, in deren psychischer Konstitution, verortete, hin zum Künstlerwahnsinn, war nicht weit, wie die nachfolgende Darstellung zeigen wird.

Während die Romantiker das innere Leid und die Melancholie des Künstlers idealisierten, erfolgte außerhalb künstlerischer Kreise nach 1800 eine Wende zur Pathologisierung des schöpferischen Menschen: In der 1819 von dem deutschen Arzt und Philosophen Arthur Schopenhauer geprägten Genie-und-Irrsinn-Theorie schlug die Melancholie in Wahnsinn um.

Krieger spricht von einer „Verschwisterung"[99] der Topoi von Psychopathologie und künstlerischer Begabung seit der Antike, während Neumann genau diese Bezugnahme auf die Antike, die auch von Vertretern der Genie-und-Irrsinn-Theorie betrieben wurde, als verfälschende und oberflächliche Rezeption antiker Quellen ablehnt: Der Begriff der *mania* des Künstlers, der in Platons Enthusiasmuslehre vorkommt, werde „wegen Abwesen-

99 Krieger 2007: 95.

heit kulturell äquivalenter Erscheinungsformen"[100] häufig als ‚Rausch' oder ‚Wahnsinn' fehlinterpretiert, während die französische Übersetzung ‚transport', also eine Art von Entrückung, oder schlicht ‚Begeisterung' der Bedeutung näher kämen. Auch der lateinische Begriff *genius*, von dem sich ‚Genie' ableitet, trug keinerlei Konnotation von Irrsinn oder Krankheit, sondern von Zeugungs- oder Schöpferkraft und Vitalität. Derselbe Autor stellt die These auf, dass Platons Enthusiasmuslehre nicht ein Bild psychischer Krankheit, sondern „die viel ältere Verehrung der Ekstatiker" zugrunde liege, wobei er sich interessanterweise auf Mircea Eliade beruft[101]: ein weiteres Beispiel dafür, wie sich konzeptuelle Zirkelschlüsse durch die ethnologische wie durch die kunsthistorische Literatur ziehen.

Arthur Schopenhauer jedenfalls stellte die viel zitierte, weitläufig popularisierte und zum Allgemeinplatz banalisierte Behauptung auf, dass „Genialität und Wahnsinn eine Seite haben, wo sie an einander gränzen, ja in einander übergehn"[102]. Dies begründet er folgendermaßen: In *Die Welt als Wille und Vorstellung* unterscheidet er zwei grundlegende Zustände und Haltungen des Menschen zur Welt, nämlich den „Willen", der sich als Interessengeleitetsein und triebhafte oder zweckrationale, jedenfalls negativ besetzte Verstrickung des Menschen umschreiben lässt, und die „Vorstellung", eine ideale, ‚interesselose', von Trieben befreite kontemplative Haltung. In dieser (übrigens von ostasiatischem Gedankengut beeinflussten) Theorie spielt die Kunst eine zentrale Rolle als der Bereich, „ in dem eine von den Gegenständen des ‚Willens' losgelöste Kontemplation des Menschen möglich erscheint"[103]. Das Genie ist in dieser Theorie dadurch gekennzeichnet, dass es ihm – und nur ihm – gelingt, den „Willen" zugunsten der „Vorstellung" zurückzudrängen. Daraus folgt einerseits geistige Größe und Erhabenheit, andererseits aber auch eine Entfremdung von der Welt und der alltäglichen Lebenspraxis. Einsamkeit, Vernachlässigung des eigenen Körpers und ein launisches Temperament betrachtete Schopenhauer als logische Konsequenzen, die das Genie bereits am Rande des Wahnsinns verorten. Dieser bricht sich endgültig Bahn, wenn der zurückgedrängte „Wille" seinen Platz fordert, und äußert sich in Anfällen von Raserei und

100 Neumann 1986: 13

101 Vgl. ebd.: 13 ff.

102 Schopenhauer 1819: 400.

103 Krieger 2007: 108.

Verzweiflung[104]. Schopenhauers Konzeption rückte damit den Künstler in den Bereich der modernen klinischen Psychologie. Auch die Stereotype des praktischen und persönlichen Versagens und der ‚Fremdheit in der alltäglichen Welt' lassen sich unschwer in dieser Theorie wiederfinden.

Während aber Schopenhauer dem wahnsinnigen Genie eine geistige Größe nicht abspricht, wurden in der Diskussion, die seine Theorie nach sich zog, geistig und kreativ Tätige zunehmend denunziert. Die prominentesten Beispiele hierfür sind die Entartungs-Theorie des italienischen Psychiaters Cesare Lombroso, der auf der Basis von Anekdoten eine generelle psychische Abnormalität und Degeneration von Genies nachzuweisen versuchte, und Wilhelm Lange-Eichbaums Werk *Genie – Irrsinn und Ruhm* von 1928, das die letztlich unbewiesene Behauptung aufstellt, unter berühmten Menschen gäbe es einen erhöhten Anteil von Psychotikern[105]. In der klinischen Psychiatrie des 19. und beginnenden 20.Jahrhunderts begann eine eifrige Suche nach organischen und neurobiologischen Ursachen des angenommenen ‚Dichterwahns'. Moreau de Tours beispielsweise vertrat die Theorie einer krankhaften Veränderung des Gehirns und des Nervensystems, während andere Theoretiker rassisches Gedankengut pflegten, das genetische Ursachen annahm und die Bekämpfung psychischer Krankheit durch Zuchtauswahl in Erwägung zog[106].

In der positivistischen Wissenschaft gelangte die Diskussion um künstlerische Begabung und Geisteskrankheit in der Kreativitätsforschung der 1970er Jahre (die sehr zur Entmystifizierung des Künstlertums, sei die Mystifizierung nun positiv oder negativ ausgerichtet, beitrug) zu einem vorläufigen Ende, indem sie Kreativität als allgemein-menschliche Fähigkeit beschreibt, die am stärksten in leicht labilen psychischen Zuständen ausgeprägt ist, aber zu ihrer Umsetzung zugleich große Selbstkontrolle benötigt, wie sie Menschen mit tatsächlich schweren Psychosen meist nicht aufbringen können[107]. Im populären und philosophischen Diskurs jedoch wird die Geniediskussion bis in die Gegenwart ambivalent fortgeführt, wobei die gedanklichen Ansätze des 19.Jahrhunderts ungebrochen weiterleben. So

104 Vgl. Krieger 2007: 108 f.

105 Vgl. ebd.: 109.

106 Vgl. Neumann 1986: 141 ff.

107 Vgl. Krieger 2007: 113 f.

schreibt beispielsweise Thomas Mann in Bezug auf Dostojewski folgende illustrative Worte:

„[Es] gibt schwerlich einen dümmeren Satz als den, daß ‚aus Kranken nur Krankes kommen kann'. […] Man mag wohl sagen, daß schöpferische, Genie spendende Krankheit, Krankheit, die hoch zu Roß die Hindernisse nimmt, in kühnem Rausch von Fels zu Felsen springt, ihm tausendmal lieber ist als die zu Fuße latschende Gesundheit."[108]

Kranker Schamane

Während sich die Pathologisierung des Künstlers erst nach dem Höhepunkt des Geniekults etablierte, sind derartige Urteile in der Schamanismusforschung von Beginn an zu beobachten. Das Bild vom Schamanen als Neurotiker wurde bereits durch die Werke von Georgi und Pallas, also während der Aufklärung, ins Leben gerufen. Dies geschah in einem allgemeinen Duktus der Abwertung indigener Lebenspraxis und Religiosität als ‚irrational' und – im Gegensatz zur männlich dominierten Wissenschaft – als tendenziell ‚weiblich'[109].

Nach der Darstellung Znamenskis trug entscheidend zur Pathologisierung der Schamanen bei, dass diese in der Reiseliteratur wie auch in den Expeditionsberichten deutscher, russischer und finnischer Forscher mit einem anderen Phänomen, der sogenannten ‚arktischen Hysterie', in Verbindung gebracht wurden. Im 18. und 19. Jahrhundert finden sich immer wieder Bemerkungen über die Nervosität und emotionale Instabilität der Bewohner Sibiriens und des arktischen Nordamerika. Es wurde von anfallsartigem zu Boden fallen, monoton wiederholten Bewegungen, ‚manischem' Singen und einer allgemeinen Schreckhaftigkeit bei minimalen Auslösern berichtet. Die Bezeichnung ‚arktische Hysterie' setzte sich gegenüber zwei emischen *Sakha*-Begriffen durch, wie sie beispielsweise der russische Arzt Mitskevich verwendete: Ihm zufolge bezeichnet *menerick* einen traumatischen, von Halluzinationen begleiteten Zustand und *emeriak* eine ‚Imitations-Manie', bei der die Betroffenen zwanghaft die Bewegungen und Aussagen der Anderen nachahmen. Berichtet wurde auch von kollektiven Anfällen, bei denen ganze Dörfer in wochenlanges schein-

108 Mann 2011 [1946].

109 Vgl. Irwin o.J.: 3.

bar sinnloses Singen, Kreischen und Herumspringen ausbrachen. Für diese Phänomene gab es im Laufe der Forschungsgeschichte verschiedene und – im Hinblick auf die Forscher, nicht die Beforschten – äußerst aufschlussreiche Erklärungsversuche: So wurde die ‚arktische Hysterie' im 19. Jahrhundert routinemäßig mit der sogenannten ‚weiblichen Neurose' in Verbindung gebracht, was das viktorianische Frauenbild auf ungewöhnlichem Wege karikiert. Weitere Erklärungen fand man in traumatischen Erfahrungen und – worüber ein weitgehender Konsens herrschte – im harschen ökologischen und klimatischen Kontext Sibiriens beziehungsweise des zirkumpolaren Raumes. Im Geiste eines zeitgemäßen geographischen Determinismus spekulierte man über die nachteiligen Auswirkungen von Kälte, Dunkelheit, Nahrungs- und Vitamin D3-Mangel auf das Nervenkostüm der Indigenen. Eine gewisse Nähe zu den biologistischen Erklärungsversuchen für den ‚Dichterwahn' ist offensichtlich und steht in Verbindung mit dem historischen Beginn klinisch-psychiatrischer Forschung. Ein russischer Arzt riet gar zum Auspeitschen als ‚Schocktherapie'.

Znamenski stellt zu den umweltdeterministischen Erklärungsversuchen die interessante Überlegung an, dass die Berichterstatter, die (außer im Falle der Forschungsreisenden) zu einem großen Teil aus politischen Gründen nach Sibirien verbannt worden waren und sich dort in Ermangelung anderer Tätigkeiten der Ethnographie zugewandt hatten, ihre eigene Depression und Reizbarkeit, die sie wegen der ungewohnt harten Lebensbedingungen empfanden, auf die von ihnen beschrieben Gruppen projizierten.

Eine aus heutiger ethnologischer Sicht vertretbare Erklärung für das beschriebene ‚kulturgebundene Syndrom' (ein weiterer umstrittener Begriff aus der modernen Psychiatrie) formulierte der russische Schamanismusforscher Sergei Shirokogoroff, der zu Beginn des 20. Jahrhunderts Feldforschungen bei den Evenki und Manchu durchführte und – womit er dem ethnologischen Denken seiner Zeit voraus war – versuchte, die emische Interpretation der beschriebenen Phänomene zu erfassen. Er kam zu dem Schluss, dass es sich bei diesen ‚Anfällen' um Formen kulturell codierter performativer Konfliktlösung handele, die unter den Bedingungen russischer kolonialer Hegemonie verstärkt zur Anwendung kämen. Es handele sich um einen ‚Brauch' (wie seine Informanten sagten), der als symbolischer Widerstand gegen die Fremdherrschaft eingesetzt werde; beispielsweise wurde davon berichtet, dass die Bewohner eines Dorfes in einem kollektiven *emeriak*-Anfall begannen, die Gesten eines russischen Offiziers nachzuahmen. Andere Beispiele berichten von jungen Frauen, die wegen sexuellen Missbrauchs beziehungsweise als Widerstand gegen diesen ‚hysterische Anfälle' zeigten; Znamenski spricht hierbei von „symbolic gender resistance"[110]. Shirokogoroffs Interpretation aber stellte lange Zeit eine Ausnahme dar. Über die pathologische Natur der beobachteten Phänomene herrschte ein weitgehender Konsens[111].

Im Hinblick auf die Schamanenkonzeption ist nun eine Tatsache von großer Bedeutung: Die angenommene ‚arktische Hysterie' stellte den Kontext dar, in dem Schamanismus interpretiert wurde – ja mehr noch: man traf häufig gar keine Unterscheidung zwischen Schamanismus und Hysterie. Bereits um 1880 belegt der Artikel eines Linguisten, der sich mit dem synonymen Gebrauch der Begriffe *menerick* und Schamane befasst, dass die Identifikation des Schamanen als Neurotiker nahezu den Status einer wissenschaftlichen Wahrheit erlangt hatte. Zu Beginn des 20. Jahrhunderts war das Bild des Schamanen als geistig gestörtem Magier fest etabliert, wie zahlreiche Enzyklopädieartikel belegen. Dieses Bild fand seinen Eingang in die sich etablierende Disziplin der Ethnologie vor allem über den russischen Ethnographen Waldemar Bogoras, der, obwohl zunächst ebenfalls im sibirischen Exil, in Kontakt mit Franz Boas kam und in dessen Auftrag 1901 eine Feldforschung bei den Tschuktschen und Yupik durchführte. Er schloss Bekanntschaft mit einem (übrigens männlichen) Schamanen namens Scratching-Woman, den er als überaus reizbar, launisch und hypersensibel beschrieb. Scratching-Woman entwickelte sich in der Literatur zum Prototypen des neurotischen sibirischen Schamanen. Generell reproduzierten die Autoren der ersten umfassenden, kulturübergreifend konzipierten Werke zum Schamanismus die etablierten Auffassungen: Bogoras und Jochelson, die eng mit Boas zusammenarbeiteten und an der Übertragung des Schamanenbegriffs auf den nordamerikanischen Raum beteiligt waren, sprachen von Schamanen als ‚Patienten'. Auch Marie Czaplicka, Åke Ohlmarks, Paul Radin und Weston La Barre generalisierten in ihren viel beachteten Werken, die die Hauptquellen für westliche Schamanismusforscher bis hin zu Mircea Eliade darstellten, auf dieselbe Weise[112]. Bis

110 Znamenski 2007: 90

111 Vgl. ebd.: 82-92.

112 Vgl. ebd.: 94-101.

etwa 1950 hatte die These vom Schamanismus als mentaler Störung absoluten Wahrheitsstatus, wobei kulturelle und spirituelle wie auch politische Kontexte unbeachtet blieben. Wenn man dem Schamanismus überhaupt eine gesellschaftliche Funktion zuschrieb, dann als ‚Nische' für Menschen, die an Hysterie, Epilepsie oder Schizophrenie litten. Lewis spricht treffend von der Konzeption des Schamanismus als „institutionalisiertem Irrenhaus für Primitive"[113].

Gleichsetzungen von Schamanismus mit Schizophrenie (die im Laufe der ersten Hälfte des 20. Jahrhunderts die Hysterie als bevorzugte Erklärung für den Schamanismus ablöste) finden sich bis in die 1960er Jahre. George Devereux kam nach einer Forschung bei den Mojave zu dem Schluss, Schamanismus sei Ausdruck einer kollektiven Neurose und verlängere diese zugleich[114]. Der Psychologe Henri Ellenberger rückt (wie weitere Autoren seiner Zeit) Schamanismus und Schizophrenie in ein positiveres Licht, indem er beide als Ausdruck einer „kreativen Krankheit" betrachtet, die neben sibirischen Schamanen auch große Geister wie (interessanterweise, finde ich) Nietzsche, Freud und Jung erfasst habe[115]. Um diese Debatten abzuschließen, stellte Richard Noll 1983 einen phänomenologischen Abgleich von Schamanismus und Schizophrenie anhand eines gängigen psychiatrischen Diagnosehandbuches an und kam zu dem Schluss, die Phänomene seien in allen Details völlig verschieden[116].

Die Interpretation des Schamanismus durch die Psychoanalyse des 20. Jahrhunderts wird hier in Zusammenschau mit der entsprechenden Interpretation des Künstlertums später noch Gegenstand sein.

Gegenbilder

Festzuhalten ist: Schamanismus wurde von Beginn an als ein der westlichen Zivilisation, ihrer Aufklärung und Rationalität diametral gegenüberliegendes primitives Phänomen pathologisiert. Die Reaktion darauf war ambivalent, schwankte zwischen Faszination und Abwehr. Was von Denkern der Romantik begeistert aufgegriffen und, im Zuge des Versuches einer intellektuellen Rehabilitierung des Religiösen und Spirituellen, zum

---

113 Lewis 1989: 161.

114 Vgl. Devereux 1961: 1088 ff.

115 Vgl. Ellenberger 1970: 889 ff.

116 Vgl. Noll 1983: 455.

Ideal- und Urbild von Religion und Verbundenheit mit dem Kosmos, zur Zugangsmöglichkeit zu einem geistigen Reich, einem Ur-Eins und Ur-All, glorifiziert wurde, diente Anderen als Gegenstand der Abgrenzung im aufklärerischen Diskurs, der bis in die Gegenwart ein Machtverhältnis zwischen Rationalem und als irrational Gebrandmarktem perpetuiert, ohne die immanente Abhängigkeit einer rationalistischen Position von ihrem Gegenbild zu reflektieren.

Die zunehmende Irrationalisierung und Pathologisierung des Künstlerbildes hat sich historisch anders entwickelt: galt der Künstler in der Renaissance noch als gesellschaftlicher Idealtypus des gebildeten, edlen Menschen, so geschah im Zuge der Entstehung des modernen Geniekonzeptes im 18. und 19. Jahrhundert eine Verrückung der Künstlerrolle aus dem gesellschaftlichen Zentrum zur bizarren Randexistenz. Durch diesen Prozess der ‚Verlagerung' eines Teiles der eigenen Gesellschaft in einen Sonderbereich, der vom dominanten aufklärerischen Diskurs seit der von Kant behaupteten Autonomie und Zweckfreiheit der Kunst zugleich befreit und ausgeschlossen wurde, ist das Verhältnis zur Figur des Künstlers noch stärker von Ambivalenz geprägt als das zum Schamanen.

Beide Konzepte konvergieren trotz dieser historisch unterschiedlichen Entwicklungen in einem entscheidenden Punkt: sie nehmen die Position eines kollektiven Gegenbildes ein, das die Aufklärung und ihr rationalistisches Menschenbild konterkariert, überdies diskursiv abgewertet wird und dadurch eine Aufwertung eben jener aufklärerischen Ideale ermöglicht. Martin Pott bezeichnet die Aufklärung als „eine Kampfgemeinschaft, die ihre Geschlossenheit nicht zuletzt durch bestimmte Feindbilder gewinnt"[117].

Friedrich Nietzsche

Friedrich Nietzsche (1844-1900), der häufig selbst als Exempel für Genie-und-Irrsinn-Theorien dienen muss, nimmt eine Schlüsselstellung zwischen der romantischen Philosophie und einer aufklärerischen Intellektualität ein. Wegen ihrer „existenziellen Infragestellung der Rolle des Menschen in der Welt"[118] markiert seine Philosophie den Übergang ins 20. Jahrhundert. Bevor ich nun auf die weitere Forschungs- und Rezeptionsgeschichte des

117 Pott 1992: 2.

118 Von Stuckrad 2003: 89.

Schamanismus und die Entwicklung des Künstlerdiskurses im 20. Jahrhundert eingehe, müssen daher einige Aspekte der Philosophie Friedrich Nietzsches näher beleuchtet werden, die sowohl für das westliche Verständnis des Schamanismus als auch für die Künstlerkonzeption einen bedeutsamen Diskussionshintergrund darstellen.

Apollo und Dionysos

In seiner frühen Schrift *Die Geburt der Tragödie aus dem Geiste der Musik* (1872), das sich mit der griechischen Tragödie als höchster Kunstform – und deshalb mit Kunst in einem weiten und allgemeinen Sinn – befasst, entwirft Nietzsche ein Ideal von Kunst, das aus der ihm eigenen Verbindung von Intellektualität und Mythos hervorgeht[119]. Aus einer (wenn auch etwas fiktionalisierten) historischen Situation, nämlich der Beeinflussung griechischer durch innerasiatische Kultur, extrapoliert er die Grundbedingungen künstlerischer Existenz, ja menschlicher Zivilisation an sich[120]:

Nietzsche verortet das Schöpferische nicht in einem individuellen Genie und erklärt es auch nicht durch göttliche Inspiration. Beides lehnte er vor allem in seinem Frühwerk ab und nahm durch die Betonung von Anstrengung, guter Ausbildung und Reflexion die psychologischen und soziologischen Kreativitätstheorien späterer Jahre vorweg[121]. Im Spätwerk allerdings kehrt er, wohl unter dem Eindruck schwerer persönlicher Leiden, zu den bekannten Künstlerleid-Mythen zurück („Man büßt es teuer, unsterblich zu sein“[122]). In der *Geburt der Tragödie* entsteht das Schöpferische aus der Verbindung zweiter transpersonaler Grundkräfte, die Nietzsche als das „Apollinische“ und das „Dionysische“ bezeichnet. Das vom griechischen Lichtgott Apollon abgeleitete „Apollinische“ steht dabei für geistige Klarheit, Rationalität und Maß, während das „Dionysische“, dessen Herkunft er in „Asien“ verortet, den Charakteristiken des Gottes Dionysos entsprechend durch Ekstase, Rausch, Triebhaftigkeit und Exzess gekennzeichnet ist[123] (die Bezugnahme auf die griechische Mythologie ist dabei rein metapho-

119 Vgl. Krieger 2007: 115.

120 Vgl. von Stuckrad 2003: 92.

121 Vgl. Neumann 1986: 148 ff.

122 Nietzsche 1889: Kapitel „Der Psycholog nimmt das Wort“.

123 Vgl. Neumann 1986: 91 f. und Krieger 2007: 115.

risch und hat keinerlei sakrale Dimension[124]). Die Leistung der griechischen Kultur bestand nach Nietzsche darin, dieses dionysische Element in seine geistige Ordnung aufzunehmen, es „in die Fesseln der Schönheit"[125] zu schlagen: Kunst und kulturelle Kraft entstanden nach Nietzsche genau aus diesem dialektischen Ineinander-Aufgehen dieser beiden widerstreitenden Grundkräfte[126].

Diese Konzeption bringt eine Ontologisierung des Schöpferischen zu einer nicht dienstbar zu machenden transpersonalen Kraft mit sich, die Nietzsche unter seinen Begriff des „Willens zur Macht" fasst, den er (in Bezug auf Schopenhauer) als letztes, eigentliches Motiv und als Beweggrund alles Lebendigen ansieht. Dieser „Wille" manifestiert sich zwar im Wirken der Natur (womit eine gedankliche Nähe zur Romantik hergestellt ist), bedarf aber nach Nietzsche einer ‚Läuterung' durch den Menschen, einer intellektuellen Fassung. Von Stuckrad drückt dies so aus: „Die Natur kommt [...] im menschlichen Bewusstsein zu ihrer teleologischen Bestimmung."[127] Der Mensch nimmt also in dieser Philosophie eine aktive Stellung ein, die genau der ‚zähmenden' Funktion des „Apollinischen" gegenüber dem „Dionysischen" entspricht. Diese Katalysatorfunktion des Menschen gegenüber dem sich in der Natur objektivierenden „Willen zur Macht" auszuüben, betrachtet Nietzsche als Privileg und Aufgabe des Künstlers. Insbesondere durch die Musik kann dieser „Wille", dieser Urgrund erkannt werden; durch das Wirken und die Bewusstheit ausgewählter Menschen wird der Blick in die ‚wahre Wirklichkeit' ermöglicht: „Das sind jene wahrhaften *Menschen, jene Nicht-mehr-Thiere, die Philosophen, Künstler und Heiligen*; bei ihrem Erscheinen und durch ihr Erscheinen macht die Natur, die nie springt, ihren einzigen Sprung und zwar einen Freudensprung."[128] Wesentlich sei „die Grunderkenntnis von der Einheit alles Vorhandenen, die Betrachtung der Individuation als des Urgrunds des Übels, die Kunst als die freudige Hoffnung, dass der Bann der Individuation zu zerbrechen sei, als die Ahnung einer wiederhergestellten Einheit."[129]

124 Vgl. Krieger 2007: 116.

125 Nietzsche 1870: Kapitel 1.

126 Vgl. von Stuckrad 2003: 91.

127 Ebd.: 95.

128 Nietzsche 1874: Kapitel 5.

129 Nietzsche 2012 [1872]: 53.

Unter dem Eindruck dieser Gedanken wird deutlich, dass Nietzsches Haltung zum Genieproblem, sei sie auch ambivalent, sich insofern grundsätzlich von vorherigen Konzeptionen unterscheidet, als diese Genialität desubjektiviert, in dionysisch-apollinische Begrifflichkeit gefasst wird. Wichtig ist ferner, dass Nietzsche sich vor allem im Spätwerk mit dem Begriff ‚Kunst' nicht mehr auf Kunstwerke im herkömmlichen Sinne bezieht, sondern die tatsächliche Kunst darin besteht, dass der Mensch sein Leben und sich selbst umschafft, über sich selbst hinausschafft, weshalb jeder Mensch als Künstler gilt[130]. Damit geht Nietzsches Kunstkonzeption letztlich in seiner Übermensch-Philosophie auf.

Nietzsches Einfluss auf den Schamanismusdiskurs

Der Einfluss Nietzsches auf die Interpretation des Künstlers als Mystagoge der Natur, als ‚Mittler zwischen den Welten', ist offensichtlich. Wie aber verhält es sich nun mit dem Einfluss auf den Schamanismusdiskurs? Nietzsche spricht kein einziges Mal von Schamanismus – die gedankliche Nähe der Schamanenkonzeption des 20. Jahrhunderts zu seiner Philosophie aber illustriert umso mehr, wie sehr diese Konzeption unter dem Einfluss der westlichen Geistesgeschichte steht. Von Stuckrad schreibt, Nietzsche habe „nachfolgenden Generationen einen Schlüssel an die Hand [gegeben], mit dessen Hilfe der Schamanismus interpretiert werden konnte"[131]. An folgendem Zitat, das sich auf die Feiern zu Ehren des Dionysos bezieht, lassen sich die drei wichtigsten Elemente ablesen, die diese Schlüsselfunktion ausüben:

> „Der Mensch ist nicht mehr Künstler, er ist Kunstwerk geworden: die Kunstgewalt der ganzen Natur (1), zur höchsten Wonnebefriedigung des Ur-Einen (2), offenbart sich hier unter den Schauern des Rausches (3)."[132]

(1) Nietzsches Naturphilosophie, die der Natur (womit er in romantischer Tradition steht) eine subjektive Handlungsmacht zuschreibt, aber zugleich einen menschlichen Eingriff zur Bewusstseinsschaffung als nötig betrach-

130 Vgl. Krieger 2007: 116.

131 Von Stuckrad 2003: 96.

132 Nietzsche 2012 [1872]: 21 (Nummerierung von mir).

tet, verlangt nach der Figur eines Spezialisten, der zu dieser Kommunikation und Einflussnahme fähig ist – nach einer schamanischen Figur.

(2) Ein zentrales Element dionysischer Welterfahrung muss hier noch einmal betont werden, nämlich die Selbstentgrenzung ins Ungeheuere, die Transzendenz, die das Ego in der Ekstase erfährt. Erst diese Aufgabe der Subjektivität, das „Zerbrechen des principii individuationis“[133], ermöglicht eine mystische Einheit mit der Natur, ein Verschmelzen mit dem Ur-Eins. Und eben die Annahme dieses Ur-Eins, zu dem ein neuer Kontakt wieder hergestellt werden muss, findet sich in Eliades *illud tempus*, in Castañedas *Unendlichkeit* und Morrisons *Universal Mind* wieder.

(3) Nietzsche formulierte eine bis heute gängige Auffassung der Ekstase, ein Konzept, das durch seinen Freund Erwin Rohde weiter ausgearbeitet wurde[134]. Thomas Achelis, der der Ekstase eine kulturstiftende Rolle zuschrieb, bezieht sich ebenfalls auf Nietzsche[135]; auch das bereits erwähnte Konstrukt des ‚antiken Schamanismus‘ durch Meuli und Dodds steht (neben der Bezugnahme auf Herders Theorien) in dieser gedanklichen Tradition. Die Konzeption von Ekstase als vorübergehendem Rausch mit Hilfe der Musik, durch den man in Verbindung mit Höherem treten kann, wurde zum Kern des einflussreichsten ethnologischen Schamanismuskonzeptes: Eliade definiert Schamanismus als „Technik der Ekstase“[136].

Schamanismus als ethnologischer Forschungsgegenstand

Die bisher beschriebenen westlichen Forschungen zu und Beschäftigungen mit Schamanismus waren Projekte verschiedener Disziplinen gewesen – auf Seiten der Forscher waren Geographen, Ärzte, Biologen, aber auch Privatiers und Abenteurer beteiligt, auf Seiten der (reinen) Rezipienten vor allem Philosophen und Schriftsteller. Die Ethnologie als Disziplin trat erst gegen Ende des 19. Jahrhundert ins Dasein; als Meilensteine auf diesem Weg gelten die umfassenden Werke der evolutionistischen[137] ‚Lehnstuhlforscher‘ Sir Edward Burnett Tylor (*Primitive Culture*, 1871) und Sir James

133 Nietzsche 2012 [1872]: 20.

134 Vgl. von Stuckrad 2003: 97 f.

135 Vgl. ebd.: 106.

136 Eliade 1975: 14.

137 Zum Evolutionismus siehe Claessen 2002: 213 ff.

Frazer (*The Golden Bough*, 1890, erweitert 1912), die erstmals das ‚Fremde' und ‚Primitive' zum Gegenstand wissenschaftlicher Untersuchung (und damit auch Konstruktion, wie man aus postmoderner Sicht anmerken muss) auserkoren. Schamanismus als ‚fremdes', ‚primitives' Phänomen fand also erst zu Beginn des 20. Jahrhunderts seine Heimat in der entstehenden Disziplin der Ethnologie.

Einer der Wegbereiter ethnologischer Schamanismusforschung war der als Orientalist ausgebildete Deutsche Wilhelm Radloff (1837-1918), der in den 1860er Jahren umfassende Feldforschung im südlichen Sibirien durchführte und seine Erkenntnisse über Schamanismus, den er als fluides, adaptationsfähiges Ritualsystem konzipierte, 1884 in *Aus Sibirien* publizierte und damit zur Systematisierung und Etablierung des Schamanismus als Gegenstand der Sozialwissenschaften beitrug. Besonders häufig zitiert wurde daraus die Beschreibung einer teleutischen Séance für die wohlgesonnene Gottheit Ülgen. Diese Séance verbreitete sich in der Schamanismusliteratur des 20. Jahrhunderts als ‚Prototyp' schamanischer Rituale; Auch Eliade übernimmt Radloffs Schilderung und stellt sie als exemplarisch dar[138]. Radloffs Standardwerk wurde zu Beginn des 20. Jahrhunderts durch *Aboriginal Siberia* (1914) von der britischen Anthropologin Marie Czaplicka abgelöst, das als erstes Werk zum Schamanismus einen breiten, kulturübergreifenden Ansatz verfolgte. 1939 veröffentlichte Åke Ohlmarks mit ähnlicher Ausrichtung seine *Studien zum Problem des Schamanismus*. Beide standen, wie bereits erwähnt, in der Tradition, Schamanismus als Neurose zu interpretieren und beriefen sich auf die Berichte von Bogoras, Jochelson, und einer Gruppe von Forschern, die der Ideologie eines sibirischen Regionalismus anhingen[139].

Diese Autoren, die das Ziel verfolgten, Sibirien als dem europäischen Russland gleichwertige Region zu etablieren und eine ‚sibirische Identität' zu konstruieren, nutzten das Wissen über indigene Kultur zu diesem Zweck. So stellte etwa Grigorii Potanin, einer der Hauptvertreter, die These auf, in Sibirien gefundene archäologische Funde verwiesen auf frühere Zivilisationen, die noch vor der Antike existiert hätten, und verstieg sich sogar zu folgender Behauptung: „Yes, this locality, where we live is the genuine motherland of humankind. It was here that the first seeds of Christian

138 Vgl. Znamenski 2007: 33 ff.

139 Vgl. ebd.: 98.

legends were planted. Now I am quite sure that the Eden of Adam and Eve was located at the source of the Irtysh River on the banks of which I was born.“ [140] Die These einer sibirischen und schamanischen Herkunft der Christusfigur wurde von Gavriil Ksenofontov verfeinert, wobei er sich vor allem auf Parallelen wie außergewöhnliche oder Jungfernzeugung, spezielle Fähigkeiten (wie auf dem Wasser zu gehen), und vor allem (rituellen) Tod und Auferstehung berief[141]. Interessanterweise hat die moderne Assoziation von Schamanen (und besonders von ‚Künstlerschamanen‘ wie Jim Morrison und Joseph Beuys) mit Heilsbringern oder Märtyrern eine durchaus christlich anmutende Dimension, freilich ohne dass damit eine Aussage über den Plausibilitätsgehalt der Theorien sibirischer Regionalisten zu machen ist.

Ein vergleichbarer Rückgriff auf indigene Kultur und Spiritualität zum Zwecke der (hier nationalen, nicht regionalen) Identitätskonstruktion fand auch in den USA der 1920er und 30er Jahre statt. Dieser Vorgang ist begleitet von einem ambivalenten Verhältnis zu den Indigenen: *De facto* handelte es sich um ein Verhältnis der Beherrschung und Vernichtung, zugleich aber wurden sie (in symbolischer Weise) in die Schaffung einer Nationalkultur einbezogen; und obwohl sich diese von Beginn an als modernistisch verstand, verkörperten ‚die Indianer‘ die auf dem Weg in diese Moderne verloren gegangenen Werte. Bereits gegen Ende des 19. Jahrhunderts hatte der Südwesten der USA, insbesondere für Schriftsteller, Künstler und Ethnographen die Aura eines spirituellen Paradieses, das kreative Inspiration und Heilung ermöglichte. Es entstanden Erholungsresorts, *spas* und Sanatorien in der Region; zu erwähnen ist hier vor allem die 1917 von Mable Dodge Luhan eingerichtete *Taos Retreat Colony*, die ich im Kontext der 1960 Jahre näher besprechen werde. Noch in der Gegenwart sind New Mexico, Arizona und Kalifornien beliebte Standorte für Einrichtungen der *Body, Mind, and Spirit*-Bewegung[142].

Der Begriff ‚Schamanismus‘ für bestimmte indigene spirituelle Praktiken war bis zum Beginn des 20. Jahrhunderts ausschließlich auf Sibirien ange-

140 Zit. in Znamenski 2007: 46 (russisches Original in Grum-Grzhimailo 1989: 166).

141 Vgl. Znamenski 2007: 47 f.

142 Vgl. ebd.: 52 ff.

wendet worden, während für Nordamerika der Begriff des ‚Medizinmanns' gängig war[143]. An der Ausweitung des Schamanismusbegriffs auf Nordamerika war Franz Boas, der ‚Gründervater' der US-amerikanischen *cultural anthropology*, maßgeblich beteiligt. Im Zusammenhang dieses Buches sind an Boas und seinen Schülern einige selten erwähnte Aspekte besonders interessant:

Boas betonte wiederholt seine Wertschätzung für die Philosophie Herders[144], insbesondere für dessen respektvolle Haltung gegenüber außereuropäischen Kulturen, deren Kompatibilität mit Boas' kulturrelativistischer Haltung[145] klar ersichtlich ist. Im Gegensatz zum Objektivismus der evolutionistischen Denkschule interessierte sich Boas für die subjektiven und intuitiven Erfahrungen von Menschen. Eine gewisse Romantisierung, Idealisierung und Essentialisierung der indianischen Kulturen, die Boas und seine Schüler erforschten, ging damit einher: „Like their colleagues, the primitivist artists, writers, and poets, Boasians were interested in the retrieval and reconstruction of the ideal patterns of timeless traditional Indian cultures."[146] Auch Boas' Schüler Paul Radin und Ruth Benedict betrachteten Ethnologie als kreatives, der Literatur verwandtes Unterfangen (ein Gedanke, der viel später in der *writing culture*-Debatte einen größeren Bekanntheitsgrad erhalten sollte). Beide betätigten sich auch als Dichter, die in romantischer Tradition – und wie ihre Zeitgenossen in der surrealistischen Kunstrichtung – Sinneseindrücke und Traumarbeit als inspirative Quellen betrachteten. Benedict traf in *Patterns of Cultures* (1934) ihre berühmte Unterscheidung zwischen dionysischen und apollinischen Gesellschaften in Bezugnahme auf Friedrich Nietzsche[147]. Einmal mehr wird also deutlich, wie sehr die Akteure, die den Schamanismusdiskurs führten, unter dem Einfluss bestimmter Elemente der westlichen philosophischen Tradition standen.

Die Ausweitung des Schamanismusbegriffs auf Nordamerika war Ergebnis der von Boas in Kooperation mit Bogoras und Jochelson und im Auftrag des *American Museum of Natural History* (*AMNH*) durchgeführten

143 Vgl. Znamenski 2007: 63.

144 Vgl. Barnard/Spencer 2002: 136 f.

145 Zum Kulturrelativismus siehe Whitaker 2002; auch Barnard/Spencer 2002.

146 Znamenski 2007: 59.

147 Vgl. ebd.: 62.

Jesup North Pacific Expedition (1897-1902), die das explizite Ziel verfolgte, durch die Sammlung ethnographischen und archäologischen Materials in Sibirien und Nordamerika Rückschlüsse auf die Verwandtschaft der in diesen beiden Regionen ansässigen religiösen Praktiken zu ziehen. Man kam zu dem Schluss, dass die Kulturen des *pacific rim* demselben kulturellen Areal angehörten und dass Schamanismus einen integralen Teil dieser Kulturen darstelle. Es etablierte sich die akademische Metapher eines *shamanistic complex*. In der Ausstellung im *AMNH* 1904, die die Ergebnisse der Expedition präsentierte, brachte man diese zudem mit Carl Lumholtz' Forschungen bei den mexikanischen Huicholes in Verbindung, was die Subsumierung religiöser Praktiken Lateinamerikas unter den Schamanismusbegriff einleitete. Die These von der Existenz eines *shamanistic complex* in Sibirien und den Amerikas fand weitere Verbreitung durch einen Artikel über die Ausstellung in der *New York Times*. In die bereits erwähnten Standardwerke von Caplicka und Ohlmarks wurde diese Ausweitung des Schamanismusbegriffs bereits einbezogen[148].

Mit der geographischen ging auch eine inhaltliche Ausweitung des Begriffs einher: Im Gefolge Boas' wurde der Begriff zunehmend als mit dem früheren ‚Medizinmann' synonym verwendet. Dixon schlug vor, als Schamanen jeden spirituellen Praktiker in indigenen Gemeinschaften zu bezeichnen, wobei bisherige Elemente des Konzepts, wie zum Beispiel die unwillentliche Berufung und die Ekstase, wegfielen. In den Amerikas sei der Schamanenstatus auch durch aktive Visionssuche zu erlangen. Diese Weiterung (oder, wie Znamenski schreibt, „Demokratisierung") des Begriffs hatte zur Folge, dass man bisweilen Schwierigkeiten hatte, den Schamanen vom Rest der Bevölkerung zu unterscheiden, was das Beispiel der Rede von den Apachen als „nation of shamans" illustriert[149]. Trotz dieser konzeptuellen Probleme aber findet der Begriff bis in die Gegenwart globale Anwendung (eine weitere Ausweitung auf den pazifischen Raum und Südostasien, mit Einschränkungen auch auf Indien und China, erfolgte durch Eliade).

148 Vgl. Znamenski 2007: 65 ff.

149 Vgl. ebd.: 70.

Psychoanalytische Erklärungsmodelle

Zur gleichen Zeit, als Boas und seine Kollegen Feldforschung betrieben, erschienen in Europa die Werke Sigmund Freuds. Da die Pathologisierung sowohl des Schamanen als auch des Künstlers bereits eine lange Vorgeschichte hatte, verwundert es nicht, dass die von Freud etablierte Psychoanalyse, die sich zu Beginn des 20. Jahrhunderts auf dem Höhepunkt ihrer Popularität befand, auch auf die beiden hier behandelten Phänomene angewandt wurde – und zwar auf sehr ähnliche Weise. Dabei wurde in beiden Fällen die bekannte Konzentration auf die Person des Schamanen (respektive des Künstlers) aufrechterhalten. Deren soziale oder spirituelle Funktion sowie der kulturelle Kontext wurden weitgehend ignoriert.

Freud

Die Vorstellung vom Schamanismus als einer Form kulturell gebilligter Geisteskrankheit ließ sich leicht in die Begrifflichkeit der Psychoanalyse übertragen. Sie korrespondierte mit Freuds Auffassung von Religion als einer aus dem Gefühl kindlicher Hilflosigkeit entstandenen Neurose. Wissenschaftler, die das Konzept der Psychoanalyse auf den Schamanismus anwendeten, betrachteten diesen als soziale Institution, die der symbolischen Kanalisierung von Ängsten, Bedrängnissen und Begierden (vor allem sexueller Natur) diente. Die schamanische Séance und insbesondere die Erfahrungen des Schamanen während dieser wurden als kollektives Äquivalent zur individuellen Traumarbeit betrachtet und deshalb auf dieselbe Weise interpretiert[150]. Während manche Autoren eher generell davon sprachen, dass der Schamane sein Unbewusstes sprechen lasse beziehungsweise Vorgänge im Unbewussten der Zuschauer auslöse[151], pressten Andere ihre Felddaten in freudsche Schemata, ohne damit zu einer Klärung des Phänomens beizutragen. So kam beispielsweise La Barre zu dem Schluss, Schamanen seien paranoide Vaterfiguren, die ihren Stamm vor übernatürlichen Einflüssen zu schützen suchten, und attestierte ihnen Infantilität und Verfolgungswahn. Geza Roheim durchsuchte die Literatur zu sibirischem und amerikanischem Schamanismus nach erotischen Elementen: von Schamanen gebrauchte Hörner und Stäbe interpretierte er als Phallussymbole, wäh-

150 Vgl. Znamenski 2007: 102 ff.

151 Vgl. ebd.: 89.

rend er im Erwähnen von Eingängen oder Passagen in schamanischen Gesängen eine klare Vaginalsymbolik zu erkennen glaubte. Den Schamanenflug legte er als Flugtraum aus, der nach Freud tatsächlich ein Erektionstraum sei, bei dem der menschliche Körper den Penis symbolisiere. Auch das Eindringen des Schamanen in andere Welten beziehungsweise bestimmter Geister in den Körper der Patienten wurde als Metapher für Geschlechtsverkehr gedeutet.

Bekannt wurde auch der 1932 von Oskar Pfister veröffentlichte Kommentar zum ethnographischen Film *The Mountain Chant* (1928), der eine Heilungssitzung bei den Navajo thematisiert. Pfister identifiziert in seinem Essay den mythischen Bären im Traum des Patienten als Vaterfigur und bricht den gesamten komplexen Ritualverlauf schließlich auf die Lösung eines klassischen Vater-Sohn-Konfliktes herunter. Die Theorien von George Devereux, der noch 1969 die Mojave für kranke Gesellschaften hielt, die neurotische Individuen hervorbrächten, wurde bereits erwähnt[152].

Psychoanalyse und Kunst

Die freudsche Theorie zur Kreativität beziehungsweise zur Person des Künstlers weist eine augenfällige Kongruenz mit den psychoanalytischen Interpretationen des Schamanismus auf: Nach Freud entstehen Neurosen und Kunst letztendlich aus denselben verdrängten Triebkräften. Die künstlerische Tätigkeit stellt eine Möglichkeit zur Kanalisierung dieser Kräfte und damit zur Sublimierung, also zur erfolgreichen Lösung, des Konfliktes dar. Auch nach Freuds Schüler Ernst Kris entspricht Kunst der Traumarbeit und hat eine seelische Entlastungsfunktion[153]. Obwohl in diesen Ansätzen die künstlerische Tätigkeit positiver konnotiert ist, da sie eine Lösung (und nicht, wie etwa der Schamanismus bei Devereux, die Perpetuierung) des Konfliktes darstellen kann, wird auch hier die kausale Assoziation von Kreativität mit Psychopathologie fortgeschrieben. Freuds Auffassung von Zivilisation als einer „konflikthafte[n] Lösung des letztlich unauflöslichen Konflikts von Lustprinzip und Triebunterdrückung“[154] spannt den Bogen über beide Phänomene, die auf Lösungsversuche für diesen grundlegenden Konflikt reduziert werden.

---

152 Vgl. Znamenski 2007: 102 ff.

153 Vgl. Krieger 2007: 120 f.

154 Ebd.: 121.

Von Seiten der Künstler erfolgte eine aktive Auseinandersetzung mit Freuds Theorien, die sich vor allem im Konzept der Surrealisten äußert, die dem Unbewussten, insbesondere der Traumarbeit, eine herausragende Rolle als inspirierendes, aufschlussreiches und verfremdendes Element zuwiesen. Die Quelle von Kreativität wurde im frühen 20. Jahrhundert einerseits im Unbewussten lokalisiert, andererseits aber auch im Schaffen von Kindern, Geisteskranken und ‚primitiven Völkern'. In der Kunst dieser Gruppen fanden die Surrealisten, Fauvisten und Expressionisten wie auch Picasso oder Kubin nicht nur Inspirationen zu einer neuen Formensprache; sie entdeckten darin vielmehr den vorbildhaften Ausdruck einer ursprünglichen, unverfälschten schöpferischen Kraft[155]. Das Interesse der Pariser Surrealistengruppe für die entstehende Disziplin der Ethnologie, das sich entweder zu einer Idealisierung alles Indigenen und einer darauf folgenden Enttäuschung (wie bei André Breton und Antonin Artaud) oder aber zum kritischen Hinterfragen dieser Romantisierung durch ein Ethnologiestudium bei Marcel Mauss (wie im Falle Michel Leiris') entwickelte, ist ein interessantes Thema, das hier aber nur gestreift werden kann[156].

An diesen Entwicklungen allerdings lässt sich gut aufzeigen, wie die Diskussionsstränge über indigene Kulturen, Irrationalität und Pathologie, das Unbewusste und die Kunst sich zu einem Diskurs verflechten, der eine Kongruenz zwischen all diesen Aspekten menschlichen Daseins propagiert und dadurch genau jenen gedanklichen Raum aufspannt, in dem auch die Identifikation von Künstlern mit Schamanen stattfand.

Jung

Freuds Schüler Carl Gustav Jung, der bald in entschiedene Opposition zu seinem Lehrer trat, hatte sowohl auf den neo-schamanischen Diskurs als auch auf die geistigen Strömungen der 1960er Jahre großen Einfluss. Seine Auffassung von Kunst rückt den Künstler einmal mehr in den Bereich eines religiösen Spezialisten.

Jung betrachtete die psychoanalytischen Kunstinterpretationen Freuds und seiner Anhänger als reduktiv, monoton und bar jeglicher Aussagekraft über Inhalt und Qualitäten des Werkes[157]. Jung konzipiert, wie Neumann

155 Vgl. Krieger 2007: 117 ff.

156 Siehe dazu Rössner 1988.

157 Vgl. Neumann 1986: 208.

ausführt, das Schöpferische als einen „autonomen Komplex“ [158], der das Ich in seinen Dienst nehmen kann und Teil des von ihm angenommenen kollektiven Unbewussten und der daraus entstammenden Archetypen ist. Diese Auffassung vom Schöpferischen als transpersonaler natürlicher Kraft knüpft einerseits an antike Enthusiasmuslehren an, löst diese aber andererseits – worin eine Ähnlichkeit mit Nietzsche besteht – von jeglicher Personifikation (etwa in Form von Gottheiten oder Musen)[159]. Das künstlerische Schaffen wird bei Jung als Ausdruck eines Zugangs zu diesem transpersonalen, tendenziell sakralisierten Bereich, als Ausdruck des Urzustandes einer *participation mystique*, aufgewertet[160]. Der Künstler nimmt hier die Züge eines quasi-religiösen Arztes und Heilsbringers an. Jung verleiht damit dem Künstlertum eine gesellschaftliche Dimension, was beispielsweise auch die gesellschaftspolitische Ausweitung des Kunstbegriffes durch Joseph Beuys vorbereitete und ermöglichte [161]. Die Konvergenz mit der Schamanenrolle ist auch hier offensichtlich: An genau jene *participation mystique* in einer transpersonalen ahistorischen geistigen Sphäre dachten bei der Konzeption des Schamanismus sowohl die Romantiker als auch Eliade. Und auch die gesellschaftliche Bedeutung des Künstlers als Heiler, die dem des Schamanen in späteren Konzepten ähnelt, betont Jung sehr deutlich.

Wo genau nun Jung das „kollektive Unbewusste“ verortet – in der Summe der Einzelseelen oder in einem überpersönlichen Bereich, oder in beidem zugleich – wurde nie ganz klar. In dieser fraglichen Verortung ist eine interessante Korrespondenz angelegt, die im neo-schamanischen Diskurs auftritt und auch in dieser Arbeit noch von Bedeutung sein wird: gemeint ist die Parallelisierung einer Fahrt in verborgene Regionen der Welt mit der Reise ins Innere der eigenen Seele. Das Motiv der „Seele als Landschaft“ tritt zwar schon in der romantischen Literatur auf[162]; das Konzept des kollektiven Unbewussten jedoch ermöglicht es, eine schamanische Reise in die Begriffe der modernen Psychologie zu fassen, sie zu ‚psychologisieren‘.

158 Neumann 1986: 209 f.

159 Vgl. Krieger 2007: 122.

160 Vgl. Neumann 1986: 211.

161 Vgl. Krieger 2007: 124.

162 Vgl. von Stuckrad 2003: 258.

Der erste Ethnologe, der Schamanismus in jungschen Termini interpretierte, war Gerardo Reichel-Dolmatoff, der für seine Forschungen zu Schamanismus in Kolumbien bekannt wurde. Er betrachtete Schamanen als Heiler, die im Bereich des kollektiven Unbewussten arbeiteten, und leitete damit die Umdeutung des Schamanen vom Kranken zum Heiler ein (dazu später mehr). Wegen seiner Studien zu Gebrauch, Bedeutung und Wirkung von psychotropen Pflanzen erfreute Reichel-Dolmatoff sich im intellektuellen Umfeld der 60er Jahre großer Beliebtheit und ist auch heute noch ein viel gelesener Autor im Bereich alternativer Spiritualität[163].

Auch Jung selbst, der unter anderem die Schule der transpersonalen Psychologie in den 70er Jahren inspirierte, hatte auf den populären und spirituellen Diskurs dieser Zeit einen großen, durchaus Eliade vergleichbaren Einfluss[164]. Seine Abwendung von Freuds reduktionistischem Sexualdeterminismus und dessen materialistischem und positivistischem Ansatz brachte ihm hohe Wertschätzung ein. Das Konzept des kollektiven Unbewussten, also eines kollektiven transzendenten Bereiches, eröffnete die Möglichkeit zu einer Anerkennung des Spirituellen und Sakralen im wissenschaftlichen Diskurs. Znamenski attestiert Jung in diesem Punkt eine geistige Nähe zu Eliade, dem späteren Schamanismusforscher Åke Hultkrantz, der einen „orphischen Schamanismus" für Nordamerika beschrieb, und dem Mythenforscher Joseph Campbell, der insbesondere mit *The Hero with a Thousand Faces* (1949) bei Suchenden nach alternativer Spiritualität sehr populär wurde. All diese Autoren verfolgten breite, kulturübergreifende Ansätze (von denen man in der postmodernen Ethnologie bekanntlich weit abrückte), versuchten gemeinsame Archetypen in spirituellen Praktiken und Mythen zu identifizieren; sie schrieben, wie Znamenski es nennt, *grand narratives*. „Intellectually, Eliade, Jung, Campbell, and Hultkrantz stand close to each other because all of these scholars recognized the autonomy of the sacred and did not rationalize religion and mythology."[165]

163 Vgl. Znamenski 2007: 106; siehe auch Reichel-Dolmatoff 1975.

164 Vgl. von Stuckrad 2003: 134.

165 Znamenski 2007: 227.

Rollentausch: Das frühe 20. Jahrhundert

Künstler zwischen Heilsbringertum und Entmystifizierung

Die gesellschaftliche Bedeutung, die mit der Sonderstellung des Künstlers als ‚Mittler zwischen den Welten' einhergeht, erkannten im 20.Jahrhundert verschiedene Künstler als die ihre an. So betrachteten sich beispielsweise die Avantgardegruppen der russischen Konstruktivisten und der Surrealisten als politische Akteure im weitesten Sinne, die nichts weniger als eine Umgestaltung der Gesellschaft durch ihre Kunst anstrebten[166]. Andere wie etwa Wassily Kandinsky nahmen eine tendenziell religiöse Rolle ein: Kunst tritt hier als alternative Quelle für Erkenntnis und Sinngebung auf. Kandinsky, der von esoterischem Gedankengut, der Theosophie und der Anthroposophie Rudolf Steiners beeinflusst war, identifizierte die zunehmende Gegenstandslosigkeit in seinen Werken als schrittweises Wahrnehmen des rein Geistigen. Der Künstler, der die Symbolsprache zur Vermittlung des (so Kandinsky) „rein Geistigen" beherrscht, spielt als Initiator, Therapeut und Heiler eine zentrale Rolle in der von ihm geforderten „geistigen Bewegung der Menschheit"[167]. Diese Idee der Heilung des Kollektivs durch Kunst war freilich keine neue Erscheinung, vielmehr scheint sie bereits im Katharsiskonzept der Antike auf.

Vor diesem Hintergrund erstaunt es kaum noch, wenn die Kunsthistorikerin Peg Weiss in ihrem umfangreichen Buch *Kandinsky and Old Russia* (1995) Kandinskys Werk auf seine Beschäftigung mit sibirischem Schamanismus oder gar auf eine Identifikation mit der Schamanenrolle hin interpretiert. Tatsächlich ist Kandinskys gründliche Beschäftigung mit der Thematik belegt und eine gewisse Beeinflussung wahrscheinlich. Weiss' These allerdings scheint insofern überzogen, als erstens Kandinsky sich nie explizit auf Schamanismus bezog, und zweitens die Autorin andere Einflüsse auf Kandinskys Werk vernachlässigt. Vielmehr ist es Weiss, die Parallelen zwischen Kandinskys psychischen Problemen und schamanischer Initiation zieht. Und Kandinskys Auffassung, der Künstler besitze den Schlüssel zur Kommunikation mit ‚übernatürlichen' Kräften, die Weiss als Beweis seiner Identifikation mit der Schamanenrolle anführt[168], ist, wie ich bereits gezeigt

166 Krieger 2007: 72 ff.

167 Kandinsky o.J., zit. in: Krieger 2007: 83 ff.

168 Vgl. Weiss 1995: 79.

habe, Teil romantischen und naturphilosophischen Gedankenguts und eine wichtige Komponente der westlichen Schamanenkonzeption. Weiss sitzt hier einem ähnlichen Zirkelschluss auf wie Flaherty in Bezug auf Goethes *Werther* und *Faust*. Auch wird nicht ausreichend berücksichtigt, dass Kandinsky die allgemeine Tendenz zur Aneignung nicht-westlicher Formensprache in der Kunst des frühen 20. Jahrhunderts mittrug[169].

Einen Kandinsky ähnlichen Anspruch auf eine gesellschaftliche Führungsrolle erhoben unter anderem auch Piet Mondrian und Kasimir Malewitsch. Während all diese Künstler im traditionell als Kunst designierten Bereich überaus erfolgreich waren, scheiterten sie, so Krieger, an ihrem politischen Anspruch: „Die Autorität, die die Gesellschaft dem Künstler zugesteht, bleibt virtuell, auf den Bereich des Ästhetischen begrenzt, mithin eine Pseudo-Autorität."[170]

Der Künstler als soziokulturelle Konstruktion

Während die Assoziation des Künstlers mit spirituellem oder politischem Heilsbringertum im populären Diskurs bis heute fortlebt und Künstler sich teils affirmativ, teils kritisch damit auseinandersetzen, setzte sich im wissenschaftlichen Bereich nach dem zweiten Weltkrieg immer mehr die Tendenz zur Entmystifizierung des Künstlertums durch.

Der Terminus der Kreativität wurde erst in den 50er Jahren von Joy Paul Guilford geprägt und als „Vermögen zur innovativen Problemlösung" definiert. Die vor allem zwischen 1950 und 1970 durchgeführte Kreativitätsforschung versuchte, Kreativität zu messen und kreativitätsfördernde Faktoren (wie zum Beispiel Absichtslosigkeit, Ausbildung und Materialkenntnis, Freiheit von Autoritäts- und Verwertungszwängen) zu benennen[171]. Ähnliche Gedanken, wenn auch unter anderen Begriffen, finden sich aber schon früher, etwa in Nietzsches Frühwerk und in der ökonomischen Soziologie des frühen 20. Jahrhunderts, die künstlerische Einfälle als Ergebnis gesellschaftlicher Dynamiken erklärte[172].

In der Postmoderne sind schließlich eine grundlegende Versachlichung und Entzauberung des Künstlertums und ein deutliches Abrücken vom

---

169 Vgl. Rössner 1988.

170 Krieger 2007: 94.

171 Vgl. ebd.: 127 f.

172 Vgl. Neumann 1986: 154.

Künstlerheros und von Ideen der Originalität, Innovation und Genialität zu beobachten. Dazu trugen vor allem die Überlegungen von Roland Barthes und Michel Foucault bei, die Ende der 60er Jahre den „Tod des Autors" (so der Titel des 1968 veröffentlichten Essays von Barthes) verkündeten. Barthes verwirft das Konzept des ‚gottgleichen' individuellen Urhebers als gesellschaftliche Illusion:

> „Nous savons maintenant qu'un texte n'est pas fait d'une ligne de mots, dégageant un sens unique, en quelque sorte téologique (qui serait le 'message' de l'Auteur-Dieu), mais un espace à dimensions multiples, où se marient et se contestent des écritures variées, dont aucune n'est originelle: le texte est un tissu de citations, issues des mille foyers de la culture."[173]

Auch Michel Foucault geht in seinem Vortrag „Que'est-ce qu'un auteur?" vom „Tod" eines cartesianisch konzipierten geschlossenen, souveränen, individuellen Subjekts aus und identifiziert die Vorstellung vom Künstler als Urheber-Subjekt als gesellschaftliche Konstruktion und Projektion, deren Funktion innerhalb des Diskurses eigentlicher Gegenstand des Interesses sei[174]. Diese Aussagen, die sich auf Autoren von Texten beziehen, sind problemlos auf Künstler aller Bereiche anwendbar und wurden von diesen rezipiert: So übt die serielle Produktion in der *Pop Art* Kritik an der Idee der ästhetischen Autonomie; die *Fluxus*-Bewegung und die *Appropriation Art* negieren radikal die Originalität des Werkes und die alleinige Urheberschaft des Künstlers[175].

Die Tendenz zur Entmystifizierung des Künstlers setzt sich auch in konstruktivistischen soziologischen Theorien fort. So stellt Pierre Bourdieu 1992 in seinen *Regeln der Kunst* fest, dass Kunstproduktion nicht, wie sie imaginiert werde, autonom, sondern vielmehr gesellschaftlich determiniert sei. Das eigentliche Moment der Produktion sei der Diskurs, der dem Werk seine Legitimation und seine „Aura" verleihe, es zelebriere und sakralisiere. Nach Bourdieu weist die Gesellschaft dem Kunstwerk eine geistige Transzendenz zu und wehrt sich aus Angst vor einer „vierten Kränkung des menschlichen Narzissmus" (nach denen durch Kopernikus, Darwin und

173 Barthes 1994 [1968]: 494.

174 Vgl. Feulner 2010: 15 f.

175 Vgl. ebd.: 17.

Freud) gegen jede Analyse dieses Vorgangs[176]. Niklas Luhmann interpretiert in *Die Kunst der Gesellschaft* (1995) den Kunstbetrieb im Rahmen seiner Systemtheorie als eines der in unserer Gesellschaft stark ausdifferenzierten Funktionssysteme. Damit spricht er der Kunst ihren Sonderstatus ab und gesteht ihr zwar eine Autonomie im operativen, nicht aber im ästhetischen Sinne zu. Auch Luhmann folgt dabei einer konstruktivistischen, keiner ontologischen Definition von Kunst und Künstlern[177].

Konstruktivistische Auffassungen von Kunst sind aber auch Künstlern nicht fremd: Eines der prominentesten Beispiele ist Marcel Duchamp, der durch seine *ready-mades* darauf hinwies, wie sehr die Wirkung eines Werkes vom Kontext bestimmt ist. Feulner verknappt Duchamps Botschaft treffend auf: „Kunst ist, was als Kunst vereinbart wird."[178]

In der Literatur wird häufig auf die paradoxe Künstlerrolle im Neoliberalismus hingewiesen, der die angenommene Autonomie und ‚Heroik' des Künstlers durch die Abhängigkeit von einem unberechenbaren Markt ad absurdum führt[179]. Die Politologin Isabell Lorey stellt die interessante These auf, dass der Künstler im Neoliberalismus erneut ins gesellschaftliche Zentrum gerückt werde – und zwar in Form eines *rolemodels*, das die von Arbeitnehmern geforderten Werte der Kreativität, Flexibilität und ‚Selbstverwirklichung' (die ihrerseits tatsächlich der Marktlogik dienen sollen) exemplarisch verkörpere[180]. Verena Krieger schließt ihre umfassende Studie zum Wandel des Künstlerkonzepts mit der Feststellung, der gesellschaftliche Bereich der Kunst verfüge trotz aller beschriebener Paradoxa und Versuche der Entmystifizierung und Dekonstruktion über einen „symbolischen Überschuss", der ihn über den politischen oder ökonomischen Bereich hinaushebe, und attestiert dem Künstler den Status eines unverzichtbaren „Wiedergängers"[181].

176 Vgl. Feulner 2010: 19 f.

177 Vgl. ebd.: 26 f.

178 Ebd.: 32.

179 Vgl. Krieger 2007: 177 f.

180 Vgl. Lorey 2006: 2 f.

181 Krieger 2007: 178.

Der Schamane als Heiler: Eine konzeptuelle Kehrtwende

Während sich im wissenschaftlichen Diskurs nach dem zweiten Weltkrieg die oben beschriebene Entwicklung hin zur Entmystifizierung der Künstlerfigur abspielte, die auch in der Kunstproduktion ihren Widerhall fand, lässt sich im gleichen Zeitraum eine gegenläufige Tendenz in der Schamanismusinterpretation ablesen: Der Schamane, der im Bereich der Wissenschaft keineswegs mystifiziert, sondern pathologisiert und psychologischer Analyse unterzogen worden war, erlebte nach dem zweiten Weltkrieg eine immense Aufwertung.

Ohne einen direkten Zusammenhang zwischen diesen beiden Prozessen nahelegen zu wollen, lässt sich die Vermutung anstellen, dass in der westlichen Gesellschaft das, was man in deren herkömmlichen Rollen nicht mehr finden oder nicht mehr in diese hineinlegen konnte, in aus anderen Kulturen angeeignete Rollen eingeschrieben wurde. Die Rolle des Künstlers war bis zu den 1960er Jahren bereits hinterfragt und dekonstruiert worden, ihr Stereotypencharakter war offenbar geworden, sie war ‚zerforscht'. Der Schamane dagegen war ein neues, unvollendetes Konzept, das nunmehr ‚heimatlose' Elemente repräsentieren konnte. Dieser und andere vergleichbare Vorgänge sind selbstverständlich im größeren Zusammenhang der Idealisierung außereuropäischer Kulturen zu sehen, in denen schon seit Beginn der Kolonialzeit Teile der westlichen Gesellschaft verloren geglaubte Werte wie Spiritualität und Harmonie mit der Natur wiederzufinden gehofft hatten.

Die Kehrtwende in der Schamanenkonzeption vom Kranken zum Heiler vollzog sich in der Fachliteratur ab 1950; als Vorläufer ist allerdings Shirokogoroff zu nennen, der Schamanismus zwar als psychische Spezialität, aber nicht als Pathologie ansah. Schamanismus sei zudem keine primitive Religion, sondern eine wandelbare Art des Denkens und Heilens und der Naturphilosophie, die mit verschiedenen Religionen koexistieren könne. Schamanen seien an der Lösung sozialer und psychologischer Probleme beteiligt und dienten der gemeinschaftlichen Kohäsion und Strukturierung, indem sie Chaos in Ordnung umwandelten. Auch Bogoras, der, wie oben erwähnt, Schamanismus als Neurose betrachtet hatte, änderte in den 1920er Jahren seine Meinung. Er plädierte im Zuge einer ungewöhnlichen Anwendung von Einsteins Relativitätstheorie auf Religion dafür, Phänomene anderer religiöser Systeme als reale Entitäten zu fassen, da sie von den betreffenden Menschen als solche erlebt würden. Der auf Medizin spezialisierte

Historiker Erwin Ackerknecht kritisierte bereits 1943 die unhinterfragte Pathologisierung des Schamanen in der Wissenschaft und bot eine Interpretation des Schamanen als *healed healer* an, womit er einen für den weiteren Diskurs zentralen Begriff prägte[182].

Die endgültige Wende leitete schließlich Claude Lévi-Strauss mit seinen 1949 erschienenen und in *Anthropologie Structurale* (1958) aufgenommenen Artikeln *Sorcerer and His Magic* und *Effectiveness of Symbols* ein. Der Schamane wird darin positiv als spiritueller Praktiker charakterisiert, der mittels symbolischen Heilens (*symbolic healing*), das Lévi-Strauss als eine Art Placebo-Effekt betrachtet, Mitglieder seiner Gemeinschaft heile. Seine Heilaktivitäten kann der Schamane nach Lévi-Strauss durch die Anwendung von Symbolen und Mythen der jeweiligen Gesellschaft entfalten. Am Beispiel einer Geburtshilfe-Séance bei den *Cuna* entwickelt er die These, der Schamane erziele seine Erfolge durch die „Macht des geteilten Mythos", oder, wie Znamenski formuliert: „[T]he spiritual practitioner psychologically manipulates the sick organ through his chant by enacting the tribal myth inside the patient's body."[183] Obwohl Lévi-Strauss also den Schamanismus wie frühere Theoretiker zum medizinischen und psychologischen Bereich rechnete, vollzog sich mit dieser Konzeptionierung des Schamanen als Pendant zum westlichen Psychoanalytiker eine grundlegende Wende.

In den 1960er Jahren verbreitete sich diese Auffassung sowohl im wissenschaftlichen als auch im populären Diskurs, wozu vor allem die Veröffentlichungen Mircea Eliades beitrugen, dem ich mich später zuwenden werde. Einer der ersten Wissenschaftler, die in der Praxis mit spirituellen Heiltechniken experimentierten, war der Psychologe Julian Silverman, Manager des eigens zu derlei Zwecken gegründeten *Ensalen Insitute*s in Kalifornien. Seine Interpretation des Schamanen fand vor allem durch einen Beitrag zu Joseph Campbells Buch *Myths to Live By* Eingang in die ‚Gegenkultur' der 60er Jahre[184]. Auch der deutsche Ethnologe Andreas Lommel schrieb 1967, Schamanismus sei eine mentale Einstellung, die durch das Überwinden einer geistigen Krankheit erlangt werde. Bereits 1966 stellte dieser Autor in *Shamanism. The Beginnings of Art* die These

182 Vgl. Znamenski 2007: 113 ff.

183 Ebd.: 117.

184 Vgl. ebd.: 119.

auf, Schamanismus sei der Ursprung von Kunst. Dies versuchte er auch in späteren Werken durch den angeblich schamanischen Kontext von europäischer Höhlenmalerei und australischer ‚Röntgendarstellungen' von Tieren zu belegen[185]. Lommels Theorien wurden zwar bald als redundant, haltlos und spekulativ zurückgewiesen[186], stellen aber für meine Analyse ein interessantes Datum dar.

Im Bereich der neo-schamanischen Literatur gilt der Schamane grundsätzlich als Heiler: Schamanismus wird entweder als Technik zur Überwindung persönlicher Probleme oder als Methode zur Heilung von Patienten aufgefasst. Joan Halifax etwa betont 1982 in *Shaman: The Wounded Healer* die Therapeutenrolle des Schamanen und weist auf die Bedeutung von Poesie, Kunst und Musik im schamanischen Ritual hin. Es wird also auch aus der Perspektive des Neo-Schamanismus an der Gleichsetzung der Schamanen mit Künstlern gearbeitet.

Die Parallelen zur Figur des Künstlers als Heilsbringer, die in dieser Zeit ins Wanken geriet, werden hier augenfällig: Der Fokus liegt nicht mehr auf dem Schamanen als neurotischer Einzelperson, sondern auf einem Therapeuten mit gesellschaftsstabilisierender Funktion. Wie der Künstler, der aufgrund seines privilegierten Zugangs zur ‚wahren Wirklichkeit' durch Vorbildwirkung oder Katharsis eine Verbesserung der Gesellschaft erzielen kann, erfüllt auch der neukonzipierte Schamane eine religiöse und politische Funktion als wohltätiger „Mittler zwischen den Welten". Die neue Betonung der Heilsbringerrolle des Schamanen vergrößerte also die konzeptuelle Nähe zum Künstlerbild der Romantik.

2.4 Schamanismus für alle: Sixties, Eliade und Castañeda

Die 1960er Jahre: Zeitgeschichtliche Hintergründe und philosophische Einflüsse

Die intellektuellen, politischen und kulturellen Strömungen in den USA der 1960er Jahre sind für mein Thema in mehrfacher Hinsicht sehr wichtig: In

185 Vgl. Lommel 1980: 213 ff.

186 Vgl. Hammond 1969: 533 f.

diesem Abschnitt des 20. Jahrhunderts erlangte der Schamanismus, der bisher ausschließlicher Gegenstand intellektueller und wissenschaftlicher Debatten gewesen war, eine vorher wie nachher unerreichte Popularität: Der seit dem 18. Jahrhundert gesponnene Diskurs mit all seinen aus der westlichen Geistesgeschichte herrührenden Implikationen trat über die Schwelle der gesellschaftlichen Wirkmächtigkeit. Zugleich markiert diese Zeit den Beginn der Aufspaltung in einen populären und einen akademischen Diskurs zum Schamanen, die bis heute fortbesteht. Ferner stellte das geistige Klima dieser Zeit einen fruchtbaren Boden für die Werke von Mircea Eliade und Carlos Castañeda dar, welche die Begeisterung für das Phänomen des Schamanismus lostraten. Eine ähnliche Resonanz hätten diese Werke vermutlich zu keiner anderen Zeit gehabt; sie ‚trafen den Nerv der Zeit'. Und schließlich beschreibt das folgende Bild der 60er Jahre in Kalifornien auch denjenigen zeitgeschichtlichen Hintergrund, vor dem und in dem Jim Morrison sich bewegte, und der mit einer gewissen Verzögerung auch große Auswirkungen auf Entwicklungen in Europa hatte, die wiederum einen Bezugsrahmen für das Verständnis der Ideen von Joseph Beuys darstellen.

Verschiedene Gruppierungen und Personen können als gedankliche Vorbereiter der Umbrüche der 1960er Jahre gelten: Ein Nukleus ist die bereits 1917 eingerichtete *Taos Retreat Colony* in New Mexico, eine Kolonie von Künstlern, Autoren und Interessierten an indianischer Religion und Philosophie, deren (zumindest zeitweilige) Mitglieder eine antimodernistische Haltung teilten und verschiedene Aspekte des späteren intellektuellen *Settings* der 60er Jahre repräsentieren. Neben Schriftstellern wie D.H. Lawrence und Willa Carther und Künstlern wie Georgia O'Keeffe und Ernest Knee zählten auch Carl Gustav Jung, dessen Bedeutung für den Schamanismusdiskurs und die Rehabilitierung von Spiritualität ich bereits erwähnt habe, und Aldous Huxley zu den häufigen Gästen[187]. Huxleys Buch *The Doors of Perception* (1954), das die ‚bewusstseinserweiternde' Wirkung von Meskalin und dessen potentiell positive Auswirkung auf die Menschheit thematisiert, stellt eine der einflussreichsten Inspirationsquellen der ‚Gegenkultur' der 60er Jahre dar[188].

187 Vgl. Znamenski 2007: 57.

188 Vgl. ebd.: 194.

Die Dichter der kalifornischen *Beat Generation* um Jack Kerouac, William S. Burroughs und Allen Ginsberg äußerten als Vertreter einer hedonistischen Bohème in den 1950er Jahren Kritik am Materialismus, nahmen Bezug auf fernöstliche Spiritualität und ebneten den Weg für kontroverse Themen wie Drogengebrauch, sexuelle Freizügigkeit und Homosexualität, wodurch sie stark zur Liberalisierung des Buchmarktes in den USA beitrugen und einige der zentralen Themen der 60er Jahre vorwegnahmen[189].

Ein weiterer Autor, der in diesem Kontext erwähnt werden muss, ist der Journalist und Investmentbanker R. Gordon Wasson, der sich aus privatem Interesse in den 50er Jahren auf die Suche nach psychotropen Pilzen begab, von denen er in ethnobotanischen Veröffentlichungen gelesen hatte. Die mazatekische Schamanin Maria Sabina aus dem Dorf Huautla de Jimenez im mexikanischen Bundesstaat Oaxaca machte ihn mit der Pilzart *psilocybe mexicana* bekannt. Deren Wirkungen schilderte Wasson in einem Artikel im *Life*-Magazin (*Seeking the Magic Mushroom*), der ihn in kürzester Zeit berühmt machte und während der ‚psychedelischen Revolution' vielfach rezipiert wurde. Auch stellte dieser Artikel einen Vorläufer späterer autobiographisch verfasster Ethnographien (wie etwa von Carlos Castañeda) dar. Im Gefolge Wassons entwickelte sich in den 60er Jahren ein regelrechter Pilgertourismus in Huautla; Tausende von Menschen aus den USA und Europa, darunter auch Berühmtheiten wie Mick Jagger, John Lennon, Bob Dylan, Pete Townsend und (einer einzigen Quelle zufolge) auch Jim Morrison[190], suchten durch den Pilzkonsum unter Maria Sabinas Anleitung Abenteuer und spirituelle Erfahrungen. Wasson selbst stand dieser Entwicklung eher kritisch gegenüber und riet (anders als etwa Timothy Leary, der den Gebrauch von LSD grundsätzlich jedem empfahl) zur Vorsicht[191]. Zugleich aber zeigte er sich über die Auswirkungen des Pilzkonsums geradezu enthusiastisch: Er betrachtete ihren Gebrauch, den er für mehrere Erdteile auch historisch zu belegen versuchte, als religionsstiftendes Moment: „Overall, Wasson became convinced that the very idea of the sacred owed its origin to the ritual use of hallucinogenic mushrooms."[192]

189 Vgl. Gair 2007: 27 ff., 37 ff.

190 Vgl. EFE World News Service 2008.

191 Vgl. Znamenski 2007: 121 ff.

192 Ebd.: 136.

Ebenfalls einen wichtigen Impuls für die Protestbewegungen der 60er Jahre lieferte die Bürgerrechtsbewegung der afroamerikanischen Gemeinschaft um Martin Luther King, die sowohl mit Protestformen wie dem *Sit-In* und der Verknüpfung von künstlerischem und politischem Protest inspirierend wirkte, als auch die in den Bewegungen der 60er Jahre bedeutsame Thematik des Rassismus in den Fokus rückte[193].

Als die wichtigsten philosophischen Einflüsse auf die *counterculture* gelten die Theorien von Norman O'Brown und Herbert Marcuse, die beide auf unterschiedliche Weise an einer Synthese der Theorien von Marx und Freud arbeiteten und hier nur in aller Kürze vorgestellt werden sollen. Als vorläufiger Schlüssel zum Verständnis beider Theorien kann es dienen, dass beide den englischen Begriff *repression* sowohl in der Bedeutung von „Verdrängung" im Sinne Freuds, als auch in der Bedeutung von politischer „Unterdrückung" im Sinne Marx' verwenden[194]. Beide akzeptierten die marxsche Analyse der bestehenden Unterdrückungsverhältnisse im Kapitalismus und sahen die Notwendigkeit einer Revolution – aber nicht nach Marx' Modell. Marcuse geht, wie Fels ausführt, in *Triebstruktur und Gesellschaft* [195](1955) von der Annahme aus, dass die moderne Zivilisation auf der Internalisierung repressiver gesellschaftlicher Normen durch das Individuum beruhe, wodurch eine Unterdrückung der menschlichen Instinkte erfolge. Marcuse sieht den menschlichen Körper, insbesondere die Sexualität, durch einen vereinnahmenden kapitalistischen Produktions- und Konsumzwang unterdrückt, womit er zur freudschen Annahme, die Triebunterdrückung sei Bedingung und formende Kraft der Entstehung von Zivilisation, in einem dialektisches Verhältnis steht: Er nennt die Unterdrückung durch das Leistungsprinzip der modernen Gesellschaft „zusätzliche Unterdrückung"[196] und grenzt sie damit von der nach Freud unvermeidlichen Unterdrückung jener Triebe ab, die das Entstehen von Zivilisation verunmöglichen würden, wodurch er Freud gleichzeitig bestätigt und negiert. Die Möglichkeit der sozialen Neustrukturierung und Revolution besteht nach Marcuse gerade in der Befreiung der unterdrückten Instinkte

193 Vgl. Gair 2007: 124 f.

194 Vgl. Collmer 1997 [1994]: 69.

195 Engl. Originaltitel: *Eros and Civilization.A Philosophical Inquiry into Freud.*

196 Fels 1998: 71.

durch die Zurückweisung der Repressionen des Kapitalismus[197]. Paradoxerweise betrachtet Marcuse die Automatisierung der Produktion, also gerade den Höhepunkt der kritisierten technisch-rationalen westlichen Kultur, als Mittel gegen die Unterdrückung durch entfremdete Arbeit und damit als Voraussetzung der „großen Verweigerung", zu der er im Schlusskapital von *Triebstruktur und Gesellschaft* aufruft[198]. Diesem Ruf folgten die protestierenden Jugendlichen und Studenten sowohl in den USA als auch in Europa mit Begeisterung, während Kritiker Marcuse „schreckliche Vereinfachung"[199] und Naivität vorwarfen.

Norman O'Brown parallelisiert in *Life Against Death* (1959) die individuelle Entwicklung mit der Geschichte der Menschheit. O'Browns Adaptation der Theorie Freuds geht, wie Collmer ausführt, davon aus, dass durch die Geburt und die schrittweise Ablösung von der Mutter in jedem Leben die anfänglich erfahrene Ur-Einheit zerstört wird. Die nachfolgenden Phasen der frühkindlichen Entwicklung nach Freud (orale, anale und phallische/ödipale Phase) interpretiert O'Brown als Versuch der Wiederherstellung der verlorenen Ureinheit: In Zuge der Gleichsetzung der von Freud unterschiedenen Triebe „Eros" und „Thanatos" (also Sexual- und ‚Todestrieb') betrachtet O'Brown die frühkindliche Entwicklung, insbesondere den Ödipus-Komplex, als Manifestation eines „thalassalen" (also, aufgrund der symbolischen Gleichsetzung der Frau, des Fruchtwassers und des Ozeans, ‚ozeanischen') Regressionszuges. Das aus dem Faktum seiner Geburt resultierende Gefühl der Mangelhaftigkeit des Menschen identifiziert O'Brown als treibende Kraft hinter der Geschichte der Menschheit, die er ihrerseits wiederum als Geschichte der Spaltung, Individuation und Repression liest. Die bereits in *Life Against Death*, mehr aber noch im Nachfolgewerk *Love's Body* (1966) sehr mystizistische Lösung, die keinerlei politisches Handlungsmodell beinhaltet, besteht für O'Brown in der Wiederherstellung der Einheit der Menschheit durch eine Integration des Sexual- oder ‚Lebenstriebes' mit dem ‚Todestrieb' in der Rückkehr zu einer indifferenzierten, voll ausgelebten, das Selbst entgrenzenden Sexualität. Das Indivi-

197 Vgl. Zimmermann 2008: 131.

198 Vgl. Fels 1998: 72 ff.

199 Ebd.: 73.

duum wird in diesem Idealbild im Rückgriff auf Nietzsche zum „dionysischen Ego“[200].

Wegen ihrer Akzentuierung des menschlichen Instinktes, ihrer Rationalismusfeindlichkeit, und (im Falle O'Browns) dem konzeptuellen Rückgriff auf ein (psychologisiertes oder transzendentes) Ur-Eins und der Thematik des dionysischen Verschmelzens mit diesem Ur-Eins können diese beiden in den 60er Jahren extrem populären Autoren als Bindeglieder zwischen der Philosophie der Romantik und Nietzsches und den soziokulturellen Strömungen der 60er Jahre aufgefasst werden.

Counterculture

Viele der Ideen, die die 60er Jahre in den USA und auch Europa kennzeichnen, waren allerdings schon in wesentlich früherer Zeit vorgeprägt: Was der Dichter Michael McClure als „a massive return to ‚instinct and intuition‘“[201] bezeichnet, kann als Wiederaufgreifen und Fortschreiben romantischer Denktradition in breiten Teilen der Gesellschaft gelesen werden. Ausgehend von einer fundamentalen Kritik an der westlichen Zivilisation und einer Unzufriedenheit mit deren Paradigmen des Materialismus, Rationalismus und Fortschritts, suchten vor allem junge Menschen nach alternativen Lebensmodellen, die eine Reintegration von Spiritualität in die Lebenspraxis ermöglichen sollten. Der Begriff der *counterculture* geht auf den Sozialkritiker Theodore Roszak zurück, dessen bereits 1969 veröffentlichtes gleichnamiges Buch als (wenn auch eher populärwissenschaftliches) Standardwerk zur Jugend- und Protestkultur der 60er Jahre in den USA gilt. Als *counterculture* beschreibt Roszak „eine Kultur, die von den wichtigsten Grundsätzen unserer Gesellschaft so stark abweicht, dass sie von vielen gar nicht als Kultur, sondern als barbarische Störung empfunden wird“[202]. Roszak steht dem von ihm beschriebenen Phänomen keineswegs neutral gegenüber. Vielmehr legt er in die „Gegenkultur“ die Hoffnung auf eine grundlegende Verbesserung der Gesellschaft, wenn er sie auch in einer – so Roszak selbst – „Haltung kritischer Hilfsbereitschaft“[203] in einigen Aspek-

200 Vgl. Collmer 1997 [1994]: 69 ff.

201 Zit. in: Rothenberg 1985 [1968]: xvii.

202 Roszak 1971 [1969]: 76.

203 Ebd.: 68.

ten kritisiert: „Wenn der Widerstand der Gegenkultur scheitert, haben wir meiner Ansicht nach nichts anderes zu erwarten, als was Anti-Utopisten wie Huxley und Orwell vorausgesagt haben.“[204] Die junge Generation seiner Zeit sieht er wegen ihrer reinen Anzahl, ihres hohen Bildungsgrades, ihrer finanziellen Absicherung und vielen Freizeit als „zum Handeln prädestiniert“[205]. Als Beweggründe der Proteste identifiziert Roszak in affirmativer Weise die durchgehende Technokratisierung und Rationalisierung der Gesellschaft, die spirituelle Bedürfnisse nicht wahrnehme[206], die kapitalistische Marktlogik und Kommerzialisierung aller Lebensbereiche[207], sowie den im Puritanismus repressiven und im *Playboy*-Ideal kommerzialisierten und trivialen Umgang mit Sexualität[208]. Tatsächlich wurde sexuelle Freizügigkeit unter dem Schlagwort der „freien Liebe“ zu einem der Leitmotive der Bewegung. Roszaks Kritik richtet sich gegen das, was er eine „Verzerrung“ der Ideale der Jugendbewegung nennt, nämlich „libertinistischen Erotizismus“[209] (als Beispiel dafür führt er amüsanterweise *The Doors* an), den unreflektierten Rückgriff auf „primitive“ Kulturen, der keine gegenwärtige Revolution bewirken könne[210], und die Gefahr der Drogenabhängigkeit[211].

Der Konsum von Drogen – eine Entscheidung zwischen den Ausdrücken „halluzinogenen Drogen“ und „bewusstseinserweiternden Drogen“ bedeutet bereits eine Stellungnahme, derer ich mich hier enthalten will – nahm in der Gegenkultur eine wichtige Stellung ein; psychoaktive Substanzen wie LSD, Meskalin, Pilze und Marihuana wurden als Möglichkeit empfunden, das menschliche Bewusstsein zu öffnen und zu erweitern, um bisher verborgene Teile der Welt wahrnehmen zu können. Es war von einer „psychedelischen Revolution“ die Rede, die dem politischen Aktivismus zwar einerseits korrespondierte, aber andererseits der Veränderung der poli-

204 Roszak 1971 [1969]: 14.

205 Ebd.: 52.

206 Vgl. ebd.: 30 f.

207 Vgl. ebd.: 53, 67.

208 Vgl. ebd.: 36 f.

209 Ebd.: 116.

210 Vgl. ebd.: 373.

211 Vgl. ebd.: 245.

tischen Realität die Option einer transzendentalen persönlichen Erfüllung gegenüberstellte[212].

Angesichts der Nähe dieser Ideen zur schamanischen Semantik des „Reisens in andere Welten“ verwundert es nicht, dass der rituelle Gebrauch pflanzlicher Drogen und schamanische Rituale auf großes Interesse stießen, was im Kontext einer generellen Hinwendung zu außereuropäischer Spiritualität gesehen werden muss. Zimmermann fasst dieses Verhältnis fogendermaßen zusammen:

„[T]he exploration of the Otherworldly […] was one of the counterculture's main means to disassociate from Cold War politics [...]. While technocratic society relied on rationality, scientific forms of knowledge, and technological innovation [...], the counterculture shrouded itself in adopted forms of spirituality.“[213]

Besonders in der Hippiebewegung, die ihren geographischen Nukleus zunächst 1967 im Viertel Haight-Ashbury in San Francisco hatte und sich sukzessive ausbreitete[214], herrschte großes Interesse an buddhistischer, fernöstlicher und indianischer Philosophie[215]. Man betrachtete das kreative Potential aufklärerischer Werte als verausgabt und erkannte in diesen wenn nicht den Grund, so zumindest eine Legitimationstaktik für Kolonialismus und Unterdrückung[216], der man eine dezidiert pazifistische Haltung entgegenstellte. So war auch der Protest gegen den Vietnamkrieg eines der Kernmotive, um das sich die regierungskritische Jugendbewegung formierte[217].

Die Ideale der „Gegenkultur“ fanden sowohl Inspiration als auch Ausdruck in der Musik ihrer Zeit, die eines der wichtigsten Identifikationsmerkmale darstellte: Zu nennen wären hier vor allem die Bands *The Greatful Dead*, *Jefferson Airplane*, *The Velvet Underground*, und, allerdings mit anderer Aktzentuierung, *The Doors*, sowie Bob Dylan, Jimi Hendrix und Janis Joplin aus den USA, und *The Beatles*, *The Rolling Stones* und *Pink*

212 Vgl. Gair 2007: 135 f.

213 Zimmermann 2008: 11.

214 Vgl. Gair 2007: 131 ff.

215 Vgl. Roszak 1971 [1969]: 185 ff.

216 Vgl. Znamenski 2007: 166.

217 Vgl. Gair 2007: 130.

Floyd aus England[218]. Zimmermann beschreibt das Ideengefüge der 60er Jahre treffend als: „pluralistic interwoven matrix of drugs, rock music, spiritualism, and sex“[219].

Die Fragmentierung und das Ende der Jugendbewegung gegen 1970 werden häufig mit den unter anderem durch Drogenkonsum bedingten Morden durch Charles Manson und beim *Altamont Music Festival* in Verbindung gebracht. Dieser gängigen Argumentation ist allerdings hinzuzufügen, dass die Bewegung innerhalb kürzester Zeit popularisiert, kommerzialisiert und in den kulturellen *mainstream* ‚aufgesogen‘ wurde, in dem sie sich noch heute als Hippie-Nostalgie wiederfindet[220].

Rückkopplungen mit den Humanwissenschaften

Der Wandel in der Geisteshaltung von traditionellen westlichen Werten zum Ideal eines kosmopolitischen, spirituell reichen Lebens fand aber keineswegs nur in den jüngeren Bevölkerungsschichten statt. Auch in intellektuellen und akademischen Kreisen hielt man den aufklärerischen Positivismus zunehmend für eine engstirnige Selbsteinschränkung, die ein bestimmtes Konzept von Wissenschaft gegenüber anderen Formen des Wissens favorisierte.

Der Psychologe Abraham Maslow formulierte die – heute aus dem populären Diskurs wohlbekannte – Theorie der Selbstverwirklichung. Er veranschaulichte die von ihm angenommene Hierarchie menschlicher Werte mit einer Pyramide, deren Fundament die Grundbedürfnisse Nahrung und Sicherheit bildeten. Nach Erfüllung dieser Bedürfnisse sehnten sich die Menschen nach Liebe und Zugehörigkeit, gefolgt von dem Wunsch nach freiem und kreativem Selbstausdruck. An die Spitze der Pyramide, als obersten Wert, setzte Maslow das Streben nach spiritueller Erfahrung[221]. Maslow, der auch einer der Begründer der humanistischen Psychologie war, die sich von Freuds Konzepten abwandte und es vorzog, sich jedem Menschen als gesundem, einzigartigem Individuum zu nähern, formulierte damit das Ideal einer kosmopolitischen, erfüllten und friedlichen Persön-

218 Vgl. Zimmermann 2008: 14.

219 Ebd.: 15.

220 Vgl. ebd.: 174.

221 Vgl. Znamenski 2007: 166.

lichkeit. Obwohl sein Ansatz eindeutig idealistisch war, korrespondiert Maslows Wertepyramide auch mit der soziologischen Beobachtung, dass es sich bei der *counterculture* in den USA der 60er Jahre um eine Bewegung handelte, die von materiell abgesicherten und gebildeten Menschen getragen wurde.

Wie bereits die Beispiele Maslows und Roszaks zeigen, blieben auch die Sozialwissenschaften vom Zeitgeist nicht unberührt. Es herrschte ein zunehmendes Misstrauen gegenüber akademischen Abstraktionen, sozialen und ökonomischen Schemata und Makroanalysen. In den Fokus soziologischer Mikroanalyse rückte das Einzigartige, Irrationale und Bizarre. Drogenerfahrungen, früher als neurotisch bezeichnete Phänomene und vor allem auch nicht-westliche Religionen und Wissensbestände wurden zum legitimen, ja bevorzugten Forschungsgegenstand.

Neben dem bereits erwähnten Zweig der humanistischen Psychologie entstand als deren Subdisziplin die *Transpersonal Psychology*, die in Religion und Spiritualität großes Heilpotential vermutete und dieses zu realisieren versuchte. Diese Schule war vor allem von Carl Gustav Jung und Aldous Huxley beeinflusst; Prominentester Vertreter ist Alan Watts, der sich mit dem psychotherapeutischen Nutzen von Zen-buddhistischen Techniken befasste. In seinem Buch *Altered States of Consciousness* (1969) formulierte der Psychologe Charles Tart sein gleichnamiges, für die Schamanismuskonzeption sehr einflussreiches Konzept (kurz *ASC*), unter dem er verschiedene ‚veränderte Bewusstseinszustände' wie Traumerfahrungen, spirituelle Erfahrungen, Trance und durch Drogen, Meditation oder Hypnose induzierte Zustände subsumiert. In diesen *ASC* verfügen Menschen nach Tart über ein erhöhtes Wahrnehmungs- und Erkenntnispotential. 1962 wurde in Kalifornien unter Mitwirkung von Watts, Huxley und Maslow das *Ensalen Institute* gegründet, dessen Mitglieder alternative Spiritualität vermitteln und deren Nutzen zur emotionalen und spirituellen Selbstverwirklichung propagieren wollten. Schamanismus gehörte (neben Drama-Therapie, Yoga und verschiedenen asiatischen Meditationstechniken) zum Stundenplan dieses Institutes. Julian Silverman, einer der Leiter, konzipierte bereits 1967 Schamanismus als Therapieform und nahm damit die Thesen von Michael Harner vorweg, der ebenfalls Schüler des *Ensalen Institutes* war und in den 1970er Jahren Schamanismus als jedem zugängliche Technik für „persönliche Experimente" und Wahrnehmungserweiterung zum Unterrichtsgegenstand in den von ihm entworfenen Kursen machte. Auch Carlos Castañeda besuchte Seminare am *Ensalen Institute*[222].

Dass Kalifornien in den 60er Jahren zu einem ,Mekka' für alternative Spiritualität wurde, war nicht nur dem günstigen Klima und soziologischen Vorbedingungen wie einer kulturell vielfältigen Gesellschaft und einer breiten Mittel- und Oberschicht mit viel Freizeit, sondern auch einem gut ausgebauten und finanzierten Universitätssystem zu verdanken. Besonders im Dunstkreis der *University of California at Los Angeles* (*UCLA*) versammelte sich eine Vielzahl von Akademikern und Schriftstellern, die der *counterculture* angehörten und verschiedene Formen von Spiritualität und Bewusstseinsveränderung erforschten und praktizierten. Auch die Thematiken der sakralen Dimension der Natur, der Partizipation und des Naturschutzes gewannen an Bedeutung; Schamanismus wurde in diesem Kontext als ritualisierter Weg der Naturerfahrung betrachtet[223]. Die Wirkung halluzinogener oder bewusstseinserweiternder Drogen wurde zum legitimen Forschungsgegenstand: Prominentestes Beispiel ist das vom Psychologen und „godfather of the psychedelic revolution"[224] Timothy Leary ins Leben gerufene *Harvard Psilocybin Project*, das sich der praktischen Erforschung der von Wasson bekannt gemachten mexikanischen Pilze widmete[225]. Auch die *Beat Poets* Allen Ginsberg und Jack Kerouac nahmen daran teil und setzten damit die Tradition ihres Kollegen und Vorbildes William Burroughs fort, der sich bereits ein Jahrzehnt früher am Amazonas auf die Suche nach *ayahuasca* gemacht hatte, mit dem er seine Heroinsucht zu besiegen hoffte (was nicht gelang: *The Yage Letters*, 1963)[226].

Am Institut für *cultural anthropology* herrschte ein verstärktes Forschungsinteresse am Schamanismus, wobei die direkte Teilhabe an indigener Praxis immer mehr als bevorzugte Methode angesehen wurde. Nicht nur Carlos Castañeda, sondern auch andere renommierte Autoren wie Peter Furst, Christopher Donnan und Barbara Myerhoff zählen zu dieser Genera-

222 Vgl. Znamenski 2007: 167 ff.

223 Vgl. ebd.: 177 ff.

224 Ebd.: 128.

225 Vgl. ebd.

226 Vgl. ebd.: 154.

tion von Abgängern der *UCLA*[227]. Znamenski kommt zu folgendem Schluss:

> „In countercultural circles, people became convinced of the redemptive power of primal peoples, who were expected to offer curative remedies for modern civilization. Nature spiritual practices that had been stamped as superstition were recast into super-perception, and shamans were viewed as tribal analogues of Western psychiatrists, who essentially performed the same functions, working in a different cultural realm."[228]

Mircea Eliade

Mircea Eliades Werk *Schamanismus und archaische Ekstasetechnik*, das bei seiner Ersterscheinung (1951 auf Französisch, 1957 auf Deutsch) noch ein marginales, nur für Religionswissenschaftler interessantes Thema behandelt hatte[229], erschien 1964 in den USA und fand im oben beschriebenen intellektuellen Umfeld begeisterte Aufnahme. Zusammen mit den etwas späteren Veröffentlichungen Carlos Castañedas hat Eliades Buch die enorme Popularisierung des Schamanismus ausgelöst, wobei Eliade eher ein intellektuelles, akademisches Publikum und Castañeda – wegen der romanhaften Form seiner Bücher – eher das Massenpublikum band[230]. Die Begeisterung für den Schamanismus und auch die Entstehung des Neo-Schamanismus waren tatsächlich Phänomene, die von den Printmedien, von der ‚Macht des geschriebenen Wortes' ausgelöst wurden[231].

Vielfach zitiert und rezipiert, war *Schamanismus und archaische Ekstasetechnik* auch in der Ethnologie lange Zeit das Standardwerk zum Schamanismus und ist es außerhalb des Faches auch heute noch: Autoren des neo-schamanischen Bereichs berufen sich genauso wie Kunsthistoriker und Literaturwissenschaftler ohne jede kritische Stellungnahme auf Eliade.

Der gebürtige Rumäne Mircea Eliade (1907-1986) war Religionswissenschaftler und war in Europa vor seinem Schamanismusstudium als Au-

227 Vgl. Znamenski 2007: 195.

228 Ebd.: 169.

229 Vgl. ebd.: 177.

230 Vgl. ebd.: 165.

231 Vgl. ebd.: 214 f.

tor mehrerer Studien zu fernöstlicher Philosophie und Mythologie bekannt geworden. Bereits in diesen Studien verfolgte er breite, vergleichende Ansätze, die kulturübergreifende Parallelen zogen und Universalien zu bestimmen versuchten[232]. Neben seinen religionswissenschaftlichen Arbeiten veröffentlichte er zahlreiche Romane. Sein Werk ist an der Schnittstelle von auf Empirie basierender Wissenschaft und imaginativ angereicherter Religionsphilosophie angesiedelt, was ihm sowohl begeisterte Zustimmung als auch Kritik von wissenschaftlicher Seite einbrachte[233]. Znamenski bezeichnet ihn daher (zusammen mit Jung, Campbell und Hultkrantz) als „visionary scholar“[234].

Die monolithische Stellung Eliades im Schamanismusdiskurs erklärt von Stuckrad durch das Zusammenspiel zweier Faktoren: Erstens laufen in der Person dieses Religionswissenschaftlers und Schriftstellers die bisherigen philosophischen, ethnologischen, politischen und psychologischen Diskursstränge zusammen, die Schamanismus aus den jeweiligen Perspektiven betrachtet und in die jeweiligen Zusammenhänge (also Aufklärungskritik, Naturphilosophie, Evolutionismus, Kulturrelativismus und Psychoanalyse) eingebettet hatten. Und zweitens erwies sich Eliades Buch nicht nur als Analyse eines generalisierten indigenen Schamanismus, sondern zugleich als identitätsstiftendes Moment für westliche Leser: „Eliades einflussreiche Konstruktion des Schamanismus […] stiftete jenes Koordinatensystem, das sowohl für phänomenologisch ausgerichtete […] Wissenschaftler als auch für esoterisch gesinnte Laien konstitutiv geworden ist.“[235]

Eliades Schamanenkonzeption

Eliade abstrahierte in einer breiten, kulturübergreifenden Studie einen Idealtypus des Schamanen aus den ethnographischen Quellen, die ihm vorlagen. Diese stammten von finnischen Ethnographen, Potanin, Ksenofontov, Bogoras, Jochelson und Caplicka sowie anderen russischen Autoren. Er betrieb keine eigene Feldforschung.

Der phänomenologische Ansatz, den Eliade verfolgte, brachte die unvermeidlichen Problematiken derartiger Ansätze mit sich: die Vergleichs-

232 Vgl. Znamenski 2007: 172.

233 Vgl. von Stuckrad 2003: 124.

234 Znamenski 2007: 179.

235 Von Stuckrad 2003: 124.

kriterien werden ergebnisgeleitet ausgewählt, da ein induktives Vorgehen, das beim spezifischen Einzelfall ansetzt, von vorneherein ausgeschlossen ist, wenn man dasselbe Phänomen in verschiedenen Kontexten nachzuweisen versucht. Und eben dieses Verschwinden des jeweiligen historischen Kontextes ist der zweite Kritikpunkt an einem abstrahierenden Ansatz wie dem Eliades[236].

Eliade konzipiert Schamanismus als geschichtsloses Ur-Phänomen, das am Anfang aller religiösen Phänomene steht, ja er betrachtet ihn als archaische Religiosität *par excellence* und den archaischen Menschen als Idealbild des religiösen Virtuosen. Das Wort „archaisch" bezieht sich dabei sowohl auf prähistorische Menschen und Kulturen und die klassischen Zivilisationen der Antike, als auch auf zeitgenössische „Primitive" (wobei diese Denkweise den betreffenden Völkern ja gerade abspricht, tatsächlich Zeitgenossen zu sein)[237]. Als zentrales Merkmal des Schamanismus, gewissermaßen als kleinsten gemeinsamen Nenner aller schamanischen Phänomene, identifiziert Eliade die ekstatische Trance, also das durch Bewusstseinsveränderung herbeigeführte Aus-Sich-Heraustreten des Schamanen, das diesem den Zugang zu sakralen Ebenen der Wirklichkeit eröffnet. Dieses Kriterium dient Eliade zur Definition des Phänomens: „Eine allererste Definition dieses komplexen Phänomens, und die vielleicht wenigst gewagte, wäre: Schamanismus = *Technik der Ekstase.*"[238] Um den Schamanen von anderen Ekstatikern abzugrenzen, ergänzt Eliade diese Definition durch das Kriterium des „Schamanenfluges", bei dem „seine Seele den Körper zu Himmel- und Unterweltfahrten verläßt"[239]: „For the state of ecstasy itself, it comprises, as we have seen, the abandonment of the body and the mystical journey to Heaven or to Hell."[240] Seine Analyse konzentriert sich ganz auf die Person des schamanischen Charismatikers und Trance-Spezialisten sowie auf die Kosmologie, innerhalb derer er agiert, während der historische und politische Kontext weitgehend außer Acht gelassen werden.

Neben dem als archetypisch konzipierten Flug des Schamanen beschrieb Eliade ein bestimmtes kosmologisches Modell als Universalie bei

236 Vgl. von Stuckrad 2003: 244.

237 Vgl. Znamenski 2007: 172.

238 Eliade 1975 [1951]: 14.

239 Ebd.: 15.

240 Eliade 1959: 259.

allen Schamanismus praktizierenden Völkern: Nach diesem Modell besteht die Welt aus drei Schichten, nämlich der Menschenwelt sowie einer Ober- und einer Unterwelt, die durch die Weltachse (*axis mundi*) im Zentrum miteinander verbunden seien. Dieses Zentrum – zugleich Achse und Öffnung – manifestiere sich in den verschiedenen Kulturen durch unterschiedliche Symbole wie zum Beispiel den „Weltenbaum", das Rauchloch in der Jurte, einen heiligen Berg oder auch die Schamanentrommel, auf der häufig der Weltenbaum abgebildet ist und die zudem mit einem Pferd assoziiert wird, das der Schamane auf seiner Reise reitet[241]. Eliades prototypische Darstellung des Flugs und des kosmologischen Modells orientiert sich in weiten Teilen an der von Radloff dokumentierten Ülgen-Séance[242].

Diese ‚Kernelemente' – Ekstase, Flug und die beschriebene Kosmologie – betrachtet Eliade als gleichbleibend und universal. Abweichungen erklärt er durch „Dekadenz" und „Kontamination"[243] durch andere Kulturen und Religionen, also Fremdeinflüsse, die man gewissermaßen abziehen könne.

> „Wir haben das ekstatische Erlebnis als ‚Urphänomen' betitelt, weil wir keinen Grund sehen es als Produkt eines bestimmten geschichtlichen Moments [...] zu betrachten. Wir neigen vielmehr dazu es als ein Konstitutivum der menschlichen Verfassung zu betrachten [...]."[244]

Weitere wichtige Merkmale des eliadeschen Schamanen sind sein Kontakt zu Helfergeistern, die meist in Tiergestalt auftreten[245], sowie sein Spezialistentum in ‚Seelenangelegenheiten', das ihn befähigt, verloren gegangene Seelen oder Seelenteile zurückzuholen, die Seelen Verstorbener zu geleiten und mit ihnen zu kommunizieren[246], wodurch er die soziale Funktion eines Heilers ausüben kann.

Eliade führte die durch Lévi-Strauss begonnene Entpathologisierung des Schamanen beziehungsweise seine Identifikation als „geheiltem Heiler"

241 Vgl. Eliade 1975 [1951]: 249 ff.; 455.

242 Vgl. ebd.: 193 ff. und Znamenski 2007: 173 f.

243 Eliade 1975 [1951]: 465 f.

244 Ebd.: 464.

245 Vgl. ebd.: 96 ff.

246 Vgl. ebd.: 208 ff.

fort und trug damit entscheidend zur Rehabilitierung spiritueller Praktiker bei. Er verwirft zwar die These der Psychopathologie nicht völlig, schreibt dieser aber eine produktive Rolle zu[247]. Seine Anerkennung „archaischer“ Spiritualität als den Hochreligionen gleichgestellte oder überlegene Form von Religion verkehrte den früheren abwertenden Grundton in sein Gegenteil[248]. Von besonderem Einfluss auf den populären Diskurs und die Entstehung des Neo-Schamanismus war Eliades Konzept allerdings deshalb, weil seine Abstraktion und Generalisierung des Schamanenkonzeptes es erlaubte, ein ‚Schamanismuspotential‘ auch im modernen Menschen anzunehmen. Er sah die Fähigkeit zu spiritueller und schamanischer Erfahrung als menschliche Konstante an, die unabhängig vom kulturellen Kontext manifest werden kann. Diese Konzeption dient vor allem im neo-schamanischen Bereich als legitimierendes Argument in Authentizitätsdiskussionen[249].

Die Sehnsucht nach dem Ursprung[250]

Nun aber ist es wichtig, die Hintergründe zu beleuchten, vor denen Eliades so einflussreiches Schamanenkonzept entstand. Dieses ist mitnichten als reine Abstraktion aus ethnographischem Material, sondern vielmehr als Teil und Produkt eines sehr persönlichen metaphysischen Projektes zu sehen. Eliades Schamanismuskonzeption ist keine rein akademische, sondern eine metaphysische Deutung von Geschichte und Welt, bei der es ihm letztendlich darum geht, einen zeitlosen Kern von Religion aufzufinden[251].

Eliades Konstruktion geht von einem mystischen Urzustand aus, den er als *illud tempus* bezeichnet, der mittels der schamanischen Ekstase wieder vergegenwärtigt werden kann[252]. Was damit gemeint ist, illustriert von Stuckrad anhand des Romans *Der Verbotene Wald*, den Eliade gleichzeitig mit *Schamanismus und archaische Ekstasetechnik* verfasste und bei dem es sich offensichtlich um eine literarische Adaptation der andernorts in akademischer Sprache formulierten Ideen handelt[253]. Hier heißt der mystische

---

247 Vgl. Eliade 1975 [1951]: 41.

248 Vgl. Znamenski 2007: 172.

249 Vgl. von Stuckrad 2003: 133 f.

250 Titel einer Aufsatzsammlung zu Eliade (Duerr 1983).

251 Vgl. von Stuckrad 2003: 124.

252 Vgl. Eliade 1975 [1951]: 465.

253 Vgl. von Stuckrad 2003: 128.

Raum, den die Hauptperson betritt, *Sambô*: Der Eintritt in diesen Raum ist zugleich ein Ausbruch aus der Geschichte[254]. Während die Geschichte der Menschheit eine Geschichte von Leid, Krieg und Verfolgung ist, existiert parallel dazu eine kosmische Zeit ohne Begrenzungen, die ein „Sein im Universum", einen andauernden Glückszustand ermöglicht:

> „Doch außer der Geschichte machenden Menschheit gibt es noch eine andere. Beispielsweise die Menschheit, die die außergeschichtlichen Paradiese bevölkert hat; die Welt des primitiven, wenn Sie so wollen, oder des vorgeschichtlichen Menschen; jene mythenschaffende Welt [...]"[255]

Diese Passage weckt gleich drei keineswegs zufällige Assoziationen: Eliade idealisiert ‚primitive' Kulturen in einer ähnlichen Weise wie Herder, die Romantiker, Boas oder auch die Surrealisten, und sein *illud tempus* beziehungsweise *Sambô* trägt deutliche Züge der romantischen *unio mystica* und des christlichen Paradieses.

Von christlicher Prägung ist auch die Vorstellung, dass ursprünglich alle Menschen Zugang zu diesem glücklichen geistigen Reich gehabt haben, von dem sie durch ihr eigenes Fehlverhalten (im christlichen Denken durch den Sündenfall, bei Eliade durch die „Geschichte" und das Entstehen einer Zivilisation) abgeschnitten wurden. Diesen Gedanken legt Eliade in seinem Artikel *The Yearning for Paradise in Primitive Tradition* (1959) dar, dessen Titel bereits die Gleichsetzung des *illud tempus* mit dem christlichen Paradies belegt. Während der Durchschnittsmensch erst durch seinen Tod in diesen mystischen Urzustand zurückversetzt werden kann, hat der Schamane die Fähigkeit, während seiner ekstatischen Reise in diese sakrale Sphäre einzutreten und lebend zurückzukehren, wodurch er auch fähig ist, zwischen dieser Sphäre und den Menschen zu vermitteln. Die schamanische Ekstase entspricht also der Wiedergewinnung der menschlichen Verfassung vor dem „Fall"[256]. So hat auch der Schamane nach Eliade als Ein-

---

254 Vgl. Eliade 1993 [1955]: 108.

255 Ebd.: 429.

256 Vgl. Eliade 1959: 256; Der genannte Artikel zieht auf analytische Weise Parallelen zwischen diversen mythologischen ‚Urzuständen', was allerdings meiner von von Stuckrad übernommenen These, dass dieses Thema zugleich Eliades persönlichstes Interesse ist, nicht widerspricht.

ziger die ursprünglich allen Menschen eigene Fähigkeit behalten, mit Tieren zu kommunizieren oder sich in sie zu verwandeln[257]. Der Einfluss christlicher Ideen auf Eliade wird auch darin deutlich, dass er die Dreiteilung der Erde (mit Himmel und Unterwelt) als Universalie und die *Himmelreise* des Schamanen als die ursprüngliche Form schamanischer Reisen betrachtete, während die Reise in eine böse, gefährliche Unterwelt erst später aufgetreten sei[258], was aus dem ethnographischen Material nicht hervorging. Die Analogien zu den christlichen Motiven des Sündenfalls, der Hölle und des Seelenaufstiegs sowie zur romantischen Idee des Verschmelzens mit einem Urprinzip sind evident[259].

Mit seiner kritischen Grundhaltung gegenüber westlichem Fortschrittsstreben und Rationalismus und seinem Wunsch nach einer Wiederaufwertung des Sakralen und Spirituellen, die letztendlich seinem idealisierten Schamanenkonzept zugrundeliegen, steht Eliade in der gedanklichen Tradition der Romantik. In seiner Vorstellung bestand (nach dem Verlust des Zugangs zum sakralen Bereich) im Verlust traditioneller Spiritualität der zweite „Fall" der westlichen Zivilisation, weshalb er eine erneute Hinwendung der Gesellschaft zu „archaischer" Spiritualität als einzig wirksames Heilmittel gegen die Probleme und Gefahren der Modere ansah. Bemerkenswert ist für meine Argumentation auch Eliades Aussage, nostalgische Spuren des Sakralen seien in der modernen Gesellschaft nur noch in Literatur, Kunst und Musik vorhanden[260]. Insbesondere der Musik schrieb Eliade das Potential zu, den Menschen aus dem alltäglichen Raum-Zeit-Gefüge zu befreien und in den mystischen Urzustand der Alleinheit zurückzuversetzen, worin er eine deutliche gedankliche Nähe zu Friedrich Nietzsche erkennen lässt. Wie sehr sein Werk als impliziter Aufruf an Künstler gelesen werden kann, die westliche Gesellschaft aus ihrem Bann durch Rationalismus, Materialismus und Fortschritt zu befreien, unterstreicht auch folgende Aussage: „It would please me if this book, Le Chamanisme et les techniques archaiques de l'extase, would be read by a few poets, dramatists, literary critics, and painters. Perhaps some of them would profit more from the reading of it than would certain orientalists and historians of reli-

257 Vgl. Znamenski 2007: 175.

258 Vgl. Eliade 1975 [1951]: 465.

259 Vgl. Znamenski 2007: 174.

260 Vgl. ebd.: 175.

gion."[261] Auch in diesem einflussreichen Werk also schreibt sich die Konvergenz der Schamanen- mit der Künstlerrolle ungebrochen fort.

Carlos Castañeda

Carlos Castañeda (1925 oder 1931 – 1998), als Carlos Cajamarca in Peru geboren, emigrierte 1951 in die USA und geriet in Kalifornien in das geistige Klima der 50er und 60er Jahre. Die Lektüre von Aldous Huxleys *The Doors of Perception* sowie einiger Bücher über psychotrope Pilze und Peyote weckte sein Interesse für paranormale Phänomene und Anthropologie. Als Student am Department für *cultural anthropology* der *UCLA* (ab 1959) spezialisierte er sich auf Schamanismus[262]. Castañedas Darstellung nach nahm er erstmals Kontakt zu seinem späteren Informanten auf, als er auf der Suche nach Indianern war, um – so die Aufgabe seines Professors – ein ethnographisches Interview zu führen. Die Arbeit, die Castañeda schließlich einreichte, behandelte den rituellen Gebrauch einer Pflanze namens *jimson weed* (*datura inoxia*, deutsch Stechapfel). Später gab er an, die Daten für diese Arbeit beim Schamanen Don Juan Matus erhoben zu haben. Nachdem Castañeda diese Studienarbeit zu seiner Masterarbeit ausgearbeitet hatte, erschien diese 1968 unter dem Titel *The Teachings of Don Juan: A Yaqui Way of Knowledge* als Taschenbuch, das rasch zum Bestseller wurde. Castañeda behauptete, dieses Buch beruhe auf seinen Erfahrungen während seiner schamanischen Lehre bei Don Juan (zuerst in Arizona, dann in der mexikanischen Sonora-Wüste) von 1961 bis 1965[263]. Die Dauer dieser Lehre dehnte er in späteren Angaben, wie seiner 1972 erschienenen Dissertation *Journey to Ixtlan,* um weitere Jahre aus; Letztendlich sprach er vom Zeitraum von 1960 bis 1972[264]. Dass Castañedas extrem populäre, in mehrere Sprachen übersetzte und zugleich wissenschaftlich respektierte Werke zu weiten Teilen fiktiver Natur waren und nicht auf Feldforschung, sondern auf umfassenden Literaturstudien beruhten, blieb zunächst selbst akademischen Kreisen verborgen. Erste Verdachtsmomente ergaben sich aus der fehlerhaften Darstellung von Landschaften und Ethnien, aus einer

261 Eliade 1990: 161.

262 Vgl. Znamenski 2007: 193 ff.

263 Vgl. Castañeda 1998 [1968]: xxxii.

264 Vgl. Znamenski 2007: 189.

Passage, in denen die Pilzart *psilocybe mexicana* unüblicherweise in Pulverform konsumiert wird (was Gordon Wasson auffiel), sowie aus dem diffusen kulturellen Kontext des Don Juan, der nach Castañedas Darstellung zwar den *Yaqui* angehört, aber toltekisch beeinflusst und weit gereist war, so dass eine klare kulturelle Zuordnung auf geschickte Weise als unmöglich dargestellt wird. Zugleich könnte man die Figur des Don Juan deshalb auch als literarische Ausarbeitung des von Eliade entworfenen ‚universellen' Schamanen interpretieren[265], woran auch folgende Textstelle erinnert: „Don Juan assured me that it was an *energetic fact* that the possibility of journeying to any of those worlds, or to all of them, is the heritage of every human being."[266] Dennoch führten die Inkonsistenzen letztendlich dazu, dass Richard de Mille 1976 Castañedas ‚Ethnographien' als Fiktion entlarvte, was dieser jedoch nie eingestehen sollte. Ein weiterer Beweis war das Fehlen jeglicher Feldnotizen[267].

Nichtsdestotrotz handelt es sich bei Castañedas Werken um Erzählungen von immenser Wirkmacht, die bis heute in esoterischen Kreisen als authentisches Zeugnis schamanischer Lehre und Praxis eingeschätzt werden (was natürlich auch im Interesse der Verlage ist: Der Klappentextes meiner 1998 erschienenen Ausgabe von *The Teachings of Don Juan* behauptet: „Carlos Castañeda is the world-renowned bestselling author of twelve books […] based on his training in ancient Mexican spiritual philosophy."[268]).

Tales of Power

Der große Eindruck, den Castañeda auf seine millionenfache Leserschaft hinterließ, erklärt sich vor allem dadurch, dass er es meisterhaft verstand, auf die emotionalen und intellektuellen Bedürfnisse der Gesellschaft zu reagieren. Seine Bücher spiegeln die intellektuelle Umgebung im Kalifornien der 60er Jahre und auch den Wandel wider, dem diese unterlag. So behandelt *The Teachings of Don Juan* in literarischer Form Castañedas Erfahrungen mit dem Konsum von „Mescalito" (Peyote-Kaktus), *jimson weed* (*datura*) und *psilocybe mexicana* (*honguitos*, also „Pilzchen"), die der naive,

265 Vgl. Znamenski 2007: 191.

266 Castañeda 1998 [1968]: xix.

267 Vgl. Znamenski 2007: 197 f.

268 Castañeda 1998 [1968]: Klappentext.

wissbegierige ‚Lehrling' unter der Anleitung von Don Juan einnimmt und die ihn die Begrenzungen der alltäglichen Erfahrung durchbrechen und das mystische Unbekannte wahrnehmen lassen. Zu genau dem Zeitpunkt veröffentlicht, als die von Huxley, Wasson und Leary losgetretene ‚psychedelische Revolution' sich ihrem Höhepunkt näherte, bediente *The Teachings of Don Juan* die Bedürfnisse der westlichen Leserschaft. Dass Castañeda dieses Prinzip auch weiter verfolgte und die Inhalte seiner Bücher der Nachfrage anpasste, wird beispielsweise daran deutlich, dass Don Juan in *Tales of Power* (1974, also nach dem Höhepunkt der ‚psychedelischen Revolution' erschienen) die Bedeutung bewusstseinserweiternder Drogen lachend herunterspielt und sie zu einer Art ‚Schocktherapie' für den Neuling degradiert, während die weiblichen spirituellen Praktikerinnen in *Second Ring of Power* (1978) der erstarkenden feministischen Bewegung zuspielen[269]. Castañeda lieferte Projektionsflächen. Mit einer ihm eigenen schalkhaften Doppeldeutigkeit bemerkte er dazu in einem Interview: „He [Don Juan] measured his appearances and disappearances *to suit our needs.*"[270]

Auch bei Castañeda ist eine große Nähe zum Gedankengut der romantischen Naturphilosophie festzustellen: In seinem 1998 verfassten Vorwort zur Neuauflage der *Teachings of Don Juan* fasst Castañeda die Grundzüge von Don Juans Lehre zusammen, die aus dem Text des ersten Buches nicht unbedingt hervorgehen. Er bezeichnet diese Erkenntnisse als „Ergebnis ernsthafter und beständiger Anstrengung"[271]. Aus der Naturphilosophie bekannt sind davon insbesondere die Vorstellung vom Universum als absichtsvollem, intelligentem Wesen („They *saw* that the entire universe was a universe of *intent*, and *intent*, for them, was the equivalent of intelligence"[272]), das von einer Lebensenergie durchflossen ist, und die Idee der Beziehung der Einzelseele zur Weltseele: Don Juan ist fähig, jeden Menschen als leuchtenden Energieball wahrzunehmen, der in Verbindung zu einer immensen Masse von Energie („the dark sea of awareness"[273]) steht. Ziel jedes Menschen sei es letztlich, in Kontakt mit „dem Unendlichen"[274] zu

269 Vgl. Znamenski 2007: 198 ff.

270 Castañeda o.J., zit. in: Znamenski 2007: 199, Herv. von mir.

271 Castañeda 1998: xi; i.O.: „serious and consistent effort"

272 Ebd.: xvii.

273 Ebd.: xvi.

274 Ebd.: xiv; i.O.: „infinity"

treten und zum „inorganischen Wesen“[275], zu reinem, freien Bewusstsein zu werden. Eine gewisse gedankliche Nähe besteht also nicht nur zur romantischen *unio mystica*, sondern auch zum christlichen Gedanken der Erlösung aus dem Körper.

Von ethnologischer Bedeutung allerdings sind an Castañedas Werk vor allem einige programmatische, für eine postmoderne Ethnologie grundsätzliche Überlegungen: In methodischer Hinsicht favorisiert Castañeda in Berufung auf seinen *UCLA*-Professor Harold Garfinkel die auf Erfahrung basierende Forschung (die Ironie der Tatsache, dass er eine solche kaum betrieben hat, sei einmal außer Acht gelassen), die die Lebenspraxis einschließlich nicht-verbalen Wissens am besten erfassen kann: „He supplied me with the most extraordinary ethnomethodological paradigm, in which the practical actions of everyday life were a bona fide subject for philosophical discourse.“[276] Auch Don Juan sträubt sich immer wieder gegen Castañedas Versuche, ihn über die verschiedenen geistigen Entitäten zu befragen, da er Sprache als minderes Mittel betrachtet, diese zu erfassen: „He said that learning through conversation was not only a waste, but stupidity, because learning was the most difficult task a man could undertake.“[277] Weiter bezeichnet er die Lehren des Don Juan als in sich kohärentes System, das allein durch die emischen Kategorien und Begriffe angemessen repräsentiert werden könne[278]. Er lehnte jede Rationalisierung dieses Wissens nach westlichen Maßstäben ab und nahm damit, wie auch Znamenski feststellt, wichtige Positionen der postmodernen Repräsentationsdebatte vorweg[279]. Und schließlich vertritt Castañeda im Sinne einer postmodernen Positivismuskritik auch eine konstruktivistische Grundhaltung, die sowohl fremde Sinnsysteme als auch das eigene Sinnsystem als kulturelle Konstruktion auffasst; diese Annahme nutzte er zugleich geschickt dazu, auf den unvermeidlichen Konstruktionscharakter jedes Textes – und damit auch jedes wissenschaftlichen Textes einschließlich seiner eigenen – zu verweisen, ohne jemals seinen ‚Betrug‘ einzugestehen. Die Ethnologie nähert sich in dieser Konzeption sowohl der Kunst (was in der *writing culture*-Debatte

275 Castañeda 1998 [1968]: xx; i.O.: „an inorganic being“.

276 Ebd.: xii.

277 Ebd.: 25.

278 Vgl. ebd.: xxxiii.

279 Vgl. Znamenski 2007: 198.

noch Thema werden sollte) als auch dem Schamanismus selbst: „After all, Don Juan had told him that sorcerers could construct and shape their own realities.“ [280] Mit der Erkenntnis der Unhaltbarkeit des positivistischen Paradigmas verschwimmen die Grenzen zwischen Fakt und Fiktion. Aufgrund dieser wichtigen Anstöße für postmodernes Denken verteidigte Daniel Noel Castañedas Werk als sowohl mächtigen als auch nötigen Schwindel[281]. Tatsächlich schuf Castañeda einen wirkmächtigen ‚modernen Mythos‘, der für viele Leser Realitätscharakter hatte und diesen auch behielt, selbst als der Verdacht des Betrugs kursierte: „It did not matter much to us whether it was ethnography or myth we were reading. Those luminous supernatural beings [...] were instantly a part of our mindscapes.“[282]

Weitere Schamanismusforschung

Auf den von Eliade und Castañeda ausgelösten ‚Boom‘ folgten viele ethnologische Arbeiten, die in deren Tradition standen. So widmeten beispielsweise Peter Furst und Barbara Myerhoff sich den transzendenten Aspekten des Schamanismus. Auch in der Archäologie, insbesondere im mesoamerikanischen Bereich, wurde Schamanismus zum beliebten Erklärungsmuster. Selbst auf die Hexen des christlichen Mittelalters wurde das Konzept übertragen[283]. Im Gefolge Castañedas entstand ein Genre semifiktionaler autobiographischer Ethnographien, zu dessen bekanntesten Vertretern Hyemeyohsts Storm (*Seven Arrows*, 1972), Lynn Andrews (*Medicine Woman*, 1981) und Jeremy Narby (*Cosmic Serpent*, 1999) gehören.

Michael Harner, dessen Buch *Way of the Shaman* (1982) ebenfalls in diesem Stil gehalten ist, kann als bestes Beispiel für eine persönliche Transformation vom Ethnologen zum spirituellen Praktiker gelten[284]. Mit seinem Begriff des *core shamanism*, den er als ‚Schnittmenge‘ und gemeinsamen ‚Kern‘ aller schamanischen Praktiken konzipierte, schuf Harner sich das konzeptuelle Werkzeug, schamanische Techniken im Westen zu verbrei-

280 Znamenski 2007: 200.

281 Vgl. ebd.: 214.

282 Zit. in: Znamnenski 2007: 206; die romantische Konzeption der Seele als Landschaft klingt in „mindscape“ wunderschön an.

283 Vgl. Znamenski 2007: 180 ff.

284 Vgl. ebd.: 212.

ten[285]. 1979 rief er zu diesem Zweck die bis heute aktive *Foundation for Shamanic Studies* ins Leben, die Basis- und weiterführende Kurse in den Techniken der Seelenreise anbietet. Durch den Wegfall riskanter Elemente wie etwa Drogenkonsum und Trance (ein leicht veränderter Bewusstseinszustand – nach Harner ein *shamanic state of consciousness*, kurz *SSC* – reicht aus) wurde der Schamanismus für ein breites Publikum zugänglich und konsumierbar gemacht[286]. In gewissem Sinne erfüllt Harner Eliades Wunsch nach der Nutzbarmachung ‚archaischen' Wissens für die moderne Menschheit[287]. Eine weitere wichtige Autorin im heutigen Schamanismusdiskurs ist Joan Halifax, deren Bücher ebenfalls eine Synthese von anthropologischer Forschung und persönlicher spiritueller Erfahrung aufweisen[288]. Diese Autoren nehmen allerdings in der modernen Ethnologie aufgrund ihres Idealismus und ihrer häufig unreflektierten Praxisnähe marginale Positionen ein.

Das Konzept des Schamanismus wurde bald einer kritischen Prüfung unterzogen: Bereits in den 1960er Jahren dekonstruierte Clifford Geertz das Konzept ‚Schamanismus' als westliches idealistisches Konstrukt, das lediglich der Kategorisierung diene und keinerlei Erklärungswert habe[289]. Die französische Ethnologin Roberte Hamayon verwarf das lange Zeit gängige Konzept der veränderten Bewusstseinszustände (*ASC*) nach Tart mit der Argumentation, dieses entbehre jeder deskriptiven Präzision. *ASC* seien empirisch nicht sicher nachweisbar und hätten oft keine Entsprechung in emischen Begriffen[290]. Sie definiert Schamanismus durch seine soziale Funktion in indigenen Gemeinschaften, nämlich der, für ausreichend Jagdbeute zu sorgen[291]. Von einer Tagung zum Schamanismus lud sie Michael Harner mit der Begründung aus, es handele sich um eine seriöse Veranstaltung[292].

285 Vgl. von Stuckrad 2003: 160.

286 Vgl. ebd.: 162 ff.

287 Vgl. Znamenski 2007: 186.

288 Vgl. z.B. Halifax 1994.

289 Vgl. Znamenski 2007: 227.

290 Vgl. Hamayon 2000: 3 f.

291 Vgl. Hamayon 1996: 1.

292 Vgl. von Stuckrad 2003: 159.

Ein bedeutender Autor ist der regional auf Kolumbien spezialisierte Neomarxist Michael Taussig, der in *Shamanism, Colonialism, and the Wild Man* (1987) die Rolle der Schamanen im Widerstand gegen die Kolonialherrschaft untersucht, womit er sowohl die geschichtslose eliadesche Schamanismuskonzeption aufbricht als auch den in bisherigen Studien vernachlässigten politischen Kontext berücksichtigt. Taussig widerspricht auch der seit Shirokogoroff häufig geäußerten Annahme, der Schamane transformiere Chaos in Ordnung, die er als Ausdruck der westlichen Assoziation von Ordnung mit dem Guten und Chaos mit dem Bösen entlarvt, und spricht im Gegenteil vom Schamanen als spirituellem Anarchisten, der die soziale Ordnung aufbricht. Im anarchistischen Chaos der von ihm beobachteten *ayahuasca*-Séancen, die er mit Antonin Artauds „Theater der Grausamkeit“[293] verglich, lag für Taussig das revolutionäre Potential des Schamanismus[294].

Allgemein setzte sich in der Postmoderne eine ablehnende Haltung gegenüber Generalisierungen über Schamanismus durch; so spricht besipielsweise auch Jane Atkinson in ihrem *Annual Review*-Artikel (1992) von Schamanism*en*, nicht von Schamanism*us*.

2.5 ZWISCHENFAZIT

Zum Abschluss meines historischen Abrisses zum Schamanen- und Künstlerdiskurs möchte ich eine Frage klären und ein Zwischenfazit ziehen.

Die Frage lautet: Ich habe diese historische Analyse stets auf einer Metaebene gehalten und ‚Schamanismus‘ als diskursives Konstrukt behandelt. Dennoch gründet dieses Konstrukt zumindest zum Teil auf ethnographischem Material, aus dem – wenn man es nicht als Fiktion abtun will – sich vor allem im Hinblick auf die Kosmologie tatsächlich gewisse Parallelen zu europäischen (insbesondere romantischen) Konzepten ablesen lassen (zum Beispiel die Idee der Mehrteilung der Welt in sichtbare und unsichtbare Sphären und der Möglichkeiten von Reisen in letztere, sowie die Vorstellung eines beseelten, vernetzten Kosmos). Ich halte es aber dennoch (im Sinne eines Erkenntnisgewinns) für unzweckmäßig, deshalb die Ebene der

293 Siehe hierzu auch das Kapitel über Jim Morrison.

294 Vgl. Znamenski 2007: 230 f.

diskursiven Konstruktion in die einer angenommenen Faktizität kollabieren zu lassen oder gar auf eine Annahme von Universalien oder jungschen Archetypen zurückzufallen. Denn bei genauerer Betrachtung gibt es grundlegende Unterschiede zwischen indigenen und romantischen, alternativspirituellen oder neo-schamanischen Kosmologien: Jedes westliche Konzept fußt auf der impliziten Grundannahme einer *Trennung* in materielle und sakrale oder transzendente Bereiche, der das *integrative Konzept* nichtwestlicher Kosmologien gegenübersteht[295]. Selbst wenn westliche Ideen wie die Naturphilosophie diese Dichotomie aufzubrechen versuchen, bestätigen sie damit deren Existenz und unterscheiden sich damit grundlegend von Gedankengebäuden, die die Dichotomie gar nicht erst aufspannen. Die Annahme beziehungsweise Nicht-Annahme der Normalität und Natürlichkeit des sogenannten ‚Übernatürlichen' markiert diese Differenz[296].

Der zweite Unterschied besteht in den gesellschaftlichen und politischen Implikationen des Anhängens an eine solche dem westlichen Rationalismus opponierte Kosmologie. Wenn, wie in den indigenen Gemeinschaften, in denen Schamanismus praktiziert wurde oder wird, diese Kosmologie Teil des dominanten Diskurses ist, sind jene Haltungen und Handlungen, die sie ausdrücken und bestärken, systemerhaltend. Im Gegensatz dazu hatten und haben die Konzepte der Romantik wie auch der *counterculture* und des Neo-Schamanismus stets ein starkes subversives Moment. Sie sind als Gesprächsbeitrag im aufklärerischen Diskurs entstanden, wenden sich gegen dessen Prämissen und befinden sich damit in einer dialektischen Verstrickung mit demselben. Eine Loslösung daraus ist nicht denkbar. Und damit befinden sich auch alle ‚westlichen' Menschen, die sich als Schamanen oder Schamanismus Praktizierende betrachten, auf jeden Fall in einem Rahmenwerk, in dem ein indigener Schamane sich nie befand.

Für die Figur des Künstlers, die ebenfalls der europäischen Geistesgeschichte entspringt, gilt dasselbe: Ein phänomenologischer Vergleich des Künstlers mit dem Schamanen würde die Rahmenwerke unzulässigerweise ignorieren.

Und das Zwischenfazit lautet: Es ist deutlich geworden, dass die Diskurse der jeweiligen Zeit und gewisse implizite europäische Grundannahmen das

295 Vgl. von Stuckrad 2003: 268.

296 Vgl. ebd.: 16.

Bild des Schamanen geprägt haben. Solche Grundannahmen waren insbesondere (1) eine bestimmte Wirklichkeitskonstruktion, die die Existenz mehrerer Welten oder Weltenteile annimmt, zwischen denen der Schamane (respektive der Künstler) eine Mittlerposition innehat, und (2) das westliche Seelenkonzept, das seit der Antike eine vom Körper unabhängige Seele annimmt. Im 20. Jahrhundert gewannen zudem das psychoanalytische Konzept des Unbewussten und die Archetypenlehre Jungs enormen Einfluss auf den schamanischen Diskurs. Eine weitere Grundannahme ist (3) die im Wesentlichen in der romantischen Naturphilosophie formulierte Naturkonzeption und die jener zugrundeliegende westliche Dichotomie von Natur und Kultur, die in nicht westlichen Kosmologien meist nicht vorkommt[297]. Von Stuckrad schreibt (in Bezug auf die erwähnte Wirklichkeitskonstruktion):

> „Nicht zuletzt aufgrund dieser Konzeption vertrete ich die These, dass die Entstehung eines schamanischen Diskursfeldes aus der Geschichte der westlichen Esoterik und Naturphilosophie heraus erklärt werden muss, die sich wiederum in einer internen Spannung zu Aufklärung und Reaktionen auf Bedingungen der Moderne bildeten."[298]

Die Bedingung, die den Schamanismusdiskurs wesentlich prägte, war eine – mit gewissen Variationen mehrmals wiederkehrende – Pendelbewegung zwischen aufklärerischem und romantischem Denken. So wie in den 1960er Jahren die letzte massive ‚maskierte Wiederholung' des immer wieder aktualisierbaren romantischen Diskurses stattfand, ist auch der schamanische Diskurs eine immer wiederholte, abgewandelte, vielfach kommentierte ‚große Erzählung' im Sinne Foucaults[299], die unter bestimmten Entstehungsbedingungen ins Dasein trat und im Spannungsfeld der europäischen Diskussion um Aufklärung und Romantik, um Mechanisierung und Sakralisierung von Natur und Kosmos, einen bestimmten Platz einnahm. Diese Erzählung ist bis heute ein Feld, auf dem Machtkämpfe zwischen den verschiedenen Teilhabern der alles überspannenden Diskussion ausgefochten werden – der schamanische Diskurs hat sich dabei weit von den ethnogra-

297 Vgl. von Stuckrad 2003: 174 f.

298 Ebd.: 174.

299 Vgl. Foucault 2007 [1970]: 18 f.

phischen Grundlagen entfernt (diesen Grundlagen wird damit natürlich eine gewisse ‚epistemische Gewalt' im Sinne Gayatri Spivaks[300] angetan: sie stehen nicht für sich, sondern werden in die Diskussionen einer anderen Gesellschaft eingepasst und darin genutzt).

Die Kongruenz des Schamanenkonzeptes mit dem des Künstlers schließlich ergibt sich einerseits daraus, dass eine direkte Beeinflussung des Schamanismusdiskurses durch Denker stattfand, die auch zum Künstlerdiskurs Entscheidendes beitrugen (insbesondere Diderot, Herder, Nietzsche und Jung), und andererseits daraus, dass beide Konzepte dieselben Grundannahmen enthalten und vor denselben geistesgeschichtlichen Hintergründen entstanden sind. Wie sich gezeigt hat, sind – wenn auch nicht immer synchron – sowohl Schamanen als auch Künstler mit einer Reihe von sich deckenden Merkmalen charakterisiert worden: Man schrieb ihnen eine Außenseiterrolle zu, assoziierte sie mit Leid und psychischer Krankheit und suchte dafür neurobiologische oder psychologische Erklärungen. Zugleich aber galten beide sowohl als Botschafter des Unbewussten als auch als ‚Mittler zwischen den Welten', wodurch ihre Rolle zwischen zugeschriebener Psychopathologie und Heilsbringertum oszillierte.

So zeigt diese historische Analyse des Schamanen- beziehungsweise Künstlerdiskurses, die – bei aller Länge – nicht der eigentliche ‚Zweck' dieser Arbeit ist, sondern ein tieferes ethnologisches Verständnis eines soziokulturellen Phänomens, nämlich der Aneignung des Schamanenkonzeptes in der Kunst, ermöglichen soll, dass meine These sich bestätigt: Das Schamanenkonzept legte es nahe, von Künstlern angeeignet zu werden. Der ‚Künstler' steckte bereits darin, er war Teil seines ‚Eigensinns'.

Die Frage, ob nun die Aneignung eigentlich schon während der Konzeptualisierung stattgefunden habe, lässt sich vorläufig mit ja beantworten. Dennoch möchte ich im nächsten Teil verdeutlichen, auf welche Weise sich Jim Morrison und Joseph Beuys wiederum das – trotz allen ‚Eigensinns' deutungsoffene – Schamanenkonzept angeeignet haben. Erst danach werde ich im Schlussteil dieses Phänomen ausführlich in Bezug zur Theorie kultureller Aneignung setzten und diese in erkenntnistheoretischer Hinsicht diskutieren.

---

300 Vgl. Spivak 1996.

Künstlerische Aneignungen des Schamanenkonzepts

3. Standortbestimmung

Im folgenden Teil des Buches soll nun nachgezeichnet werden, wie sich Jim Morrison und Joseph Beuys das Schamanenkonzept, dessen Geschichte und ‚Eigensinn' und dessen Verflechtungen mit dem Künstlerkonzept wir nun kennen, angeeignet haben: Welche Eigenschaften und welche gesellschaftliche Rolle versuchten sie mit dieser Metapher zu verdeutlichen? Welche Aspekte wurden dabei betont, welche fallengelassen, welche hinzugefügt – wie wurde das Konzept umgeformt und ‚zurechtgestutzt'? Welchen Platz nahm es in den Biographien und Gedankengebäuden der beiden Künstler ein? Und wie wurde die Selbstidentifikation mit dem Schamanen aufgenommen und rezipiert?

Die Tatsache, dass in diesen beiden exemplarischen Fällen Künstler das diskursiv konstruierte Schamanenkonzept auf sich selbst und die Gesellschaft es auf die Künstler anwenden, lässt sich im Sinne Foucaults als Manifestation eines Diskurses in der gesellschaftlichen Realität deuten – genauer: als Manifestation der Verflechtung des Schamanendiskurses mit dem Künstlerdiskurs. In diesen beiden Personen – die hier ihrerseits mehr als Gegenstand eines kollektiven Konstruktionsprozesses, an dem sie selbst zu einem gewissen Grade teilhatten, auftreten, denn als ‚isolierte' Individuen – kristallisiert der Diskurs zur sozialen Tatsache. Das schamanische Moment bei Morrison und Beuys ist Produkt eines Diskurses, auf den es zugleich bestärkend zurückwirkt.

Der folgenden Analyse möchte ich einige grundlegende Gedanken voranstellen:

(1) Die meisten Veröffentlichungen zu Beuys und Morrison genügen keinen wissenschaftlichen Anforderungen, vor allem im Hinblick auf Quellennachweise. Eine scharfe Grenzziehung zwischen den Gedanken von

Beuys oder Morrison und den Interpretationen des jeweiligen Autors ist manchmal nicht vorhanden. Auch im Hinblick auf biographische Ereignisse ist oft nicht mehr festzustellen, was ‚wirklich' und was Selbstmythologisierung oder nachträgliche Legendenbildung war. Faktum und Fiktion befinden sich in fließendem Übergang. Wenn ich daher im Folgenden von ‚privaten' oder ‚individuellen Mythologien' spreche – ein Begriff, der vor allem in der Kunst der 1970er Jahre häufig auftrat und den künstlerischen Rückgriff auf verloren geglaubte spirituelle Kräfte in Zusammenhang mit der eigenen Biographie markierte[1] – so verstehe ich darunter eine von einer Einzelperson kreierte Meta-Erzählung, die sie über die eigene Biographie legt und diese damit in einen transzendenten Zusammenhang bringt. Wie kollektiv geteilte Mythen haben auch ‚individuelle' eine bestimmte Symbolsprache, die auf ein kosmologisches Modell verweist. Selbstverständlich sind derartige ‚private Mythologien' immer von kollektiv geteilten Bildern beeinflusst und haben, zumindest im Falle populärer Künstler wie Morrison und Beuys, massive kollektive Resonanz.

(2) Weiter zeichneten beide in der Öffentlichkeit ein schillerndes Bild von sich selbst; ihre Aussagen oszillieren zwischen zutiefst ernsthaft erscheinenden Überlegungen, Selbstreflexion, Selbstinszenierung, und einer Ironie, die jede der anderen Aussagen in Zweifel geraten lässt. Gerade diese provokante Doppeldeutigkeit war in beider Werk und Auftreten ein wichtiges Element, sei es, um Aufmerksamkeit zu erregen oder um Denkanstöße zu geben.

(3) Und schließlich bedeutet allein schon das Dasein als ‚Künstler' einen eigentümlichen Status: ‚Kunst' ist in der westlichen Gesellschaft der Gegenwart ein vom dominanten rationalistischen Diskurs abgekoppelter gesellschaftlicher Bereich, der zwar einerseits von den Vorgaben – der, in Foucaults Begrifflichkeit, diskursiven „Polizei" – des rationalistisch-objektivistischen Diskurses ‚befreit' ist, aber deshalb andererseits auch keinen Anspruch auf unhinterfragbare ‚Wahrheit' seiner Aussagen erheben kann: „Es ist immer möglich, daß man im Raum eines wilden Außen die Wahrheit sagt; aber im Wahren ist man nur, wenn man den Regeln einer

1 Die documenta 5 (1972) stand unter dem Motto „Individuelle Mythologie"; der Begriff wurde von Harald Szeemann geprägt (siehe Szeemann 1985).

diskursiven ‚Polizei' gehorcht […]"[2] Der Bereich der Kunst ist gewissermaßen ein institutionalisiertes solches „wildes Außen".

Wie der verworfene Diskurs der Wahnsinnigen erfährt Kunst allerdings auch bisweilen eine Aufwertung zur „maskierten Wahrheit"[3], der man eine besondere moralische Autorität und Erkenntnisqualität zugesteht. Die Einordnung künstlerischer Äußerungen schwankt daher zwischen zwei Extremen: Sie sind häufig ‚nur Kunst' und manchmal Offenbarung. Und in vollem Bewusstsein dieser Sonderstellung agierten auch Morrison und Beuys, weshalb keiner ihrer Aussagen eine naive Unmittelbarkeit unterstellt werden kann. Obwohl es folglich nicht für möglich gehalten werden sollte, eine endgültige Aussage über den Grad der ‚Ernsthaftigkeit' der Selbstidentifikation als Schamane zu machen, steht dies einer *ethnologischen* Arbeit nicht im Wege: Es geht auch hier um die Konstruktionen, die sich um diese Personen ranken, um Diskurse, Vorstellungen und Zuschreibungen, um ‚Mythen': Um das, was Wirkkraft hat. Deshalb entstehen aus der geschilderten, einer ‚Wahrheitsfindung' im objektivistischen Sinne unzuträglichen Literatur- und Sachlage hier auch keine erkenntnistheoretischen Schwierigkeiten.

Ich möchte an dieser Stelle noch darauf hinweisen, dass ich keinen Vergleich der Aneignungsvorgänge des Schamanenkonzepts durch Morrison beziehungsweise Beuys anstrebe, sondern beide vielmehr als individuelle Fälle betrachte, die sich an unterschiedlichen Orten in einem Deutungsraum befinden, den das Schamanenkonzept eröffnet – wodurch eben dessen Breite und Deutungsoffenheit sichtbar wird. Der ‚Eigensinn des Dinges' legt bestimmte Verwendungen nahe, aber er determiniert sie nicht.

2 Foucault 2007 [1972]: 25.

3 Ebd.: 12.

4. Jim Morrison

Jim Morrison (1943-1971) erreichte als Sänger und Liedautor der Rockband *The Doors* gegen Ende der 1960er Jahre internationale Berühmtheit. Er gilt wie etwa Jimi Hendrix, Bob Dylan, John Lennon oder Janis Joplin als eine der Ikonen der 60er Jahre. Seit Morrisons Tod lebte die Popularität seiner Band durch eine Reihe von Biographien und Filmen, auf die ich noch genauer eingehen werde, mehrmals wieder auf. Ihre beständige musikgeschichtliche Bedeutung erlangten *The Doors*, die meist in den Bereich des *psychedelic rock* eingeordnet werden, durch eine innovative Kombination von Rock, Blues und Jazz, klassischen und auch ersten synthetischen Elementen mit Texten von außerordentlicher lyrischer Qualität, und durch ihre maßgebliche Erweiterung des Bühnenrepertoires der Rockmusik um theatralische Elemente und oft bis zu einer Stunde dauernde Improvisationsstücke. Neben den Liedtexten und der darstellenden Tätigkeit in der Band umfasst Morrisons Werk vier Bände Lyrik, einige Sprachaufnahmen seiner Gedichte sowie drei Kurzfilme.

Im Folgenden geht es nun darum, Morrisons Selbstidentifikation mit dem Schamanen daraufhin zu untersuchen, welche Bedeutung sie in der Biographie, der Selbstdeutung, dem künstlerischen Werk, der öffentlichen Rolle und den theoretischen Überlegungen des Künstlers hatte. Diese Aspekte können dabei allerdings nicht getrennt behandelt werden, da sie miteinander auf unauflösbare Weise verflochten sind, aufeinander verweisen und sich gegenseitig beeinflussen. Die literarischen und philosophischen Inspirationsquellen, auf die Morrison zurückgriff, stellen einen weiteren Teil dieses Komplexes dar und setzen, wie sich noch zeigen wird, sein Werk auch auf einer übergeordneten Ebene in Bezug zum Schamanismusdiskurs.

Ich stütze mich in meiner Analyse in erster Linie auf Morrisons direkte Äußerungen in Interviews, Liedtexten, Gedichten und Filmen. Im Gegensatz zu Joseph Beuys unternahm Morrison nie den Versuch einer zusammenhängenden verbalen Darstellung seines künstlerischen Entwurfes, sondern vermittelte diesen durch eine knappe, aphorismenhafte Ausdrucksweise, die es sowohl erlaubt als auch erfordert, Einzelaspekte zu einer Art gedanklichem Mosaik zusammenzufügen. Nonverbale Elemente seines Bühnenauftrittes fließen ebenfalls in die Analyse ein. Eine weitere wichtige Quelle ist das Buch *Pfeile gegen die Sonne. Der Dichter Jim Morrison und seine Vorbilder* des deutschen Literaturwissenschaftlers und promovierten Philosophen Thomas Collmer, der Morrisons Texte vor dem Hintergrund der für diesen wichtigen Werke sowohl literaturkritisch als auch psychologisch interpretiert; Allerdings ist bereits hier eine gewisse Vorsicht geboten, da Collmer nicht immer eine klare Grenze zwischen Morrisons Aussagen und den Quellen zieht, auf die diese Aussagen (vermutlich) verweisen, wodurch für mich bisweilen der Eindruck einer ‚Überinterpretation' entsteht. Zudem kann man davon ausgehen, dass dieses Werk wegen seines Umfangs und seines hohen Abstraktionsniveaus keinen großen Einfluss auf das Populärverständnis von Jim Morrison hat.

Die Biographien wiederum, die diesen Einfluss aufgrund ihrer großen Leserschaft mit Sicherheit haben, können hier wegen der mangelnden Fundiertheit und persönlichen Prägung ihrer Aussagen nicht als Analysewerkzeug gelten, sondern dienen mir in dem Abschnitt, der sich mit der *Rezeption* der von Morrison verwendeten Schamanismusmetaphorik befasst, als Analyse*gegenstand.*

4.1 VON DAWN'S HIGHWAY ZUM LIZARD KING

An Intense Visitation of Energy

Jim (eigentlich: James Douglas) Morrison wurde am 08. Dezember 1943 in Melbourne, Florida, als ältester Sohn eines Marineoffiziers und seiner Frau geboren. Aufgrund der Verlegungen des Einsatzortes des Vaters war die Familie zu häufigen Wohnortwechseln gezwungen; berichtet wird von neun Wohnorten in seiner Jugend. Die Eltern pflegten einen zwar nicht physisch gewaltsamen, aber autoritären Erziehungsstil; Morrisons Vater versuchte bis zur Volljährigkeit seines Sohnes, ihn zu einer Militärkarriere zu bewegen[1]. Nach der High School studierte Jim Morrison einige Semester an der *Florida State University* in Tallahassee Theaterwissenschaft und besuchte auch Vorlesungen zu mittelalterlicher europäischer Geschichte und zur kritischen philosophischen Tradition (unter anderem zu Sartre, Heidegger und Nietzsche), die sich als einflussreich für ihn erwiesen[2]. Bereits seit seiner High School-Zeit setzte er sich mit den unterschiedlichsten Autoren aus den Bereichen der Philosophie, Psychologie und Anthropologie auseinander. Besonders einflussreich für sein späteres Werk wurden Nietzsche, Freud, Huxley, O'Brown, Eliade und (nach 1968) Castañeda, sowie die Dichter der *Beat Generation*, insbesondere Kerouac und Burroughs, die französischen Lyriker Rimbaud und Baudelaire und der surrealistische Theatertheoretiker Artaud, sowie die englischen (Früh-)Romantiker Blake, Coleridge und Shelley.

Von 1964 bis 1965 studierte Morrison Kinematographie an der *Film School* der *UCLA*, wo der spätere Keyboarder der *Doors*, Raymond („Ray") Manzarek, sein Kommilitone war. Zu dieser Zeit kam Morrison erstmals mit dem intellektuellen und sozialen Klima der beginnenden *counterculture* in Kontakt, diskutierte mit seinen Kommilitonen die für diese Zeit einflussreichen Werke, beteiligte sich an Protesten gegen den Vietnam-Krieg (einen Einsatz darin umging er, indem er sich bei der Musterung als homosexuell ausgab) und begann mit verschiedenen Drogen, vor allem mit LSD in größeren Mengen zu experimentieren[3]. Nach dem Abschluss des Studiums verlegte er seinen Aufenthaltsort nach Venice, einem Stranddorf vor Los Angeles, das, dem Viertel Haight-Ashbury in San Francisco vergleichbar, eine Keimzelle der entstehenden counterculture war. Nachdem dort bereits die Beat Poets residiert hatten, entstand ab 1964 eine Kolonie von Künstlern, Intellektuellen und Aussteigern, die die Ideale der Jugendbewegung zu leben suchte: Man praktizierte ‚freie Liebe', verschiedene Formen von Spiritualität, nahm Drogen und widmete sich der Musik. Jim Morrison wohnte im Sommer 1965 auf dem Dach des Hauses eines Freundes. In dieser Zeit schrieb er, der bereits seit seiner frühen Jugend viele Notizbücher mit Gedichten und Aphorismen gefüllt hatte, die ersten Lieder der Doors.

1 Vgl. Moddenmann 2001: 20.

2 Vgl. Hopkins/Sugerman 1991 [1980]: 47 f.

3 Vgl. ebd.: 55 ff.

Seinen Angaben zufolge waren diese das Produkt eines phantastischen Rockkonzertes, das er in seinem Kopf hörte und welches ihn zwang, die gehörten Lieder niederzuschreiben und zu singen[4].

Er selbst begann bereits in einem zu seinen Lebzeiten veröffentlichten Gedicht mit der mystifizierenden Überhöhung dieser Zeit, die später auch Biographen begeistert fortführten. Sowohl der Topos der künstlerischen Inspiration als auch der aus der fernöstlichen Spiritualität entlehnte Begriff der „Energie“ werden darin aufgegriffen:

„In that year there was
an intense visitation
of energy.
I left school & went down
to the beach to live.
I slept on a roof.
At night the moon became
a woman's face.
I met the Spirit of Music.“[5]

Am Strand von Venice traf Morrison auch zufällig wieder auf Manzarek, dem er einige der neu entstandenen Lieder vorsang und diesen damit so sehr begeisterte, dass er Morrison vorschlug, eine Band zu gründen[6]. Die Band wurde bald um Robby Krieger an der Gitarre und John Densmore am Schlagzeug erweitert[7]; Auf die Bedeutung des Namens gehe ich später ein. Nach der Aufnahme eines Demo-Tapes erhielten *The Doors* verschiedene Engagements in kleinen Nachtlokalen am *Sunset Strip*, unter anderem dem *London Fog* und dem *Whiskey A-go-go*. In diesen Auftritten erarbeitete die Gruppe durch Improvisation viele ihrer Lieder, darunter *The End* und *When the Music's Over*, und Morrison, der rasch einen gewissen lokalen Ruhm erwarb, entwickelte die Grundzüge seines späteren Bühnencharakters[8]. Die

4 Morrison 1969; in: Hopkins/Morrison 1992 [1969]: 197.

5 Morrison 1989 [o.J.]: 60.

6 Vgl. Manzarek 1998: 96.

7 Vgl. ebd.: 131 ff.

8 Vgl. ebd.: 181 ff.

Band wurde 1966 von *Elektra Records* unter Vertrag genommen[9] und nahm ihr erstes Album auf, das im Januar 1967 veröffentlicht wurde und den Durchbruch im Musikgeschäft darstellte. Der von Krieger verfasste Song *Light My Fire* verdrängte Ende Juli 1967 die *Beatles* und *Rolling Stones* von der Spitze der *Billboard*-Charts[10]. Sowohl das erste als auch die darauf folgenden fünf Studioalben erreichten aufgrund ihrer hohen Verkaufszahlen ‚Gold'- oder ‚Platin-Status'[11]; Die Auftritte in kleinen Clubs wurden bald durch Konzerte vor bis zu 50.000 Zuschauern wie in der *Hollywood Bowl* und dem New Yorker *Madison Square Garden* sowie durch zahlreiche Fernsehauftritte ersetzt[12]. 1968 unternahmen die *Doors* ihre einzige Europa-Tournee[13]. Bis heute werden jährlich eine Million Alben der Gruppe verkauft, insgesamt bisher über achtzig Millionen weltweit[14].

Mind shaking

Die nach der Veröffentlichung des ersten Albums einsetzende Popularität der *Doors* speiste sich im Wesentlichen aus zwei Quellen, nämlich der Musik der Gruppe und der Person Jim Morrisons. Seine gezielt gesetzten Aussagen und sein öffentliches Auftreten, die Kommentare der Presse und Musikkritik und die Hingabe seiner Fans bestärkten und befeuerten sich in einem zirkulären Prozess, der ein von einigen zentralen Assoziationen beherrschtes Bild von ihm und der Band schuf. Dieses lässt sich aus zeitgenössischen Presseberichten wie den folgenden sehr gut ablesen:

„The Beatles and The Stones are for blowing your mind; The Doors are for afterwards, when your mind is already gone [...]"[15]

„Jim Morrison, the lead singer and songwriter of the Doors, is at twenty-two one of the most shaken-loose, mind shaking and subtle agents of the new music of the new,

---

9 Vgl. Manzarek 1998: 202.

10 Vgl. ebd.: 229.

11 Vgl. Moddemann 2001: 30.

12 Vgl. Hopkins/Sugerman 1991 [1980]: 43 ff.

13 Vgl. Moddemann 2001: 52 ff.

14 Vgl. DiCillo 2010: min. 1:17:40.

15 Youngblood in *Los Angeles Free Press* 1967: 15, zit.in Goldsmith 2007: 19.

mysticism-oriented young [...]. His songs are eerie, loaded with somewhat Freudian symbolism, poetic but not pretty, filled with suggestions of sex, death, transcendence. Part of his swamping magnetism is an elusiveness as if he were singing for himself.“[16]

„At first it's warm, then it's hot – like something burning, but it doesn't hurt [...] It's the fire – the fire that Jim is singing about. The fire that he knows all about and now – suddenly – you do too! You are consumed by his vibrant presence and his sensational singing. He is electric. He is magic. He is all afire.“[17]

Die von Morrison gegenüber *Newsweek* geäußerte Phrase „Betrachten Sie uns als erotische Politiker“, die er später als ironisch und manipulativ bezeichnete[18], entwickelte sich zu einem beliebten Schlagwort[19]; Auch Vergleiche mit Figuren aus der griechischen Mythologie waren häufig (Kritiker sprachen von einem „der Brandung entstiegenen Dionysos“ und „Hippie-Adonis“[20]). Das Image war durchaus auch intellektuell geprägt, wie folgendes Zitat aus *Crawdaddy* illustriert: „[…] if the albums are poetry as well as music, then the stage show is most of all drama, brilliant theater in any sense of the word“[21].

Morrison erscheint also, mit unterschiedlicher Gewichtung der jeweiligen Aspekte, als Inbegriff männlicher Schönheit und latent bedrohlicher Erotik, als jugendlicher Rebell, als intellektueller, sensibler, düsterer Poet und bald auch als selbstzerstörerischer, unverantwortlicher Drogenkonsument und Libertin. Dieses Image entsprach sowohl einigen der Prämissen der counterculture (insbesondere im Hinblick auf sexuelle Befreiung, antiautoritäre Einstellung und Ablehnung der Regierungspolitik, vor allem des Vietnamkrieges), als es sich auch in wichtigen Punkten wie ‚Künstlerwildheit‘, Leiden und Leidenschaft sowie gesellschaftlichem Außenseitertum mit den Genieidealen des Sturm und Drang und der Romantik deckte. Bereits hier lässt sich also eine für Morrison charakteristische Transposition

16 Van Meier 1967.

17 Stavers 1967.

18 Vgl. Moddemann 2001: 155.

19 Vgl. ebd.: 38.

20 Hopkins/Sugerman 1991 [1980]: 157.

21 Williams 1967, zit. in Riordan/Prochnicky 1991: 158.

von Elementen der europäischen gedanklichen Tradition auf seinen zeitgeschichtlichen und kulturellen Kontext beobachten.

Auffällig ist auch eine starke Tendenz zur Sakralisierung des Sängers, die in Kommentaren wie dem folgenden gipfelte:

„He stepped up to the microphone, grabbed the top with his right hand and the stem with his left fingertips, and looked up so the light hit his face. The world began at that moment. There isn't another face like that in the world. It's so beautiful and not even handsome in the ordinary way. I think it's because you can tell by looking at him that he IS God. When he offers to die on the cross for us it's okay because he IS Christ."[22]

Richard Goldstein zitiert in seinem 1967 erschienenen Artikel „Shaman as Superstar", auf den ich noch näher eingehen werde, einen Fan mit den Worten: „*I like to think he just arrived – you know, came out of nowhere.*"[23]

Selbstverständlich war Morrison am Entstehen dieses öffentlichen Images keineswegs unbeteiligt. Zur Charakterisierung und Konstituierung seiner künstlerischen Rolle wie auch seiner Person verwendete er in seinen öffentlichen Aussagen, in den Liedtexten und auch in zunächst unveröffentlichten Gedichten einige zentrale Metaphern, die zueinander in einem „in sich kohärente[n] Verweisungszusammenhang"[24] stehen: Der Schamane, Dionysos, der Anhalter (*hitchhiker*), der Vatermörder, der Wechselbalg und der *Lizard King*. In jedem dieser ‚privaten Mythologeme' wiederum verknüpfen sich psychologische Selbstdeutung, künstlerischer Entwurf und öffentliche Selbstmythologisierung zu einem kohärenten Bedeutungsgeflecht. In den folgenden Abschnitten geht es nun darum, aufzuzeigen, in welchem Zusammenhang die Schamanenmetaphorik bei Morrison steht und welche Aspekte des Schamanenkonzeptes dadurch betont, welche fallengelassen und welche hinzugefügt wurden. Morrison bezeichnete seine systematische Selbstmythologisierung 1971 als „personal myth, late-adolescent phantasy, at large"[25]: Es handelte sich also um ein bewusstes Unterfangen, dem er nach kurzer Zeit selbst kritisch gegenüberstand.

22 Weintraub 1968: 6.

23 Goldstein 1997 [1967]: 6, Herv. i. O.

24 Collmer 1997 [1994]: 270.

25 Morrison 1971, in: Collmer 1997 [1994]: 274; Hopkins 1992: 253.

Dawn's Highway

Alle von Morrison zu seiner Selbstcharakterisierung verwendeten Metaphern leiten sich aus einem gemeinsamen Ursprung, einer mythisch überhöhten biographischen ‚Urszene' her. Es handelt sich um einen Autounfall, dessen Zeuge er als Vierjähriger zufällig wurde[26]. Morrison berichtete Freunden von seiner Erinnerung an diese Szene, während (so Lisciandro) „glücklicherweise" ein Tonbandgerät lief (die Aufnahme ist auch auf dem Lyrik-Album *An American Prayer* (1978) zu hören):

„[…] Me and my mother and father […] were driving through the desert at dawn…and a truckload of Indian workers had either hit another car or I don't know what happend, but there were Indians scattered all over the highway; bleeding to death. [...] So they pulled the car up and they stop [...]...all of a sudden I realized that they didn't know what was happening any more than I did. [...] And that was my first reaction to death, and I don't know whether I'm crazy or what, but I had the feeling when that happend... [...] I do think that, at that moment, the soul or the ghosts of those dead Indians, maybe one or two of 'em, were just running around freaking out, and just leaped into my soul, and I was like a sponge ready to just sit there and absorb them. And they're still in there. It's not a ghost story man, it's something that really means something to me."[27]

Die in dieser Szene auftretenden Motive der Wüste, der Dämmerung, des *Highways*, des Unfalls, der Indianer und des Zeugen kehren in Morrisons Gedichten vielfach wieder[28]; Ein Gedicht mit dem Titel *Dawn's Highway* („Indians scattered on dawns highway bleeding/ ghosts crowd the young child's fragile eggshell mind"[29]) wurde Teil des im Album *Morrison Hotel* 1970 erschienen Songs *Peace Frog.*

---

26 Collmer 1997 [1994]: 270.

27 Lisciandro 1982: 30; The Doors 1978 [Morrison 1970]: *An American Prayer*, Track 3.

28 Vgl. z.B. Morrison 1979 [1969]:180, 198, 232, 246; Morrison 1988 [o.J.]: 41, 45, 50, 66, 68, 89, 200; The Doors 1991 [1968]: *In concert*, Disc 2, Track 11.

29 The Doors 1970: *Morrison Hotel*, Track 4; The Doors 1978 [Morrison 1970]: *An American Prayer*, Track 3.

Während Morrison sich als von einem oder zwei Geistern von *Indianern* besessen schilderte, sprechen sein Produzent beim Plattenlabel *Elektra*, Paul Rothchild[30], sein Freund und späterer Biograph Frank Lisciandro[31] und, in deren Gefolge, die Biographie *Break on through*[32] ausdrücklich vom Geist eines *Schamanen*, wodurch sie den von Morrison initiierten Mythos erweiterten. Allerdings liegt die Vermutung nahe, dass Morrison genau wie seine Rezipienten diese indianischen Geister als Träger spiritueller Macht imaginierte. Drei Aspekte dieser ‚Urszene' erweisen sich hier als besonders relevant:

(1) In *Wild Child* (Lied sechs auf dem Album *The Soft Parade*, 1969) lässt Morrison die Geister zu sich sagen: „Not your mother's or your father's child / You're our child, screaming wild" – es handelt sich also um ein Projekt der „Auswechslung durch Besessenheit"[33], wobei nicht nur Morrisons Selbst ausgewechselt wird, sondern auch seine Eltern. Vor dem Hintergrund, dass Morrison nicht nur auf persönlicher Ebene ein gespanntes Verhältnis zu seinem autoritären Vater hatte (im Presseinformationstext zum ersten Album der *Doors* schrieb er, seine Eltern seien tot[34]; ab 1967 verweigerte er sich jedem ihrer Versuche der Kontaktaufnahme[35]), sondern dieser auch – als vor Vietnam stationierter Kommandant eines Flugzeugträgers der *Navy* – als Repräsentant aller politischen und gesellschaftlichen Haltungen gelten kann, die Jim Morrison ablehnte, gewinnt dieses Substitutionsunterfangen eine politische Dimension. Durch diesen aktiven ‚automythographischen' Zug entbindet er sich, so Collmer, auf symbolischer Ebene von der väterlichen Ordnung; er versucht durch einen kreativen Akt, der genau im Augenblick der Rat- und Machtlosigkeit des Vaters als Repräsentanten der Ordnungsmacht ansetzt, „Vater seiner selbst zu werden"[36] – also sich selbst durch eine, das (im konkreten und übertragenen Sinne) ‚väterliche' Element eliminierende, Selbstsubstitution zu konstituieren.

30 Vgl. Collmer 1997 [1994]: 273.

31 Vgl. Lisciandro 1982: 29 f.

32 Vgl. Riordan/Prochnicky 1991: 193.

33 Vgl. Collmer 1997 [1994]: 270.

34 Vgl. Hopkins/Sugerman 1991 [1980]: 117.

35 Vgl. ebd.: 141 f.

36 Collmer 1997 [1994]: 270.

(2) Zugleich aber stellt er diesen Vorgang nicht als reinen Willensakt seinerseits dar: Die Geister bemächtigen sich seiner. Im Gedicht Ensenada, das ebenfalls eine Unfallszene evoziert, heißt es: „Hey, look out, there's somebody coming / And there's nothing you can do about it.“[37] Zugleich aber saugt er die Geister auf „wie ein Schwamm“: Seine Machtlosigkeit hat ein aktives Moment, er überantwortet sich willentlich und bewusst einer anderen Ordnung, die als den herrschenden Prinzipien des Rationalismus, Materialismus und Militarismus diametral gegenüberliegend imaginiert wird. Auf struktureller Ebene ist dieses von einer Dialektik zwischen Aktivität und Passivität geprägte Sich-Überantworten analog zur willentlichen Ermächtigung des Nicht-Ich in der Romantik und fügt sich damit nahtlos in den geistigen Kontext der 60er Jahre ein, der in wichtigen Punkten von romantischen Ideen geprägt war. Auch Morrisons Einstellung gegenüber den Indigenen trägt romantische Züge; in einem Interview äußerte er die Vorstellung, dass diese Menschen in Harmonie mit der Natur lebten, keine Rüstungsindustrie und weniger (belastenden) materiellen Besitz hätten[38] – was wiederum belegt, dass er in ihnen einen Gegenentwurf zur negativ empfundenen Gegenwartsgesellschaft sah.

(3) In seiner Studie *Playing Indian* beschreibt Philip J. Deloria die Identifikation mit dem Indianer als beständige US-amerikanische Tradition, die von einem dialektischen Verhältnis von Begehren und Zurückweisen geprägt ist. Er zeigt auf, dass in wichtigen Momenten der Identitätsbildung im Laufe der Geschichte auf indigene Kultur zurückgegriffen wurde, etwa um sich von Europa loszusagen oder um sich ein neues Bedeutungsgefüge zu verschaffen, wie es in der *counterculture* geschah. In den 60er Jahren, also dem zeitlichen Kontext Morrisons, wurde indianische Kultur mit antiautoritärer Haltung und spiritueller Authentizität assoziiert: „Indian performance options have given meaning to Americans lost in a (post)modern freefall.“[39] Deloria hebt dabei hervor, dass durch die Performativität der Aneignung (wie etwa Verkleiden und Tanzen) ideologische Topoi in physische und emotionale Realität übersetzt werden[40]: Diese Beobachtung trifft auch auf Morrisons Auftritte zu (dazu später mehr).

---

37 Zu hören z.B. auf *In concert*, Disc 2, Track 11, als Teil von *The End*.

38 Vgl. Morrison 1969, in: James/Morrison 1981 [1969]: 8.

39 Deloria 1998: 7.

40 Vgl. ebd.: 7ff. und 156 ff.

Die Aneignung indigener kultureller Elemente durch Vertreter der Mehrheitsgesellschaft lässt sich nach Rogers' Typologie als Aneignungsvorgang unter der Bedingung kultureller Dominanz einordnen (wobei Deloria allerdings zu Recht betont, dass auch in solchen Vorgängen Wechselwirkungen herrschen und die Indigenen nie die Rolle eines „Zuschauers" eingenommen hätten[41]). Morrison war sich dieser kritischen politischen Implikation seines Auswechslungsmythos anscheinend bewusst: er spendete mehrmals größere Summen an indianische Hilfsfonds[42] (was sich natürlich auch als paternalistische Geste deuten lässt).

Hitchhiker und Vatermörder

Im direkten Bezug zu der Unfallsszene steht die von Morrison häufig verwendete Metapher des Anhalters (des *hitchhikers*): Die Geister, die in seiner Seele ‚hitchhiken', drängen die herrschenden Strukturen („the guard") zurück und verkörpern die Möglichkeit der Wanderung und Transformation

> „Tell them you came & saw & looked
> into my eyes, & saw the shadow
> of the guard receding
> Thoughts in time & out of season
> The hitchhiker stood by the side of the road
> & levelled his thumb in the
> calm calculus of reason
> (a car passes)"[43]

In Morrisons 1969 gedrehtem Film *HWY*, der mit seiner oben zitierten Schilderung des Unfalls beginnt, und im Song *Riders on the Storm* (auf dem Album *L.A.Woman*) gewinnt die Thematik des Anhalters eine bedrohliche Dynamik: In beiden Fällen entpuppt sich der Anhalter (gespielt von Morrison selbst) als Mörder, der das Steuer übernimmt. Dies wird in der Literatur generell als Vatermord-Chiffre gedeutet[44].

---

41 Vgl. Deloria 1998: 8.

42 Vgl. Riordan/Prochnicky 1991: 326.

43 Morrison 1988 [o.J.]: 152.

44 Vgl. Collmer 1997 [1994]: 281 und Kolak 2006.

Die Thematik des Vatermordes fand ihren prominentesten Ausdruck allerdings im ‚ödipalen' Abschnitt von *The End*, in dem der Sänger selbst als Vatermörder mit dem Wunsch nach inzestuöser Vereinigung mit der Mutter auftritt:„The killer awoke before dawn / He put his boots on /He took a face from the ancient gallery /And he walked on down the hall [...]/ And he came to a door...and looked inside / ‚Father?' – ‚Yes son?' – ‚I want to kill you!'/ ‚Mother? – I want to...'"[45] – hier folgte gewöhnlich ein unartikulierter Laut; „fuck you" wurde nur an einem Abend ausgesprochen, was zur sofortigen Beendigung des Engagements der Band im *Whiskey A-go-go* führte). Morrison verwies zur Interpretation des Stückes auf *König Ödipus* von Sophokles, betonte allerdings auch, *The End* sei durch seine komplexe und universelle Bildsprache bewusst deutungsoffen gehalten[46]. Abgesehen vom gezielten Tabubruch in *The End* und dem darin enthaltenen persönlichen Ressentiment gegen den Vater verweist diese Textstelle auf symbolischer Ebene auf eines von Morrisons zentralen Themen, auf das letztendlich auch die Schamanenmetaphorik hinausläuft: Die Rückkehr zur Ureinheit. Morrison beschäftigte sich tiefgehend mit Norman O'Browns *Life Against Death*, der den Ödipus-Komplex, also den Wunsch nach Vatermord und Vereinigung mit der Mutter, als Ausdruck des menschlichen Wunsches nach „thalassaler Regression", nach dem Wiederverschmelzen mit dem Ur-Einen interpretiert (die einseitig männliche Perspektive dieser Interpretation ist meiner Meinung nach ihr größter Mangel).

Der Vater repräsentiert in diesem Gedankengang das strukturierende, die Individuation und Entfremdung antreibende Element – die rationalistische Ordnung –, die Mutter dagegen das ozeanische Eins, das uranfängliche Chaos und die Natur[47]. Ödipus wird bei seinem Tod von der sich auftuenden Erde verschluckt[48], was sich als eigentliche Vereinigung mit der weiblich konnotierten Natur deuten lässt. Die Idee der Regression in den Urzustand mittels Sexualität oder Tod, die Brown formuliert[49], greift Morrison häufig auf; so heißt es in einem Gedicht: „[...] on dying we find a / womb in the tomb of the / earth. This is my / father's greatest fear. It shouldn't be.

45 The Doors 1967 a: *The Doors*, Track 11.

46 Vgl. Morrison o.J., in: Riordan/Prochnicky 1991: 131.

47 Vgl. Collmer 1997 [1994]: 69 ff.

48 Vgl. Carstensen 1998: 187.

49 Vgl. Collmer 1997 [1994]: 75.

[...]"[50] Auch der für Morrison vielleicht wichtigste Philosoph, Nietzsche, interpretiert Ödipus als eine „Maske des Dionysos"[51], in dessen Vegetations- und Fruchtbarkeitskult die Wiederversöhnung des Menschen mit der Natur gefeiert werde[52]. Zugleich aber betrachtet O'Brown es als Kernmotiv des Ödipus-Konfliktes, „Vater seiner selbst zu werden", also individuelle Autonomie zu erringen[53]. Bereits in dieser Konzeption O'Browns stößt man also auf eine paradoxe Einheit von Selbstauslöschung und Selbstbestimmung, die sich auch durch Morrisons Werk zieht.

Changeling und Dionysos

The Changeling, der erste Song des Albums *L.A.Woman*[54], verweist auf ein weiteres ‚privates Mythologem' Jim Morrisons. Die Selbstbeschreibung als „Wechselbalg", englisch *changeling*, leitet sich wie die anderen Metaphern einerseits aus dem Besessenheitsmythos her und speist sich andererseits aus dem Ressentiment gegen die Eltern: Als „Wechselbalg" wurde im europäischen Mittelalter eine Kreatur bezeichnet, die von Hexen oder Dämonen anstelle eines entführten Kindes zurückgelassen wird – nicht zuletzt, um die Eltern für ihr Verhalten dem Kind gegenüber zu bestrafen[55]. Zugleich schwingt in dem Begriff auch das ständige sich Verändern, sich Auswechseln als Persönlichkeitskonstitutivum mit (wobei Morrison auf der gedanklichen Linie des von ihm verehrten Arthur Rimbaud liegt: „Ich ist ein Anderer."[56]).

„See me change" (siehe unten) bezieht sich auch sehr konkret auf Morrisons Wandelbarkeit im persönlichen Leben (um sein anfängliches Image abzulegen, veränderte er ab 1969 bewusst sein Aussehen durch Vollbart, Gewichtszunahme und eine neue Garderobe; Zeitgenossen beschreiben ihn,

50 Morrison 1988 [o.J.]: 172.

51 Vgl. Collmer 1997 [1994]: 311.

52 Vgl. Nietzsche 2012 [1872]: 21.

53 Vgl. Collmer 1997 [1994]: 78.

54 Das Album erschien 1971; *The Changeling* wurde aber bereits 1968 verfasst: vgl. Hopkins/Sugerman 1991[1980]: 307.

55 Vgl. Collmer 1997 [1994]: 295 ff.

56 Rimbaud 1990 [1871]: 21.

vor allem unter Alkoholeinfluss, als launenhaft und unberechenbar)[57]. Auch im Gedicht *As I Look Back* nimmt er mit der Frage „Which of my cellves / will be rember'd"[58] Bezug auf die imaginäre „Vielheit" seiner Persönlichkeiten (die zugleich durch den Neologismus *cellves* – aus *selves* und *cells* – mit einer Vielheit von „Gefängniszellen" gleichgesetzt werden). In *The Changeling* ist eine weitere Eigenschaft des „Wechselbalges" sehr prominent, nämlich eine Verbindung von Ungreifbarkeit und Omnipräsenz, die mit der laufenden Selbstsubstitution einhergeht:

„I live uptown
I live downtown
I live all around [...]
I'm a changeling
See me change
I'm the air you breathe
Food you eat
Friends you greet
In the swarming street
I'm a changeling
See me change[...]"[59]

Die Wandelbarkeit und das Oszillieren zwischen Präsenz und Abwesenheit teilt der *changeling* mit Dionysos, einer weiteren Figur, mit der Morrison sich öffentlich identifizierte und (nicht zuletzt aufgrund seines exzessiven Lebensstils) identifiziert wurde. Wie der nomadische *hitchhiker* gilt Dionysos als Wanderer und Fremder, der nirgends zuhause ist (wie auch Morrison im persönlichen Leben, der nie ein Haus besaß, billige Hotelzimmer bewohnte und sich jahrelang hauptsächlich auf Konzerttourneen befand – so ist Fremdheit auch das zentrale Thema des zweiten Albums, *Strange Days*). Dionysos schwankt nicht nur zwischen intensiver Präsenz und plötzlicher Abwesenheit, sondern auch zwischen Wohlwollen und Grausamkeit sowie zwischen Maß und Maßlosigkeit. Als der Gott des Rausches und der Sinnlichkeit kann er Besessenheit verbreiten und verführen – der durch ihn

57 Vgl. Collmer 1997 [1994]: 293.

58 Morrison 1988 [vermutlich 1970/71]: 223.

59 The Doors 1971: *L.A. Woman*, Track 1.

induzierte Rausch kann vernichtende, aber auch kathartische Wirkung haben[60]. Auch die von Morrison rezipierten Dichter William Blake („The road of excess leads to the palace of wisdom“[61]) und Artuhr Rimbaud vertraten die Vorstellung, durch ekstatischen Rausch und Selbstentgrenzung sei das menschliche Bewusstsein zu erweitern und zur Erkenntnis zu führen. Besonders einflussreich war für Morrison, der sogar bisweilen seine Autogramme mit „Arthur Rimbaud“ signierte[62], dessen programmatische Schrift *Le Voyant*; darin heißt es: „Der Poet macht sich sehend durch eine lange, gewaltige und überlegte *Entregelung aller Sinne*. Alle Arten von Liebe, Leiden, Wahnsinn; er sucht sich selbst, er erschöpft alle Giftwirkungen in sich, nur um die Quintessenz zu bewahren.“[63]

Allerdings pflegte Morrison Journalisten darauf hinzuweisen, man solle, um die Absicht der *Doors* zu verstehen, Nietzsches *Geburt der Tragödie* lesen[64], was darauf hindeutet, dass die in der Literatur (sogar durch Manzarek) häufig betriebene Identifikation der Musik der *Doors* beziehungsweise der Person Morrisons als „dionysisch“[65] insofern eine Fehlinterpretation darstellt, als Nietzsche Kreativität gerade durch die dialektische Durchdringung des dionysischen mit dem apollinischen Element entstehen sieht und Morrisons Werk dementsprechend durchaus notwendige „apollinische“ Elemente enthält (nämlich in Form über Jahre elaborierter und immer wieder umgeschriebener Lyrik).

Interessant ist auch, dass Dionysos im Zwielicht aufzutreten pflegt[66], was Querbezüge zu Castañedas konstruierter Kosmologie („The twighlight ist he crack between the worlds“[67]) wie auch zu Morrisons bevorzugter Arbeitszeit („No eternal reward will forgive us now for wasting the

60 Vgl. Collmer 1997 [1994]: 287 ff.; dessen Darstellung orientiert sich an Marcel Detiennes (1986) Dionysos-Studie.

61 Blake 2008 [1790]: 71.

62 Vgl. Lisciandro 1982: 124.

63 Rimbaud 1990 [1871]: 24 f., Herv.i.O.

64 Vgl. Goldstein 1997 [1967]: 6 und Jones 1990: 35.

65 Z.B. durch Goldstein 1997 [1967]: 6; Jones 1990: 36; Manzarek 1998: 18.

66 Vgl. Collmer 1997 [1994]: 287.

67 Castañeda 1998 [1968]: 63.

dawn"[68]) aufscheinen lässt. Wie bereits erwähnt, gilt Dionysos (auch bei Nietzsche) als Vermittler, der durch sein ekstatisches, das Selbst entgrenzende Wirken die Wiedervereinigung des Menschen mit dem ‚All' vorantreiben kann. Analog lässt sich auch der Zauber, den Orpheus mit seiner Musik auf alle Wesen ausübt, und seine Jenseitsreise als Versuch der Wiederherstellung einer verlorenen Einheit interpretieren[69]. Wegen des großen Einflusses, den sowohl die orphische Semantik als auch Nietzsches Dionysoskonzeption auf den Schamanismusdiskurs ausgeübt haben, zeigt sich bereits jetzt, wie sehr sich die Figur des Schamanen dafür anbot, in den semantischen Konnex integriert zu werden, mit dem Jim Morrison sich umstrickte.

Lizard King und Schamane

An die in den Metaphern des Wechselbalgs und des Dionysos ausgedrückte Vorstellung der Ungreifbarkeit und Omnipräsenz schließt sich nahtlos die Allmachtsphantasie des von Morrison erfundenen *Lizard King* an. In *The Celebration of the Lizard*, einem live um die zwanzig Minuten andauernden Kompositum aus Poesie und Rockmusik, dessen Parallelen zu ekstatischen Reisen und der schamanischen Verwandlung in ein tiergestaltiges *Alter Ego* ich noch aufzeigen werde, gipfelt der Song *Not to touch the Earth* in der lakonischen Feststellung: „I am the Lizard King. I can do anything"[70] – wieder einmal hat der *changeling* sich transformiert, ausgewechselt und den Namen des Vaters abgelegt. Obwohl Morrison den *Lizard King* später als selbstironische Spielerei abtat, ist die Wahl dieser Metapher keineswegs zufällig: Die Echse dient ihm, da sie sich häuten kann und ihr Schwanz bei Verlust nachwächst, als Symbol der Erneuerung, Wandlung und Unverwüstbarkeit; als Freud-Kenner war Morrison vermutlich auch die Assoziation von sexueller Potenz mit dem nachwachsenden Echsenschwanz nicht

68 The Doors 1971: *L.A. Woman*, Track 9 (The W.A.S.P.); Morrison 1991 [o.J.]: 129.

69 Vgl. Collmer 1997 [1994]: 311.

70 The Doors 1968: *Waiting for the Sun*, Track 5; The Doors 1991: *In concert*, Disc 1, Track 17.

fremd. Zudem verwies er darauf, dass die Echse ein Symbol des Unbewussten und Bösen, Triebhaften sei[71].

Das Symbol des *Lizard King* steht mit dem des Schamanen in engem Zusammenhang: In Castañedas *The Teachings of Don Juan*, von dem Morrison so begeistert war, dass er sich 1969 (vergeblich) um die Filmrechte für dieses Buch bemühte, treten Echsen als schamanische Hilfsgeister auf[72]. Auch die Verwandlung in tiergestaltige *Alter Egos* im Allgemeinen ist, wie wir inzwischen wissen, ein wichtiges Element des Schamanismusdiskurses. Ein Gedicht namens *Power*, dessen erste Strophe sich in der – mit dem Album *Waiting for the Sun* veröffentlichten – Druckversion von *The Celebration of the Lizard* an „I can do anything" anschließt, evoziert ebenfalls die Möglichkeiten schamanischer Seelenwanderung und des Kontaktes mit Totenseelen und ‚anderen Welten':

„I can make the earth stop
in its tracks. I made the
blue cars go away.
I can make myself invisible or small.
I can become gigantic & reach the
farthest things. I can change
the course of nature.
I can place myself anywhere in
space or time.
I can summon the dead.
I can perceive events on other worlds,
in my deepest inner mind,
& in the mind of others.
I can.
I am."[73]

Der Schamane spielt in Morrisons individueller Mythologie eine Schlüsselrolle. In dieser Metapher laufen die in den anderen Elementen seines Selbstentwurfes angelegten Bedeutungsstränge zusammen: Als Ekstatiker

71 Vgl. Morrison 1971, in: Chorush/Morrison 1992 [1971]: 241.

72 Vgl. Castañeda 1998 [1968]: 77 ff.

73 Morrison 1988 [1968 oder früher]: 39.

(wie Dionysos) durchläuft der nach Eliade konzipierte Schamane eine persönliche Transformation (wie der *changeling*), tritt in Kontakt mit Geistern (wie der Unfallzeuge), hat außergewöhnliche Fähigkeiten (wie der *Lizard King*) und erreicht durch die gezielte Veränderung der alltäglichen Sinneswahrnehmung und des Bewusstseins (wie die Anhänger des Dionysos oder der Dichter im Sinne Rimbauds) einen Durchbruch in andere Welten (wie Orpheus und Dionysos nach Nietzsche und Ödipus in der Interpretation nach O'Brown). Seine gefährliche Reise hat für ihn und die Gemeinschaft kathartische Wirkung (wie der von Dionysos induzierte Rausch).

Außerdem benutzte Morrison, wie sich noch zeigen wird, im Wesentlichen das Mythologem des Schamanen, um das Scheitern seines Selbstauswechslungsmythos auszudrücken. Sein Wissen über das Phänomen des Schamanismus bezog er vor allem aus den Werken von Eliade[74], Castañeda und vermutlich[75] auch Andreas Lommel[76]. In Morrisons erstem, 1969 veröffentlichtem (aber vermutlich ab 1965 verfasstem) Gedichtband *The Lords and the New Creatures* findet sich eine Notiz, die den Schamanen folgendermaßen charakterisiert:

> „In the seance, the shaman led. A sensuous panic, deliberately evoked through drugs, chants, dancing, hurls the shaman into trance. Changed voice, convulsive movements. He acts like a madman. These professional hysterics, chosen precisely for their psychotic leaning, were once esteemed. They mediated between man and spirit-world. Their mental travels formed the crux of the religious life of the tribe."[77]

Die zentralen konzeptuellen Elemente der Trance oder Ekstase, der (im Sinne Eliades *produktiven)* Psychopathologie und der Vermittlerrolle des Schamanen waren Morrison also bekannt. Rückblickend erklärte er in einem Interview in Bezug auf Aphorismen aus diesem Band: „Viele Passagen, zum Beispiel über Schamanismus, erwiesen sich einige Jahre später als sehr prophetisch, denn als ich das schrieb, hatte ich keine Ahnung, dass ich genau das tun würde."[78] Die Identifikation mit der Rolle des Schamanen

74 Vgl. Collmer 1997 [1994]: 200.

75 Vgl. ebd.: 344.

76 Siehe Lommel 1966.

77 Morrison 1979 [1969]: 130.

78 Morrison 1971, in: Chorush/Morrison 1992 [1971]: 240.

war also weitreichend. Auch in mehreren Gedichten und Liedtexten greift er den Begriff (in Variationen wie „birdman“[79], „sha(-man)“[80], „Mana Man“[81] und „Rain-Man“[82]) spielerisch auf.

Im Wesentlichen tritt der Schamane in Morrisons Gedankengebäude als Vermittler auf, der seine persönliche Krise kultiviert und konstruktiv transformiert. So wie in der Theorie Lévi-Strauss' der Schamane durch die Reaktivierung eines *kollektiven* Mythos Heilung erzielt, versuchte Morrison durch das öffentliche Ausagieren seines *individuellen* Mythos eine gesellschaftliche Bewusstseinsveränderung zu erzielen. Dass ihm dabei, wie sich noch zeigen wird, die Kontrolle über seine Rolle zunehmend entglitt, kann als Hauptgrund seines Scheiterns aufgefasst werden.

Im folgenden Kapitel soll nun dargestellt werden, vor dem Hintergrund welchen Menschen-, Gesellschafts- und Weltmodells Morrison als ‚Schamane‘ agierte und den geschilderten Selbstentwurf in sein künstlerisches und öffentliches Handeln integrierte.

4.2 SHAMAN AS SUPERSTAR

Status quo: Trennung und Entfremdung

Als grundlegendes Problem der modernen US-amerikanischen Gesellschaft betrachtete Morrison, ganz im Geiste seiner Zeit, die Unfreiheit des Individuums, die im Wesentlichen auf der Internalisierung restriktiver Regeln beruhe. Als wichtigstes Ziel seiner Dichtung nannte er in einem Interview, „mehr Leute zu veranlassen, ihr Schicksal und ihre Bestimmung [...] selbst in die Hand zu nehmen und zu kontrollieren [...]“[83] „If my poetry aims to achieve anything, it's to deliver people from the limited ways in which they see and feel.“[84] So lautet etwa der Text von *Unhappy Girl*:

79 Morrison 1970, auf: The Doors 1978: *An American Prayer*, Track 12.

80 Morrison 1970 (inofizielle CD *The Lost Paris Tapes*).

81 Ebd.

82 The Doors 1971: L.A.Woman, Track 6.

83 Morrison o.J., in: Moddemann 2001: 149.

84 Morrison 1970, in: James/Morrison 1981[1970]: 3.

„Unhappy girl
Left all alone
Playing solitaire
Playing warden to your soul
You are locked in a prison
Of your own devise
And you can't believe
What it does to me
See you crying

Unhappy girl
Tear your web away
Saw thru all your bars
Melt your cell today
You are caught in a prison
Of your own devise [...]“[85]

Diese Grundaussage hat sowohl eine politische als auch eine spirituelle Dimension: Auf politischer Ebene herrsche eine bedauernswerte Resignation gegenüber Fehlentscheidungen und Ungerechtigkeiten[86]. Ebenfalls kritisiert Morrison die US-amerikanische Politik, „die eigene Lebensweise Millionen von anderen Leuten aufzuzwingen“[87], sowie eine gesamtgesellschaftliche Faszination durch Gewalt („America was conceived in violence. Americans […] attach themselves to processed violence, out of cans“)[88]. Zugleich leitet er das Entstehen dieser ‚zivilisationsinhärenten‘ Gewalt, in einem ähnlichen Gedankengang wie Marcuse, aus der Triebunterdrückung her[89], womit er den Bogen zu den seiner Meinung nach zentralen Problemen auf der Ebene des Individuums schlägt. Der Einzelne habe die repressiven Kräfte so weit internalisiert, dass er Angst vor den eigenen Gefühlen habe:

85 The Doors 1967 b: *Strange Days,* Track 4.

86 Vgl. Morrison o.J., in: Moddemann 2001: 149.

87 Ebd.: 150.

88 Morrison 1969, in: James/Morrison 1981 [1969]: 5.

89 Ebd.: 9.

„Twentieth Century culture's disease is the inability to feel the reality […].TV is the invisible protective shield against bare reality. People cluster to TV, soap operas, movies, theatre, pop idols, and they have wild emotions over symbols, but in the reality of their own lives, they're emotionally dead. [...] People are afraid of themselves – of their own reality – their feelings most of all.“[90]

Durch die gesellschaftlich erzwungenen Rollenvorstellungen und das daraus folgende Vermeiden der Konfrontation mit der eigenen emotionalen Realität verliere der Einzelne letztlich sein wahres Selbst: „We're like actors – turned loose in this world […]…endlessly searching for a half-forgotten shadow of our lost reality.“[91]

In der Absicht, „die Menschen zum Denken zu bringen“[92], kommt das Ideal einer Befreiung zur Selbstbestimmung zum Ausdruck; die Protestbewegungen seiner Zeit sah Morrison allerdings im Sinne eines (in seinen Worten) „aufklärenden Pessimismus“[93] recht kritisch: Sie seien im Wesentlichen ein naives Phänomen einer im Überfluss lebenden Mittelklasse[94] und aufgrund ihrer Kurzlebigkeit nicht dazu fähig, eine grundlegende Veränderung zu bewirken: „Man [muss] sich in einer permanenten Revolution befinden […], oder man stirbt“[95]. Dennoch solidarisierte er sich zum Beispiel durch das Anti-Kriegslied *Unknown Soldier*[96] oder den ‚Revolutionssong‘ *Five to One*[97] (der allerdings eine doppelbödige Kritik an der Bewegung enthält) mit bestimmten politischen Forderungen.

Den Ansatzpunkt zur Änderung des Gesamtzustandes sah Morrison darin, den einzelnen Menschen durch eine Konfrontation mit seiner eigenen – auch negativen – Realität und durch die Rückbesinnung auf seine Grundbedürfnisse zu einer inneren Freiheit zu führen, die der äußeren vorangehe: „There can't be any large-scale revolution until there's a personal revolution, on an individual level. It's got to happen inside first. You can take

90 Morrison 1969, in: James/Morrison 1981 [1969]: 5 f.

91 Ebd.: 8.

92 Morrison 1971, in: Chorush/Morrison 1971: 239.

93 Morrison o.J., in: Moddemann 2011: 150.

94 Vgl. ebd.: 151.

95 Morrison 1970, in: Tobler/Morrison 1970: 213.

96 The Doors 1968: *Waiting for the Sun*, Track 8.

97 Ebd.: Track 1.

away a man's political freedom and you won't hurt him – unless you take away his freedom to feel. That can destroy him." Dies führt er am Beispiel des Schmerzes aus: „Pain is meant to wake us up. […] Pain is something to carry, like a radio. You feel your strength in the experience of pain […]. Pain is a feeling – your feelings are a part of you [...]. If you feel ashamed of them, and hide them, you're letting society destroy your reality."[98] Hier gewinnt seine Argumentation ein transzendentes Moment: Die „Angst vor den eigenen Gefühlen", die der Freiheit im Weg steht, tritt in direkte Korrespondenz mit der „Angst vor dem Unbekannten": „I think people resist freedom because they're afraid of the unknown. But that unknown was once very well known – it's where our souls belong."[99] Die Individualpsyche wird hier mit einem (dem Jungschen kollektiven Unbewussten nicht unähnlichen) transzendenten Bereich assoziiert, der in einer mythischen Vergangenheit („once") Teil menschlicher Erfahrung und menschlichen Bewusstseins war. Morrison steht mit dieser Auffassung sehr klar in der gedanklichen Tradition Eliades, welcher deshalb aber nicht als einzige Inspirationsquelle gelten kann. Vielmehr ist die Idee, die menschliche Seele stamme aus einem geistigen Reich, an das sie fähig sei, sich zu erinnern, seit Platon, Plotin und der Gnostik eine Konstante in der europäischen Geistesgeschichte.

Break on through...

In diesem Zusammenhang gibt es bei Morrison eine prominente Metapher, nämlich die des Türöffnens beziehungsweise des Durchbruchs, deren semantische Nähe zum Schamanismusdiskurs offensichtlich ist. Den Bandnamen *The Doors* leitete Morrison aus zwei Quellen her, nämlich aus dem Titel von Aldous Huxleys Meskalin-Studie, *The Doors of Perception* [100], und aus einem Gedicht von William Blake (auf das auch Huxley sich bezog): „If the doors of perception were cleansed every thing would appear to man as it is, infinite."[101]

98 Morrison 1969, in: James/Morrison 1981 [1969]: 10.

99 Ebd.: 3.

100 Vgl. Collmer 1997 [1994]: 187.

101 Blake 2008 [1790]: 75.

Morrison selbst pflegte den Namen folgendermaßen zu erläutern: „There are things that are known and things that are unkown; in between, there are doors.“[102]

Die Chiffre des Durch- oder Aufbruchs wird in *Break on Through*, dem als programmatisch aufzufassenden ersten Lied auf dem ersten Album der Gruppe, auf mehreren Bedeutungsebenen eingesetzt. Die erste Strophe evoziert mit elementaren Bildern das Gefühl von grundlegender Trennung und Entfremdung, oder, wie Collmer treffend und etwas salopp formuliert, von „verhackstückter imaginärer Einheit“[103]:

„You know, the day destroys the night
Night devides the day
Tried to run, tried to hide,
Break on through to the other side [...]“[104]

Die zweite Strophe weckt die Assoziation von Materialismus und unbefriedigendem Hedonismus als zu durchbrechende Missstände:

„We chased our pleasures here
Dug our treasures there
But can you still recall the times we cried?
Break on through to the other side [...]“

Das Zwischenspiel mit „woman get high“ (wobei das Wort „high“ in der Studioversion wegen Zensurmaßnahmen nicht zu hören ist) thematisiert Drogen beziehungsweise Sex als mögliche Methoden der Transzendenzerfahrung. Die dritte Strophe bezieht die Durchbruchsmetapher auf gesellschaftliche Verblendungs- und Zwangszusammenhänge und spricht auch der Liebe die Fähigkeit ab, die Situation zu wenden:

„I found an island in your arms
Country in your eyes
Arms that chain us

102 Morrison o.J., in: Collmer 1997 [1994]: 187.

103 Collmer 1997 [1994]: 319

104 The Doors 1967 a: *The Doors*, Track 1.

Eyes that lie
Break on through to the other side [...]“

Die letzte Strophe schließlich führt die Zuhörer an den Punkt des möglichen Durchbruchs:

„[...] The gate is straight
Deep and wide
Break on through to the other side [...]“

Doch wohin soll der Durchbruch führen? „Nach wenigen Andeutungen von überwiegend desillusionierendem Charakter stößt *Break on Through* mit seinem apokalyptischen Elan gleichsam ins Leere.“[105]

...to the other side: Durchbruch wohin?

Auf diese Frage gibt es in Morrisons anderen Texten und Aussagen eine Vielzahl von Antworten. Es lassen sich dabei im Groben zwei Tendenzen ausmachen: Manchmal mündet der Gedanke in eine durch Katharsis und Revolution herbeizuführende Harmonie im ‚Diesseits‘, oft aber auch in einem transzendenten Bereich.

Schlagzeuger John Densmore berichtet, Morrison habe ihm auf die Frage, was denn mit der „anderen Seite“ gemeint sei, („mit einem eigenartigen Glimmern in den Augen“[106]) geantwortet: „You know... the void, the abyss“[107]. An anderer Stelle charakterisierte er sein Begehren als „frantic search for zero“[108]. In Verbindung mit Morrisons oben bereits erläutertem Ideal der Freiheit des Individuums bringen diese Aussagen eine paradoxe Allianz von Selbstauslöschung, Selbstüberschreitung und Selbstbefreiung zum Ausdruck, in der sich nicht nur der Geist O'Browns, sondern auch der Friedrich Nietzsches wiederfindet: „Ich liebe die, welche nicht zu leben wissen, es sei denn als Untergehende, denn es sind die Hinübergehenden.

105 Collmer 1997 [1994]: 184.

106 Densmore 1991: 50 f.;

107 Morrison o.J., in: Densmore 1991: 50 f.; engl.in: Collmer 1997 [1994]: 184.

108 Morrison o.J., in: Collmer 1997 [1994]: 186.

Ich liebe die großen Verachtenden, weil sie die großen Verehrenden sind und Pfeile der Sehnsucht nach dem anderen Ufer.“[109]

In einem anderen Interview beschreibt Morrison den zu erreichenden Zustand als „some cleaner, fresher realm“[110], worin die Idee der kathartischen Reinigung anklingt. Eine gewisse Nähe zur buddhistischen Philosophie zeigt seine Charakterisierung des gemeinsamen Themas von *Light my Fire* und *The End* als: „liberation from the cycle of birth – orgasm – death“[111]. Als weitere Metapher für die „andere Seite“ kann auch *Universal Mind* [112] gelten (ein Liedtitel), also ein umfassendes geistiges Reich. In *A Little Game*, einem Teil von *Celebration of the Lizard*, auf den ich noch zu sprechen kommen werde, werden die „anderen Welten“ mit dem eigenen Unbewussten und dem Wahnsinn assoziiert: „Once I had a little game / I liked to crawl back in my brain / I think you know the game I mean / I mean the game called go insane.“[113]

Eine latente Todessehnsucht, die in den erwähnten Gedanken schon anklingt, zieht sich auch durch Morrisons Texte; so erlauben es beispielsweise die Texte von *The End* („This is the end / Beautiful friend / This is the end / My only friend“[114]) und *Hyacinth House* („I need a brand new friend, the end“[115]), das Wort „friend“ auf „the end“, also den Tod, zu beziehen. Auch lässt sich eine gewisse *memento mori*-Thematik feststellen, in der der Tod als nicht unfreundlicher Agent auftritt, der einen Qualitätsmaßstab ans Leben anlegt: So heißt es im Gedicht *The Movie*: „The program for this evening is not new. You've seen this entertainment through and through. You've seen your birth, your life and death, you might recall all of the rest. Did you have a good world when you died? Enough to base a movie on?“[116] Ein Text, der die Assoziationskette von Liebe und Sexualität, Selbstentgrenzung und Tod, weiblich konnotierter Natur (Meer, Nacht und Mond)

109 Nietzsche 2012 [1883-1885]: 368.

110 Morrison o.J., in: Dalton 1991: 72.

111 Morrison o.J., in: Collmer 1997 [1994]: 287.

112 The Doors 1991[1970]*: In Concert*, Disc 1, Track 9.

113 Ebd.: Track 15.

114 The Doors 1967 a: *The Doors*, Track 11.

115 The Doors 1971: *L.A. Woman*, Track 7.

116 The Doors 1978 [Morrison 1970]: *An American Prayer*, Track 10; vgl. auch *Live in Detroit*, Track 20.

und Unbewusstem, sowie den romantischen Impuls des Sich-Auslieferns auf exemplarische Weise im Symbol des ‚absichtlichen' Ertrinkens im Ozean zum Ausdruck bringt, ist *Moonlight Drive*:

„Let's swim to the moon
Let's climb trough the tide
Penetrate the evening
That the city sleeps to hide
Let's swim out tonight, love
It's our turn to try
Parked beside the ocean
On our moonlight drive

Let's swim to the moon
Let's climb trough the tide
Surrender to the waiting worlds
That lap against our sides
Nothing left open
No time to decide
We've stepped into a river
On our moonlight drive [...]

Come on baby, take a little ride
Down by the oceanside
Get real close
Get real tight
Baby gonna drown tonight
Going down, down, down, down..."[117]

Dennoch wäre es reduktiv, die Sehnsucht nach der „anderen Seite" allein als Sehnsucht nach Tod oder thalassaler Regression im Sinne O'Browns zu interpretieren. Zum einen äußerte Morrison selbst Skepsis gegenüber dem „anderen Reich":

117 The Doors 1967 b: *Strange Days*, Track 6.

„No more money, no more fancy dress
This other kingdom seems by far the best
until it's other jaw reveals incest
and loose obedience to a vegetable law.
I will not go,
prefer a feast of friends
to the giant family.“[118]

Zum anderen bezeichnete er in einem Interview die Sehnsucht nach Regression – sei es in einen mythischen Urzustand oder ins ‚primitive Leben‘ – zwar als Bedürfnis, aber letztlich nicht als gangbaren Weg. Vielmehr gehe es darum, „einen Weg zum Überleben und Gedeihen in dieser Gesellschaft zu finden“[119]. Da er der Kunst, auch seiner Kunst, dabei eine zentrale Rolle zuschrieb, kann auch die kreative und produktive Kanalisierung des Regressionswunsches als eine Bedeutungskomponente der Durchbruchsmetapher betrachtet werden.

Eine Entscheidung zwischen der ‚diesseitigen‘ und der transzendentalen Lösungsmöglichkeit für das Problem der Entfremdung (das seinerseits ebenfalls soziologisch oder philosophisch, letztlich als Problem des Geboren-worden-Seins, interpretierbar ist) zu treffen, war vermutlich nicht in Morrisons Sinne. Auch hier herrscht eine unaufgelöste dialektische Spannung zwischen den Utopien einer desubjektivierenden *unio mystica* einerseits und einer Ermächtigung des Subjekts zur Autonomie andererseits. Als temporäre Synthese dieser Tendenzen kann gesehen werden, dass Morrison es offenbar anstrebte, durch sein Wirken die Menschen zu einer momentanen Transzendenzerfahrung zu bringen und dadurch einen gesellschaftlichen Wandel loszutreten. Letztlich bezieht die Chiffre des „Durchbruchs zur anderen Seite“ ihren Reiz gerade aus dieser „diffus-schillernde[n] Mischung […] nichtexpliziter Komponenten: Freilegung des Unbewussten, Befreiung durch Sex, Drogenvisionen […], freifließende Kreativität […], Wahnsinn, Tod […], Revolution, der Abgrund, das Nichts“[120] und Rückkehr ins Ur-Eins. Die gedankliche Nähe zum Diskursfeld des Schamanismus wird daran deutlich, dass jede dieser Komponenten der ‚anderen Seite‘

118 The Doors 1978 [Morrison 1970]: *An American Prayer*, Track 20.

119 Morrison o.J., in: Moddemann 2001: 150.

120 Collmer 1997 [1994]: 207, i. O. kursiv.

mühelos mit dem Konzept des *illud tempus* – als verlorenem, zurückzugewinnendem Glückszustand – verschmelzen kann, wobei diesem dadurch jeweils unterschiedliche Bedeutungsnuancen beigefügt werden.

Die Rolle des Künstlers in dieser Gedankenwelt ist offensichtlich die des Vermittlers, des Mystagogen, der das ‚Zerstückelte' wieder in Eins setzt: „I think art [...] is the revelation of beauty, beauty is an absolute [...] I think that there is a sub-world in which everybody is sleeping. This whole other world that everybody's trying to forget, but which we remember, immediately everybody knows it."[121] Auch folgender Gedichtanfang nimmt die Rolle des Mittlers und Anführers explizit an: „People need Connectors / Writers, heros, stars, / leaders/ To give life form [...]"[122] In Morrisons oben zitierter Definition des Schamanen schließlich wird dieser mit allen erwähnten Wegen in Verbindung gebracht, das „Absolute" zu erreichen: Durch Sinnlichkeit, Drogen, Kunst und seine psychotische Veranlagung stellt er die Verbindung zur geistigen Welt her. Jim Morrison befindet sich damit eindeutig in der aus dem Sturm und Drang sowie der Romantik stammenden gedanklichen Tradition, die den Künstler mit dem Schamanen gleichsetzt, indem sie beide als ‚Mittler zwischen den Welten' konzipiert. Die Kunstform allerdings, in der der ‚moderne' Schamane in Morrisons Entwurf agiert, ist das Rockkonzert; und daraus ergeben sich einige interessante Dynamiken.

Das Rockkonzert als Séance

Chaos und Katharsis

„Wir zelebrieren eine Séance in einer Umgebung, die den Leuten feindlich gesinnt ist, kalt und alles einschränkend."[123] „Principle of seance: to cure illness. [...] The cure is culled from ecstasy [...]"[124] „People feel they're dying in a bad landscape. They gather together in a seance in order to invoke, palliate and drive away the dead. And through chanting, singing, dancing, music to cure illness. To bring back harmony in(to) the world."[125]: Diesen

121 Morrison 1968 in Carpenter/Morrison 1968: 4.

122 Morrison 1988 [o.J.]: 40.

123 Morrison o.J., in: Moddemann 2001: 155.

124 Morrison 1979 [1969]: 132.

125 Morrison 1967, zit. in Collmer 1997 [1994]: 333.

Aussagen zufolge betrachtete Jim Morrison seine Auftritte als Séancen mit heilender und harmonisierender Wirkung. Zu erreichen ist diese Wirkung in seinem Entwurf dadurch, dass zunächst der Zustand des Chaos ins Gedächtnis gerufen wird, ein regelloser Zustand, in dem sowohl Wahrnehmung als auch Gefühl und Verhalten nicht den durch Zivilisation und Sozialisation entstandenen Strukturen unterliegen. Ein Konzert der *Doors* sei ein „Zurschaustellen von Kräften, die nur selten das Tageslicht erblicken"[126] und bewirke Selbsterkenntnis und eine „Rückbesinnung zu Urtrieben"[127]. In diesem Sinne ist auch das häufig rein politisch interpretierte Statement Morrisons im ersten Presseinformationstext von *Elektra* zu verstehen, ihn interessiere alles, was „mit Anarchie, Unordnung, Chaos und scheinbar sinnlosem Handeln"[128] zu tun habe. In seiner folgenden Ausführung wird dagegen die Bedeutung des Chaos als Vorbedingung der Katharsis deutlich, die in den Zustand der vereinenden Harmonie führt:

„[…] in our music […] we're seeking, striving, trying to break through to some cleaner, fresher realm. It's like a purification ritual in an alchemical sense. First you have to have the period of disorder, chaos, returning to the primeval desaster region. Out of that you purify the elements and find a new seed of life, which transforms all life and all matter and personality and finally, hopefully, you emerge and marry all those dualisms and opposites. Then you're not talking about good and evil anymore but something unified and pure."[129]

Die Séance oder das Ritual wiederum beschreibt Morrison als „eine Art menschlicher Skulptur. Auf gewisse Weise ist es wie Kunst, denn es gibt einer Energie Form"[130] (womit er erstaunlicherweise den Grundgedanken von Beuys' plastischer Theorie ausspricht). Durch die rituelle beziehungsweise künstlerische Kanalisation der dem Chaos innewohnenden Kräfte entsteht also das Potential zum Aufbruch der bestehenden, beziehungsweise der Formation einer besseren Ordnung. In dieser Konzeption zeigt Morri-

126 Morrison o.J., in: Moddemann 2001: 151.

127 Ebd.: 155.

128 Morrison 1967, in: Hopkins/Sugerman 1991 [1980]: 117; Moddemann 2001: 158.

129 Morrison o.J., in: Dalton 1991: 72 ff.

130 Morrison 1969, in: Hopkins/Morrison 1969: 208.

son sich deutlich von Antonin Artaud beeinflusst. Artauds Idee eines „Theaters der Grausamkeit“ verlangt nach einem Theater, das durch seine extreme Ausrichtung alle Sinne anspreche und „Nerven und Herz“ aufwecke, um, ähnlich einem intensiven Traum, direkten Einfluss auf die Realität zu nehmen und zum Umsturz aufzurütteln. Die Mittel, die Artaud dazu empfahl, wie zum Beispiel Lärm, Disharmonie und Schreie sowie minutenlanges Schweigen[131] waren auch Teil des Bühnenrepertoires der *Doors*. Ebenfalls von Artaud inspiriert ist der häufig geäußerte Wunsch Jim Morrisons, die Grenzen zwischen Darstellern und Zuschauern, die Trennung von Subjekt und Objekt, Aktivität und Passivität aufzubrechen – was er versuchte, indem er Zuschauer animierte, die Bühne zu stürmen, ins Publikum sprang (Morrison gilt als Erfinder des *stage diving*), sich in spontaner Rede ans Publikum wandte und Zurufe daraus aufgriff; dies endete allerdings entweder in Chaos und Festnahmen oder es verlor seinen Überraschungseffekt und wurde fallengelassen. Auch seine Vorliebe für Auftritte in kleinen Clubs erläuterte Morrison damit, es sei in dieser Situation leichter, einen intensiven Kontakt mit dem Publikum herzustellen[132]. Interessant ist in diesem Zusammenhang, dass auch Michael Taussig die von ihm beobachteten schamanischen Séancen mit Artauds „Theater der Grausamkeit“ verglich und im darin inszenierten anarchischen Chaos das Potential zu einer politischen Revolution sah[133]. Auch vom Konzept des Theaterensembles *Living Theater*, das in seinen Stücken wie *Paradise Now!* eine radikale Einbindung des Publikums praktizierte, diesem sogar den Fortgang des Stücks überantwortete und brisante Themen wie Militarismus, Drogenverbote und die Tabuisierung des menschlichen Körpers aufgriff, war Jim Morrison nachweislich begeistert[134].

Aneignung ritueller Elemente

In Korrespondenz zu den dargelegten Überlegungen betrieb Jim Morrison eine sehr konkrete Umsetzung von Elementen des Schamanenkonzeptes auf der Bühne. Er vertrat die Auffassung, man müsse, um die Grenzen des Kö-

---

131 Vgl. Artaud 1997 [1958]: 31 ff. Hopkins/Sugerman 1991 [1980]:138.

132 Vgl. Morrison o.J., in: Moddemann 2001: 154 und Collmer 1997 [1994]: 127, 634 ff.

133 Vgl. Znamenski 2007: 230 f.

134 Vgl. Hopkins/Sugerman 1991 [1980]: 218 ff.

pers zu überschreiten, sich so tief wie möglich in ihn versenken[135] (eine Aussage, die sich gleichermaßen auf Musik und Sexualität bezog). „Rather than starting inside, I start outside – reach the mental through the physical."[136] Dementsprechend enthielten *Doors*-Konzerte üblicherweise alle aus dem Schamanenkonzept bekannten Methoden der Tranceinduktion[137]. Jim Morrison pflegte seine Auftritte entweder mit einem markerschütternden Schrei[138] oder mit einem dreifachen „Is everybody in?" einzuleiten[139] (die Bedeutung des ‚Schamanenschreis' schildert Castañeda folgendermaßen: „He [Don Juan] said that the outcry or war cry was something that remained with a man for the duration of his life; thus it had to be good from the very beginning. And the only way to start it correctly was by holding back one's natural fear and haste until one was absolutely filled with power, and then the yell would burst out with direction and power."[140]).

Seine Gewohnheit, vor den Konzerten LSD, Alkohol oder andere Substanzen zu konsumieren, ist ebenfalls hinlänglich bekannt. Im Hinblick auf die stark rhythmisierte, dichte und improvisationsfreudige Musik der Gruppe sprach Morrison von einem „hypnotischen Fluss von Geräuschen"[141]. Auch seine Kreistänze um den Mikrophonständer, Sprünge und andere abrupte Bewegungen, das Spiel mit der Rassel und das plötzliche Zu-Boden-Stürzen beziehungsweise Zu-Boden-Sinken und zuckend Liegenbleiben[142] evozieren das Bild eines Schamanen in Ekstase, wie es Eliade beschreibt: „Wenn der *ämägät* [eine Gottheit, K.R.] kommt, beginnt der Schamane mit Sprüngen und blitzschnellen Bewegungen […]. Er springt in die Luft, manchmal bis zu vier Fuß hoch. Er schreit wie im Delirium."[143]

---

135 Vgl. Morrison 1969, in: James/Morrison 1981 [1969]: 10.

136 Morrison 1967, in: Collmer 87.

137 Vgl. Eliade 1975 [1951]: 213 ff.

138 Zu hören z.B. auf *In concert*, Disc1, Track 4 (*Back Door Man*) und Track 8 (*When the music's over*).

139 Vgl. Dalton 1991: 61.

140 Castañeda 1998 [1968]: 140.

141 Morrison 1969, in: Goldstein/Morrison: 1969: 192.

142 Zu sehen z.B. in DiCillo 2010: ab min. 21:35; The Doors 1968: *Live at the Hollowood Bowl* bei *The End*.

143 Eliade 1975 [1951]: 223.

Interessant ist in diesem Zusammenhang der Song *Unknown Soldier*, bei dem Jim Morrison symbolisch von Robby Krieger mit der Gitarre erschossen wurde, zu Boden stürzte und danach wieder aufsprang, um singend und klatschend das Ende des Krieges zu verkünden[144]. Die christliche Thematik des wiederauferstehenden Märtyrers, der stellvertretend die Leiden aller auf sich nimmt, der entsprechende Topos des Künstlers als heilsbringendem Märtyrer, und der Bezug zur schamanischen Séance verflechten sich dabei: „Er [der Schamane] erhitzt sich mehr und mehr, bis er zu Boden fällt – leblos, in Ekstase. [...] Wenn er zurückkommt, begrüßen alle mit Freudenschreien seine Rückkehr aus dem Totenland."[145]

When the music's over enthält eine Aufforderung zum „Tanz auf dem Feuer" (Eliade betont die Bedeutung der „Meisterschaft über das Feuer"[146]) und eine Passage, in der Morrison seine solidarische Identifikation mit den Indianern zum Ausdruck bringt:

„What have they done to the earth?
What have they done to our fair sister?
Ravaged and plundered and ripped her and bit her
Stuck her with knives in the side of the dawn
And tied her with fences and dragged her down
I hear a very gentle sound... with your ear down to the ground [...]"[147]

Delorias These, durch performative Elemente wie Tanz, Gesang und Verkleidung werde der ideologische Gehalt des „playing Indian" in emotionale Realität übersetzt, lässt sich sowohl auf diese Passage als auch auf Morrisons Bühnenverhalten (das sich nicht nur auf den sibirischen, sondern auch auf nordamerikanischen Kontext hin deuten lässt) sowie auf äußere Zeichen wie langes Haar, bestickte Hemden und den (allgemein indianischer Herkunft zugerechneten) Concha-Gürtel anwenden. Auch die Sakralisierung

144 Das Musikvideo zu *Unknown Soldier* (1968) arbeitet das Märtyrer-Motiv weiter aus: Morrison wird darin an einen Pfahl gefesselt und erschossen; Unmittelbar darauf folgen Bilder von Toten aus dem Vietnamkrieg (Video enthalten auf Manzarek 1985: The Doors: *Dance on Fire*, min. 21:00).

145 Eliade 1975 [1951]: 230.

146 Ebd.: 247, 438 ff.

147 The Doors 1967 b: *Strange Days*, Track 10.

der Natur durch die Transzendentalisten, die romantische Konstruktion einer aus dieser Natur und ihren ‚edlen' Bewohnern bestehenden *wilderness* und die Bedeutung dieser Konstruktion in einem während der 60er Jahre gerade entstehenden ökologischen Bewusstsein scheinen in der zitierten Passage aus *When the music's over* auf.

Run away fast and come back slow

Sehr aufschlussreich ist es auch, die Struktur der langen Stücke wie *The End*, *When the music's over* und *The Celebration of the Lizard* zu analysieren. Dabei wird deutlich, dass Morrison sich nicht auf das Aufgreifen schamanischer ‚Showelemente' beschränkte, sondern die mit der Selbstkonzeption als Schamane einhergehende Rolle innerhalb eines bestimmten ‚rituellen' Ablaufes annahm. In Bezug auf die von ihm gesehene Notwendigkeit, aus den bestehenden Verhältnissen des Daseins auszubrechen, sagte Morrison in einem Interview: „[...] take the solution as a coming to terms, a bowing to the inevitable [...]. *I'm just saying there's one cure for the plague, run away fast and come back slow.*"[148] Dem korrespondieren die im Interview mit Stevenson geäußerte Überlegung, Heldentum als „Rebellion gegen die Tatsachen des Seins" könne immer nur das „Werk von Augenblicken"[149] sein, sowie sein zumindest anfänglicher Glaube, diese Augenblicke könnten eine dauerhafte Veränderung katalysieren.

„Run away fast and come back slow" entspricht aber auch einer raschen ‚Abreise' in die rituelle Ekstase und der langsamen Rückkehr: Alle drei genannten langen Lieder haben im Wesentlichen diese Struktur. Dabei übernahm Morrison die Rolle des Schamanen als Psychopompos, als ‚Seelengeleiter'. *The Celebration of the Lizard* wird von *A Little Game* eingeleitet, das die Zuhörer auffordert, dem Weg des Sängers zu folgen, der sie führt:

„Once I had a little game
I liked to crawl back in my brain
I think you know the game I mean
I mean the game called go insane
Now you should try this little game
Just close your eyes, forget your name

148 Morrison 1968, in: Collmer 1997 [1994]: 331, Herv.i.O.

149 Vgl. Morrison 1970, in: Stevenson/Morrison 1992 [1970]: 223.

Forget the world, forget the people
And we'll erect a diff'rent steeple
This little game is fun to do
Just close your eyes, no way to loose
And I'm right here, I'm going, too
Release control, we're breaking through
Way back deep into the brain
Back where there's never any pain [...]"[150]

Daran schließt sich (nach einem kurzen Zwischenteil) *Not to touch the Earth* an, ein vorwärtstreibendes, an eine Vefolgungsjagd erinnerndes Lied, dessen erste Strophe („Not to touch the earth, not to see the sun / Nothing left to do but run, run, run"[151]) das Inhaltsverzeichnis von James Frazers *Golden Bough* zitiert[152], hier aber wegen seiner etwas verschlüsselten Symbolsprache nicht weiter behandelt werden kann. Auch hier wird der Zuhörer zum „Mitrennen" aufgefordert („Run with me..."); das Stück kulminiert in einer dissonanten Geräuschkollage und der Verwandlung des Sängers in den *Lizard King*. Daraufhin fällt die Spannung abrupt ab; das zarte, kontemplative Lied *Names of the Kingdom* entspricht sowohl auf der Ebene der Akustik als auch des Textes der (noch etwas „verzauberten") Rückkehr von einem Seelenflug:

„We came down the rivers and highways
We came down from forests and falls
We came down from Courson and Springfield
We came down from Phoenix enthralled [...]"[153]

Auch *The End* enthält – nach der anfänglichen Äußerung des ödipalen Wunsches – eine Einladung zum ‚Mitreisen' („Come on Baby, take a chance with us / Meet me at the back of the blue bus"[154]), steigert sich bis zur

150 The Doors 1991 [1970]: *In concert*, Disc 1, Track 15.

151 Ebd.: Track 17.

152 Frazer 1995 [1890, 1912]: Vgl. Unterkapitel des Kapitels 60 („Between heaven and hell").

153 The Doors 1991 [1970]: *In concert*, Disc 1, Track 18.

154 The Doors 1967 a: *The Doors*, Track 11.

Raserei und kulminiert im verknappten Wiederaufgreifen der Ödipus-Thematik („Kill, kill, kill – Fuck, fuck, fuck“; beides meist zu unartikuliertem Kreischen und Stöhnen verschliffen), um danach in eine traurige, aber harmonische Stimmung zurückzufallen:

„It hurts to set you free
But you'll never follow me
The end of laughter and soft lies,
The end of nights we tried to die.
This is the end.“

Diese ‚Seelenreisen' während eines (nicht durch Morrisons zunehmenden Alkoholismus oder seine ebenfalls zunehmende Skepsis gegenüber seinem Tun in seiner Qualität geminderten) *Doors*-Konzertes verfehlten tatsächlich ihre kathartische Wirkung nicht. Nicht nur Paul Rothchild wird mit dem Satz zitiert, er habe sich selten so „emotional gereinigt“[155]gefühlt; die Literatur enthält viele Passagen wie diese: „In the seats there were kids too weary and dazed to move. I saw young people so wrung out emotionally that they were crying. And I saw kids with crazed eyes and beaming banjo smiles.“[156]

Erotisierung der Schamanenrolle

Es hat sich bereits gezeigt, dass Morrison bei seiner Aneignung des Schamanenkonzepts dessen (diachron betrachtet) wesentliche Elemente – Pathologisierung, Tranceinduktion, ekstatische Seelenreise, performative Elemente und die Vermittlerrolle – übernommen hat. Allerdings hat er bei diesem Aneignungsvorgang dem Schamanenkonzept eine neue Komponente hinzugefügt: Dass es seine Absicht war, eine Bewusstseinsveränderung (sowohl bei sich selbst als auch beim Publikum) durch Einflussnahme auf die Sinne zu erzielen, wurde bereits erwähnt. Dieser körperlich-sinnliche Fokus war allerdings eindeutig sexuell konnotiert. Eine latente Parallele von ritueller und sexueller Ekstase wird besonders in der Assoziation des Begriffs der Ekstase (der ja etymologisch betrachtet das Aus-sich-Heraustreten be-

155 Dalton 1991: 70.

156 Lisciandro 1982: 31.

schreibt) mit körperlicher und mentaler Erregung, Hochgefühlen und der Aufhebung der Subjekt-Objekt-Trennung[157], sowie in der rituellen Struktur von Spannungsaufbau, Höhepunkt und Spannungsabfall deutlich. In Morrisons künstlerischem Entwurf und dessen öffentlicher Rezeption wird diese Parallele explizit: Auf der Ebene der konkreten Umsetzung war Morrisons ‚Bühnenadaptation' des schamanischen Rituals von Elementen (wie seinem attraktiven Äußeren, seinen engen Lederhosen, lauernden Blicken, Bewegungen, die an Kopulation mit dem Mikrophonständer denken lassen, Stöhnen und Schreien[158]) durchsetzt, deren erotisierende Wirkung auf das Publikum nahezu sprichwörtlich geworden ist.

Auf der Ebene seiner – das öffentliche Image stiftenden – Selbstmythologisierung geht der Schamane eine Symbiose mit dem nicht unwesentlich im erotischen Feld agierenden Dionysos ein.

Auf struktureller Ebene schließlich erfüllen Kunst, Sexualität und Ritual analog zueinander ihre Funktion als Methoden des ‚Durchbruchs', der Transzendenzerfahrung.

Es kann also von einer Erotisierung der Schamanenrolle gesprochen werden, die in direktem Zusammenhang mit der Aneignung des Konzeptes in einen zeitlichen und kulturellen Kontext hinein steht, der von der Idee einer ‚sexuellen Revolution' geprägt war, und auch aus Jim Morrisons Gespür für Medienwirksamkeit und gezielt gesetzte Provokation heraus entstand.

4.3 A DOG WITHOUT A BONE

Aus der Integration der Schamanenrolle in den Kontext der 60er Jahre, in das Geschäft der Rockmusik und in Morrisons künstlerisch-philosophischen Entwurf ergibt sich eine Dynamik, die meines Erachtens wesentlich zu seinem persönlichen Scheitern beitrug. Drei Fragen drängen sich hier auf:

Wie ist ein philosophischer Entwurf, der auf harmonisierende Vereinheitlichung und letztlich Desubjektivierung zielt, mit der betonten Zentrierung des künstlerischen Entwurfes auf die Person des Künstlers vereinbar?

157 Vgl. Schmid 2009: 18 f.

158 Vgl. z.B. The Doors et.al. 1987 [1968]: *Live at the Hollywood Bowl.*

Kann die Übernahme der schamanischen Führerrolle dazu beitragen, die geistige Unabhängigkeit des Publikums zu befördern, wie Morrison es sich zum Ziel gesetzt hatte? Und wirkt die in der ‚Séance' herbeigeführte Katharsis tatsächlich subversiv, wie er zunächst annahm, oder wirkt sie systemstabilisierend?

Tatsächlich wurde Morrison sich dieser Problematiken schnell bewusst, was direkte Auswirkungen auf seine Konzeption der Schamanenrolle hatte.

Ersatzrevolutionen

1971 bezeichnete der Sänger in einem Interview die Musik und Ideen der *Doors* als naiv und zeitbedingt[159]. Sein Unterfangen, Unruhe zu stiften, sei

> „ein Witz, weil es zu nichts führt. Ich glaube, es wäre besser, ein Konzert zu geben und all die Gefühle unten zu halten, so dass sie, sobald sie wieder draußen sind, diese Energie mit auf die Straße und nach Hause nehmen könnten. Besser, als sie sinnlos in einem kleinen Massenausbruch zu vergeuden."[160]

Kurze Ausbrüche gewaltsamen Protests – „Ersatzrebellionen"[161] – gingen mit einer insgeheimen Komplizenschaft mit den Unterdrückern gemein. Morrison war also zu dem Schluss gekommen, sein öffentliches Handeln habe letztendlich keine subversive, sondern eine – nach Art eines Ventils – systemstabilisierende Wirkung.

Zudem wurde er seiner eigenen Unsicherheit und der Unausgegorenheit seiner politischen Aussage umso mehr gewahr, als das Publikum ihn als Leitfigur akzeptierte; gegenüber Mark Anatin, einem der Mitglieder des *Living Theater*, äußerte er diese Zweifel: „He felt everyone was waiting for him to speak, ready to obey his every word, and this was a tremendous responsibility, but Jim didn't know what to say."[162] Auch von der Haltung seines Publikums war er letztendlich enttäuscht: „Es war nie in meinem Sinn, dass ein Publikum so passiv werden sollte, wie es das geworden

159 Vgl. Morrison 1971, in: Chorush/Morrison 1971: 238.

160 Ebd.: 237.

161 Morrison 1969, in: James/Morrison 1981 [1969]: 9.

162 Anatin 1969, in: Collmer 2001: 697; siehe auch Hopkins/Sugerman 1991 [1980]: 218.

ist."[163] Der anfängliche Elan, der in der Idee steckte, eine äußere Revolution sei durch die geistige Befreiung des Einzelnen zu erreichen, wich einer resignierten bis zornigen Ernüchterung: „I offer images [...] – But we can only open the doors – we can't drag people through."[164]

„How can I set free anyone who doesn't have the guts to stand up alone and declare his own freedom? I think it's a lie – people claim they want to be free – everybody insists that freedom is what they want the most, the most sacred and precious thing a man can possess. But that's bullshit! People are terrified to be set free – they hold on to their chains. They fight anyone who tries to break those chains."[165]

In every face I see, I´m the freedom man

Seine eigene Rolle fasste er dementsprechend mehr und mehr als die eines Stellvertreters auf, auf den dieses passive Publikum seine unterdrückten Triebe wie auch seine Wunschvorstellungen projiziere. Bereits Ende 1967 äußerte er gegenüber Richard Goldstein einen entsprechenden Gedanken: „...maybe they think someone else can take their trip for them"[166] – was ja tatsächlich der Rolle eines Schamanen entspricht, der im Auftrag seiner Gemeinschaft auf seine Reise geht. Das Paradoxon der emphatischen Annahme einer Führerrolle innerhalb eines am Ideal der Autonomie des Einzelnen orientierten Gedankengebäudes zeichnet sich hier deutlich ab. Letztlich stellte Morrison fest, dass sein mittels systematischer öffentlicher Selbstmythologisierung geschaffenes Image „auf ihn zurückgefallen" war[167]: „I suddenly realized I was a puppet of a lot of forces I only vaguely understood"[168]. Ihren künstlerischen Ausdruck fand diese Erkenntnis im Text von *Universal Mind*:

163 Morrison 1971, in: Chorush/Morrison 1971: 242.

164 Morrison 1969, in: James/Morrison 1981 [1969]: 9.

165 Ebd.: 7.

166 Goldstein 1997 [1967]: 6.

167 Vgl. Morrison 1969, in: Hopkins/Morrison 1969: 200.

168 Morrison o.J, in: Dalton 1991: 139.

„I was doing time
In the universal mind
I was feeling fine“[169]:

Dies bezieht sich vermutlich auf das imaginäre Dasein im Ur-Einen, im *Universal Mind*, auf die Zeit vor der Gründung der *Doors*, in der er sich seinem privaten Literatur- und Philosophiestudium und seiner Dichtung widmete.

„Then you came along
With a suitcase and a song
Turned my head around“:

Bandkollegen und Manager treten mit Rockmusik und Reisekoffern auf; aus dem privaten Dasein im *Universal Mind* wird ein öffentliches Projekt.

„Now I'm so alone
Just looking for a home
In every face I see
I'm the freedom man
I'm the freedom man
I'm the freedom man
That's how lucky I am“:

Das Dasein als Rockstar führt zur Einsamkeit; als Verkörperung der ‚Freiheit‘, als „freedom man“, agiert er stellvertretend die Wünsche Anderer aus. „That's how lucky I am“ ist offensichtlich als nichts anderes denn bittere Ironie aufzufassen. Auch die oberflächliche Rezeption des erotischen Aspektes seines künstlerischen Entwurfes verbitterte ihn offensichtlich:

„Sie haben sich zu sehr auf mein Fortpflanzungsorgan konzentriert und die Tatsache vernachlässigt, dass ich ein einigermaßen gesundes männliches Exemplar bin, das auch noch anderes hat als die üblichen Arme, Beine, Rippen, Thorax, Augen...sogar ein Kleinhirn...“[170]

169 The Doors 1991 [1970]: *In concert*, Disc 1, Track 9.

170 Morrison 1970, in: Stevenson/Morrison 1992 [1970]: 223.

Gegen Ende 1968 beschloss Morrison, seine Tätigkeit in der Band aufzugeben, ließ sich aber von Manzarek überreden, wenigstens ein halbes Jahr weiterzumachen[171]. Im Frühjahr 1969 bei einem Konzert in Miami unternahm er, unter dem Eindruck einiger Vorstellungen des *Living Theater* und deutlich alkoholisiert, einen – wie er es selbst interpretierte – Versuch, sein Image durch Übersteigerung ad absurdum zu führen, indem er nach einer wüsten Beschimpfung des Publikums als „Sklaven" und „Idioten" ankündigte, sich auf der Bühne auszuziehen. Obwohl er dies letztendlich nicht tat, nutzten die Behörden diesen Vorfall, um ihn vor Gericht zu stellen; der Prozess, dessen Anklagepunkte auf „indecent exposure" und „public profanity" lauteten, nahm einen Großteil des Jahres 1970 ein und war zum Zeitpunkt von Morrisons Tod noch in Berufung[172]. Generell versuchte er ab 1969 mit verschiedenen Mitteln, sein öffentliches Image abzuschütteln: Er nahm zu, ließ sich einen Vollbart wachsen, boykottierte Konzerte durch Volltrunkenheit oder lange Gedichtrezitationen, stand bewegungslos auf der Bühne und sang bevorzugt Blues.

Sündenbock

Mit dieser äußeren Wandlung ging auch auf theoretischer Ebene eine Modifikation der Schamanenrolle einher. Dass Morrison das Konzept der *Doors* bald als naiv einschätzte, wurde bereits erwähnt. Des weiteren stellte er die Behauptung auf, seine öffentliche Selbstmythologisierung, insbesondere der *Lizard King*, sei selbstironische Spielerei und ein Experiment gewesen, das die Möglichkeit einer Manipulation der Presse durch bestimmte Phrasen auszutesten beabsichtigt hätte[173].

Die Rolle des Schamanen allerdings interpretierte er bald (seiner Auffassung entsprechend, er agiere stellvertretend die Wünsche Anderer aus) nicht mehr als die eines Retters oder Heilers, sondern als die eines „Sündenbocks", was der psychoanalytischen Interpretation des Schamanismus als Methode der kollektiven Kanalisation unbewusster Triebe entspricht:

171 Vgl. Manzarek 1998: 287.

172 Vgl. Fong-Torres 1992 [1971]: 248.

173 Vgl. Morrison o.J., in: Moddemann 2001: 155.

„I see the role of the artist as shaman and scapegoat. People project their fantasies onto him and their fantasies come alive. People can destroy their fantasies, by destroying him. I obey the impulses everyone has, but won't admit to. By attacking me, punishing me, they can feel relieved of those impulses“[174].

Hier wird bereits deutlich, dass er das Konzept, das er sich angeeignet hatte, seiner persönlichen Situation entsprechend modifizierte. Die Interpretation des Schamanen als Sündenbock schlägt zugleich den Bogen zum Motiv des Märtyrers, das Morrison bereits in *Unknown Soldier* auf sich angewandt hatte.

Der ‚private Schamane'

Da er die einmal angenommene Rolle des Schamanen, auf die er immer wieder angesprochen wurde, genau wie die anderen Teile seines Selbstentwurfes aufgrund der entstandenen kollektiven Dynamik nicht einfach ablegen konnte, versuchte Morrison weiterhin, das Konzept zu seinen Gunsten umzuinterpretieren. Das Verhängnis, das in der Bindung des gesamten künstlerischen Entwurfs an seine Person lag, versuchte er durch eine radikale Umkehr des Schamanenkonzeptes zumindest auf theoretischer Ebene aufzulösen: Er erwähnte eine Theorie (ohne deren Herkunft zu benennen), die besage, in Aristoteles' Katharsiskonzept gehe es tatsächlich gar nicht um die Katharsis des Publikums, sondern um die Reinigung der Gefühle der Schauspieler; das Publikum sei lediglich Zeuge[175]. Analog dazu steht folgende – typischerweise nur indirekt auf ihn selbst bezogene – Aussage im Fernsehinterview mit Richard Goldstein 1969: „I don't think, from what I've read, that the shaman is too interested in defining his role in society. He's just more interested in pursuing his own phantasies“[176]. Durch die These einer privaten Katharsis beziehungsweise privaten Ekstase, die die ursprünglichen Konzepte umdreht, versuchte er dem Schamanenkonzept genau jene soziale Komponente zu entziehen, die ihm zur Last geworden war. Seine Selbstmythologisierung, die sich um die Figur des Schamanen

174 Morrison 1969, in: James/Morrison 1981 [1969]: 9.

175 Vgl. Morrison 1967, in: Goldstein/Morrison 1997 [1967]: 6.

176 Morrison 1969, in: Goldstein/Morrison 1992 [1969]: 191 (englische Originalversion siehe www.youtube.com/watch?v=dAssS1VbEZE).

rankte, war von so großer kollektiver Wirkmacht gewesen, dass sie auf Morrison selbst zurückschlug, weshalb er wiederum versuchte, durch eine entsprechende Modifikation des Schamanenkonzeptes die entstandene Dynamik wieder in den Griff zu bekommen (man beachte, dass er zu Beginn seiner Karriere den Schamanen als „Schlüsselfigur im religiösen Leben des Stammes" bezeichnet hatte).

Aus der Perspektive der kulturellen Aneignung ist dieser Rückkopplungseffekt (obwohl am Einzelnen beobachtet) von Interesse, da er geradezu modellhaft die Dialektik von Aneignungsprozessen unter Beweis stellt.

Scheitern

Auf die direkte Nachfrage, ob er sich als Schamanen betrachte, antwortete Morrison schließlich: „The shaman is a healer [...]. I don't see people turning to me for that. I don't see myself as a savior." [177] Außerdem benutzte er mehrfach die Metapher des Schamanen, um das Scheitern seines Selbstauswechslungs- und Selbstmythologisierungsprojektes zum Ausdruck zu bringen. Sowohl auf öffentlicher als auch auf persönlicher Ebene befreite ihn dieses Projekt nicht, sondern es nahm ihn lediglich auf neue Weise gefangen.

In *Shaman's Blues*, das zugleich die langjährige und unstete Beziehung zu seiner Freundin Pamela Courson und das Leiden und die Zweifel an der Schamanenrolle thematisiert, fühlt sich der Sänger, offenbar im Dialog mit sich selbst, von Bären (schamanischen Hilfsgeistern in Nordamerika) verfolgt („Did you stop to consider? / How it will feel / Cold, grindin' grizzly bear jaws /Hot on your heels?" [178]) und beklagt die eigene Machtlosigkeit und Trauer angesichts seiner Isolation: „How you must think and wonder / How I must feel / Out on the meadows / While you're on the field / I'm alone for you /And I cry" (der Gegensatz von „meadow" und „field" bezeichnet den von ‚wilder' und ‚bezähmter' Natur, von ‚verzaubertem' und ‚entzaubertem' Bereich: Der Schamane ist zwar ‚durchgebrochen', bleibt aber im transzendenten Bereich einsam[179]). In einem Gedicht, das offensichtlich

177 Morrison 1969, in: James/Morrison 1981 [1969]: 9.

178 The Doors 1969: *The Soft Parade*, Track 3.

179 Vgl. Collmer 1997 [1994]: 341.

als imaginärer Dialog mit den Geistern vom Highway zu lesen ist, nehmen diese sehr bedrohliche Züge an:

„The Crossroads
a place where ghosts
reside to whisper into
the ear of travelers &
interest them in their fate [...]

Why do you call us?
You know our price. It
never changes. Death of
you will give you life
& free you from a vile
fate. But it is getting late. [...]

Soon our voices must become
one, or one must leave.“[180]

Das Gedicht bringt sowohl Morrisons innere Zerrissenheit als auch die Unwiderrufbarkeit der einmal gewählten Rolle zum Ausdruck (die Geister, die er rief…).

In dieselbe Kerbe schlägt das ungleich berühmtere Stück *Riders on the Storm*, dem letzten Lied auf dem letzten Album der *Doors*: Zunächst wird darin die Geschichtlichkeit und Individuation des Menschen beklagt; auch wenn man nicht Thomas Collmers Argumentation folgt, die „into this world we're thrown“ mit dem „Geworfensein“ aus Heideggers Philosophie assoziiert, evoziert die erste Strophe die bekannte Grundstimmung von Einsamkeit, Fremdheit und verlorener Einheit:

„[…] Riders on the storm
Into this house we're born
Into this world we're thrown
Like a dog without a bone

180 Morrison 1988 [o.J.]: 46.

An actor out on loan
Riders on the storm [...]“[181]

Die zweite Strophe greift das Hitchhiker-Mythologem auf; die Gefahr, die im eingangs beschriebenen Projekt der Selbstkonstitution durch Selbstauswechslung liegt, wird offenbar (Collmer verweist in diesem Zusammenhang auf die schon erwähnte „Einheit von Selbstkonstitution und Selbstdestruktion“[182]):

„There's a killer on the road
His brain is squirming like a toad [...]
If you give this man a ride
Sweet family will die
Killer on the road“

Der Interpretation Collmers zufolge, die ich hier zumindest zur Diskussion stellen möchte, enthält die Zeile „like a dog without a bone“ ein verschlüsseltes Eingeständnis des Scheiterns der Selbstidentifikation als Schamane. Collmer verweist auf Eliades Schilderung schamanischer Initiationen, bei denen das Skelett des Initianden von Geistern zerlegt und die Knochen gezählt werden. Schamanen verfügen in machen Gesellschaften über einen zusätzlichen Knochen; als fatal erweist sich in jedem Fall das Fehlen eins Knochens: „Wenn beim Zählen der Gebeine eines fehlt, muß jemand aus der Familie sterben, um es zu ersetzen. Dabei kommt es vor, daß bis zu neun Verwandte sterben“[183] – dieser Knochen ist also für ein Dasein als Schamane unerlässlich. Weiter verwendete Morrison häufig das Wort ‚dog‘ nicht einfach als ‚Hund‘, sondern als Umkehrung, als Gegenteil von ‚god‘[184].

181 The Doors 1971: *L.A.Woman*, Track 10.

182 Collmer 1997 [1994]: 358.

183 Eliade 1975 [1951]: 47

184 Vgl. z.B. Morrison 1979 [1969]: 232; Er verwies auf dieses Wortspiel auch in einem Interview, in dem er erzählte, er hätte auf dem Cover von Strange Days gerne eine Menge Hunde abgebildet (Morrison 1968 in Carpenter/Morrison 1968). Die Idee ist vermutlich von James Joyce übernommen (Joyce 1982 [1914]: 422 f., 736 f., 827, 659).

Vor dem Hintergrund dieser beiden Informationen würde „dog without a bone" soviel wie „verkehrter Gott ohne Schamanenknochen" bedeuten – also ein Eingeständnis der Unmöglichkeit, ein ‚echter' Schamane beziehungsweise ‚Gott' zu sein, enthalten. Diese Interpretation hat angesichts der Abwendung von seiner ‚gottgleichen' öffentlichen Rolle durchaus ihren Reiz; auch hätte die Zeile wörtlich genommen wenig Sinn.

Aber auch ohne diese Interpretation bleibt offensichtlich, dass Jim Morrison den ‚Schamanen' zusammen mit allen anderen Elementen seines „late-adolescent myth" liebend gerne über Bord geworfen hätte.

Dichtung, Liebe und Tod

Nach den Studioaufnahmen für *L.A.Woman* verließ Jim Morrison Los Angeles, um sich mit Pamela Courson in Paris niederzulassen, das Trinken aufzugeben und sich dem Schreiben zu widmen. Auch wenn die Interpretation des Dichters Robert Gover, Morrisons Dasein als Rockstar sei im Grunde nur ein „höllischer Weg, Gedichte an den Mann zu bringen", gewesen („a hell of a way to peddle poems"[185]), sicherlich zu kurz greift, lässt sich doch sagen, dass die einzige Rolle, die er offensichtlich durchgehend und ernsthaft beibehielt, die des Dichters war. Das Rockstardasein hatte ein Dasein als Dichter durch die gesteigerte Beachtung in der Öffentlichkeit einerseits ermöglicht und durch die mangelnde Ernsthaftigkeit dieser Art von Beachtung andererseits verunmöglicht. Dieses Dilemma im Zusammenspiel mit der Erkenntnis, dass sein Ziel der Befreiung zur Selbstbestimmung – zumindest mit den gewählten Mitteln – unerreichbar sei, und er sogar – durch seine Stellvertreter- und Ventilfunktion – eine indirekte Komplizenschaft mit dem als unterdrückerisch empfundenen System eingegangen war, brachte Morrison dazu, seine Hoffnungen in die Dichtung zu legen. Dem öffentlichen Ausagieren seines künstlerischen Projektes stand er nach seinen Erfahrungen ablehnend gegenüber: „If I had it to do over, I think I would have gone for the quiet, undemonstrative artist, plodding away in his own garden."[186]

---

185 Gover 1982 [1981]: 141.

186 Morrison 1970, in: Stevenson/Morrison 1992 [1970]: 224; Collmer 1997 [1994]: 117.

Die dritte Strophe von *Riders on the Storm* schließlich rückt auch erstmals – nach Ritual, Drogen, Musik und Erotik als ‚orgiastischen Zuständen' – einen neuen (und vermutlich nicht nur von Erich Fromm als einzigen dauerhaft befriedigend aufgefassten[187]) Weg zur Transzendenz ins Blickfeld, was dem resignierten Ton des Stücks eine gewisse hoffnungsvolle Unterströmung verleiht. Es handelt sich um die Liebe: „Girl, you gotta love your man/ Take him by the hand/ Make him understand/ The world on you depends/ Our life will never end/ Gotta love your man."[188]

In persönlicher Hinsicht schlug bei Morrison auch die Umsetzung dieser Erkenntnis letztendlich fehl, und er beschritt schließlich den letztmöglichen und von vorneherein in seinem Werk angelegten Weg zur Transzendenz: Er starb am 03. Juli 1971 im Alter von 27 Jahren in Paris. Die Todesursache ist nach wie vor ungeklärt; vermutet wird eine Überdosis vom Heroin seiner Freundin, das er für Kokain gehalten hatte[189].

Eine letzte Absage an (schamanische[190]?) Höhenflüge, die im Bild des „kleinen Künstlers in seinem Garten" verbleibt, sei hier zitiert:

> „Words dissemble, words be quick
> Words resemble walking sticks
> Plant them, they will grow
> Watch them waver so
> I'll always be a word man
> Better than a bird man."[191]

187 Vgl. Fromm 2012 [1956]: 23.

188 The Doors 1971: *L.A. Woman*, Track 10.

189 Vgl. Goldmann 1997 [1991]: 144 ff.

190 Vgl. Eliade 1975 [1951]: 157 ff. zu Vogelsymbolismus im Schamanismus, Vogelkostümen des Schamanen etc.

191 Morrison 1970, auf: The Doors 1978: *An American Prayer*, Track 12.

4.4 REZEPTION

Der Schamanenbegriff als Chiffre

Die erste schriftliche Erwähnung des Schamanenbegriffes in einer Publikation über Morrison findet sich in Richard Goldsteins Artikel *The Shaman as Superstar* von 1967. Eingangs zitiert Goldstein Morrison mit einer Aussage über die Funktionen und Trancetechniken des Schamanen, die im wesentlichen seiner oben zitierten Definition entspricht; des weiteren wird die Figur des Schamanen mit einem Zustand „kontrollierten Wahnsinns"[192], dem Streben nach „totalem sinnlichem Kontakt mit dem Publikum"[193] und der sakralen Dimension von Morrisons öffentlichem Image assoziiert[194].

Seitdem ist in der umfangreichen Populärliteratur und den Filmen über Jim Morrison der Begriff des Schamanen so häufig erwähnt worden, dass sich die Autoren des Booklets eines *Doors*-Raritäten-Albums veranlasst sahen, zu schreiben: „The word ‚shaman' has gotten as worn and soiled as a dollar bill that's been passed from pocket to pocket for thirty years"[195]. Tatsächlich sind beim inflationären Gebrauch des Begriffes zwei Dinge festzustellen: Der Begriff wird erstens meist nicht inhaltlich gefüllt (wenn, dann wird er vage mit Ekstase, Wahnsinn, Erotik und Macht über das Publikum assoziiert) und dient zweitens der Erhöhung der Attraktivität der ‚Ware', zu der Jim Morrison und *The Doors* (auch) geworden sind.

Ein Begriff, der in der ethnologischen Literatur im Kontext der Aneignung soziokultureller Konzepte und Institutionen bisweilen Anwendung findet, ist die Chiffre. Wie Rogers in Anlehnung an Buescher und Ono ausführt, bezeichnet der Begriff der Chiffre in diesem Zusammenhang ein soziales Konzept, das wie eine Ware zirkuliert. Hinzu kommt, dass der analytische Begriff der Chiffre kein ‚Original' voraussetzt, von dem diese (‚fehlerhaft') abgeleitet sei, sondern vielmehr die Entkoppelung des Begriffes von der empirischen Realität und seine ‚Verdinglichung' beschreibt. Chiffren werden nicht hinterfragt und erfüllen häufig eine legitimatorische dis-

192 Goldstein 1997 [1967]: 8.

193 Ebd.: 9.

194 Vgl. ebd. 5 f.

195 Booklet des *The Doors Box Set* (1997): 3.

kursive Funktion[196] (als gutes Beispiel erscheinen mir die Chiffren der ‚Freiheit' und ‚Demokratie' in den Diskursen, die bewaffnete politische Konflikte begleiten).

In unserem Zusammenhang lässt sich also sagen, dass der Begriff des Schamanen in der Rezeption des Werkes und Lebens Jim Morrisons zu einer Chiffre geworden ist, ohne damit einen Abgleich zwischen ‚echten' und ‚falschen' Auffassungen von Schamanentum ziehen zu wollen. Der Begriff des Schamanen zieht sich durch die gesamte Literatur, wird selten hinterfragt oder inhaltlich gefüllt, aber oft als ‚Erklärung' für Morrisons Verhalten, seine künstlerische Begabung und seinen tragischen Lebenslauf herangezogen. Auch der Warencharakter der Schamanenmetapher wird durch den Begriff der Chiffre erfasst.

Tendenzen in Literatur und Marketing

Einer Reihe von Rezipienten dient der Schamanenbegriff offensichtlich als ‚label', das die Vermarktung von Büchern, CDs und Filmen befördern soll.

Oliver Stone, den Regisseur des Spielfilmes *The Doors* von 1991, zitiert Hopkins mit den Worten: „Der Schamane – daran hänge ich es auf."[197] Tatsächlich beginnt der Film mit der Unfallszene[198] und greift die Thematik der Besessenheit immer wieder auf: Morrisons ‚Definition' des Schamanen wird über seinen *UCLA*-Abschlussfilm montiert[199]; bei einem gemeinsamen Drogentrip der Bandmitglieder in der Wüste trifft Morrison in einer Höhle auf einen Puma, eine Echse und den ‚Schamanen', den er am Straßenrand verbluten sah; im Auge dieses Indianers sieht er sich selbst auf der Bühne[200]. Im Film erzählt er Patricia Kennealy (siehe unten), sein Vater sei bei dem betreffenden Unfall gestorben[201] (was zwar die Thematik der Auswechslung des Vaters zuspitzt, aber nicht Morrisons tatsächlichen Aussagen entspricht). Das Motiv des Schamanen wird durchgehend beibehalten; sowohl bei einem Konzert in San Francisco als auch bei dem folgenschwe-

196 Vgl. Rogers 2006: 497 f.

197 Hopkins 1992: 28.

198 Stone 1991: min. 2:47.

199 Ebd.: min. 8:15.

200 Ebd.: min. 32:09.

201 Ebd.: min. 01:00:00.

ren Auftritt in Miami tanzen Indianergeister mit Morrison auf der Bühne[202]. Durch die Überblendung der Bühnenszene mit um ein Lagerfeuer tanzenden Zuschauern wird der Eindruck einer schamanischen Séance evoziert[203]. Angesichts der ansonsten mangelhaften Wiedergabe von Morrisons Gedankenwelt in dem Film, der sich im Wesentlichen auf Liebesbeziehungen und Exzesse jeglicher Art konzentriert, und der stereotypen Darstellung des ‚Indianerhäuptlings' liegt die Vermutung nahe, dass dem Film durch das Besessenheitsmotiv eine mystifizierend-attraktive Note hinzugefügt werden soll, die aber letztlich vom sonstigen Geschehen seltsam entkoppelt im Raum steht.

Interessant ist auch, dass Andy Warhol im Film Jim Morrison ein goldenes Telefon übergibt mit der Bemerkung, man könne durch dieses mit Gott sprechen[204] – eine moderne Variante des Topos des ‚Mittlers zwischen den Welten'.

Keyboarder Ray Manzarek, der bis heute zusammen mit Robby Krieger und wechselnden Sängern Konzerte mit unveränderten *Doors*-Liedern gibt[205], ist ein gutes Beispiel für affirmatives Deklamieren: Sein Buch *Light my Fire* über seine Zeit mit Morrison und der Band zeichnet sich durch die mythische Überhöhung bestimmter Ereignisse aus; so heißt es über die Begegnung am Strand von Venice, bei der Morrison ihm *Moonlight Drive* vorsang: „The chief ghost, the angel of death, brushed my shoulder at that instant, but I feared it not. […] This was just too good not to be. This will be. This will happen"[206]; oder über das letzte Konzert der *Doors* im Dezember 1970 in New Orleans:

> „[…] Jim was gone. I could feel him leave. And then I looked up and was shocked. He was standing at the microphone! He hadn't left stage. Only his essence had. And it was streaming up from his stomach and out through his crown chakra. Out into that voodoo night."[207]

---

202 Stone 1991: min. 01:34:00 und 01:51:00.

203 Ebd.: 01:34:00.

204 Ebd.: min. 55:00.

205 Der vorliegende Text ist 2012 verfasst. Ray Manzarek verstarb am 20. Mai 2013 im Alter von 74 Jahren in einer Krebsklinik in Rosenheim, Bayern.

206 Manzarek 1998: 97.

207 Ebd.: 341.

Bei einem Konzert am 03. Juli 2011 (Jim Morrisons vierzigstem Todestag) in Paris, welches ich besuchte, rief Manzarek während *Break on Through* mit ausgebreiteten Armen ins Publikum: „And now open your doors of perception – get in contact with Jim Morrison!“ Stilistisch verwandt erweist sich auch seine emphatische Anwendung der Schamanen-Chiffre: „Jim's contribution to music was that Jim was *real.* [...] He was not a performer, he was not an entertainer, he was not a showman – he was a shaman.“[208] „It was like Jim was an electric shaman and we were the electric shaman's band. [...] the band would keep pounding and pounding, and little by little it would take him over. God, I could send an electric shock through him with the organ.“[209]

Ohne hier in moralisierende Kritik verfallen zu wollen, lässt sich doch sagen, dass Manzarek auf stark vereinfachende Weise Gebrauch von Morrisons Metaphorik macht, gewisse von diesem stets hinterfragte Annahmen festschreibt und sich selbst zum ‚Mittler‘ zwischen Morrison und dessen gegenwärtigen Anhängern stilisiert (davon zeugt auch seine nach wie vor nicht dementierte Erzählung, Morrison sei gar nicht tot und er vermute ihn auf den Seychellen[210]). Gewisse finanzielle Vorteile sind damit sicherlich verbunden.

Eine wesentlich weniger prominente Stellung nimmt die Chiffre des Schamanen in denjenigen Veröffentlichungen ein, die um eine nüchterne Darstellung des ‚Mythos‘ um Morrison bemüht sind. So überschreibt Schlagzeuger John Densmore in seinem Buch *Riders on the Storm*, das – durchgehend in der zweiten Person an Morrison gewandt – ein persönliches Aufarbeiten der schwierigen Beziehung zu seinem Sänger und der Schuldgefühle angesichts dessen frühen Todes ist, lediglich ein Kapitel mit „Shaman's Blues“[211], greift den Begriff aber im Text nicht weiter auf. Ähnlich geht der 2010 erschienene, aus Original-Filmmaterial geschnittene Dokumentarfilm *When you're strange* von Tom DiCillo vor, der sich an einer sensibel-menschlichen Darstellung Morrisons versucht. Darin wird fälschlicherweise allein Ray Manzarek als Urheber des Schamanenvergleiches

208 Manzarek 1981, in: Forbes 1981: min. 06:09.

209 Manzarek o.J., zit.in: Dalton 1991: 75.

210 Vgl. o.V., in: Süddeutsche Zeitung vom 07.07.2008.

211 Densmore 1991: 185.

erwähnt[212]. Das ganz in aufklärerischem Duktus gehaltene Buch *Jim Morrison. Poet und Rockrebell* von Dylan Jones versucht Morrison zu ‚demaskieren', indem es dessen Auftreten als auf umfassender Bildung beruhende prätentiöse „Pose" interpretiert und deren Wirksamkeit durch blanke „Dummheit"[213] des Publikums erklärt, das den ironischen Grundton nicht verstanden habe. Dementsprechend äußert er sich zum Schamanismus: „Was braucht man denn im Grunde dazu? Was ist denn ein Schamane? Da kam kein leuchtendes Strahlen vom Himmel, ihn umgab keine leuchtende Aura – es war einfach eine psychologische Beziehung zwischen ihm und seinen Bewunderern."[214] Die Konzeption des Schamanen als ‚Scharlatan' durch Vertreter der Aufklärung wird hier ebenso perpetuiert wie die psychoanalytische Interpretation des Schamanismus im Gefolge Freuds.

Eine ganz andere Tendenz zeigt Patricia Kennealy Morrisons Buch *Strange Days*. Die Schriftstellerin, die sich selbst als Hexe bezeichnet und einem neo-heidnischen Templerzirkel angehört[215], hat ihren Angaben zufolge 1970 Jim Morrison in einer keltischen *handfasting*-Zeremonie geheiratet[216] und erwirkte nach dessen Tod das Recht, seinen Nachnamen zu benutzen. Ihre Darstellung betont den spirituellen Aspekt in Morrisons künstlerischem Entwurf sehr stark; sie stellt ihn als seiner Schamanenrolle wesentlich sicherer dar, als er es offensichtlich war, wie folgende Textstelle belegt:

> „‚Du übernimmst die Funktion eines Priesters', sage ich schließlich […]. ‚Eines Schamanen, um deinen Lieblingsausdruck zu verwenden […]. Du vermittelst zwischen Gott und den Menschen […] Das ist es, was Priester und Künstler tun […]'. Jim fährt aufgeregt hoch. ‚*Das* ist es, *genau das* ist es!'"[217]

Die bekannte diskursive Gleichsetzung von Künstlern mit Schamanen als zwei Formen religiösen Spezialistentums wird hier aufgegriffen. Weiter stellt Kennealy Morrison die Behauptung auf, Jim Morrison hätte sich mit

212 DiCillo 2010: min. 21: 40.

213 Jones 1990: 104 ff.

214 Ebd.: 101.

215 Siehe dazu http://www.facebook.com/patricia.kennealymorrison.

216 Vgl. Kennealy Morrison 1998 [1992]: 187 ff.

217 Ebd.: 77.

Sicherheit in ihren religiösen Zirkel initiieren lassen, hätte er länger gelebt; im Prinzip sei ein Schamane nichts anderes als ein Hexer. Die ‚Hochzeit' mit ihr interpretiert sie auch dahingehend, er habe in ihr einen Weg gesehen, „zur Spiritualität zu finden"[218]. Ansonsten zeichnet sich Kennealy Morrisons Buch durch eine geradezu exhibitionistische Detailgenauigkeit und eine gehässige Darstellung der vier Jahre nach Jim Morrison verstorbenen Pamela Courson aus; der Impuls, ihn als Element ihrer Identitätskonstruktion und öffentlichen Profilierung zu nutzen, ist offensichtlich (sie führt bis heute das Pseudonym *The Lizard Queen*[219]). Daher liegt die Vermutung nahe, dass die Autorin durch die spiritualisierte Darstellung Jim Morrisons diesen ‚an sich zu binden' sucht, wofür sich eine affirmative Interpretation der Schamanenmetaphorik anbot.

Interessant erweist sich auch die Biographie *Break on through* von James Riordan und Jerry Prochnicky. Die Autoren identifizieren die Besessenheit durch schamanische Geister als entscheidende treibende Kraft hinter Jim Morrisons Handeln[220]: Sie analysieren zwar zunächst die aus dem Schamanismus entlehnten Werkelemente, verlassen aber dann ihren distanzierten Standpunkt: die Geister in seinem Kopf seien sowohl für sein persönliches Verhalten – wie Launenhaftigkeit und „pathologische Züge"– als auch für seine „seherischen Fähigkeiten" verantwortlich gewesen[221]. Daran, dass die Autoren Morrisons „Besessenheit" als Hauptinterpretationswerkzeug benutzen, lässt folgende Textstelle keinen Zweifel mehr:

„The fixation probably began there [beim Unfall auf dem Highway, K.R.], but the actual posession is more likely to have taken place on the Venice rooftop when Morrison made a conscious choice in that direction. […] Like many during the occult revival of the sixties, he simply assumed that all spirits were good spirits, thus opening himself to be used and abused by any spiritual entity that happened to come along."[222]

---

218 Kennealy Morrison 1998 [1992]: 459 ff.

219 So etwa auf ihrem offiziellen Blog: http://mojohotel.blogspot.de/2006/04/lizard-queen-speaks.html.

220 Vgl. Riordan/Prochnicky 1991: 23.

221 Vgl. ebd.: 193 ff.

222 Riordan/Prochnicky 1991: 199 f.

Was bei Morrison selbst stets Teil eines *künstlerischen* – und damit von der Fragestellung der faktischen ‚Richtigkeit' entbundenen – Entwurfes war, wird hier als faktische Gegebenheit vorausgesetzt, womit sich die Autoren – vermutlich unabsichtlich – sehr angreifbar machen.

Ähnlich argumentiert auch Frank Lisciandro, ein Freund Morrisons und Fotograf der *Doors*; auch er sieht in der Besessenheit durch indianische Geister, die Morrison als ‚Medium' nutzten, die Erklärung für dessen außergewöhnlichen Bühnencharakter[223].

Ein interessantes Experiment enthält *Mr. Mojo Risin': Jim Morrison, The Last Holy Fool* von David Dalton: Der Autor lässt – ohne den Übergang zu markieren – die Schilderung eines *Doors*-Konzertes mit einer Passage aus Eliades *Schamanismus und archaische Ekstasetechnik* gipfeln, in der der Schamane in mehrere himmlische Schichten nacheinander durchbricht[224]. Daraufhin stellt Dalton eine rhetorische Frage: „And after, uh...ALL THIS!...man, can one seriously believe in Euclidean geomerty, objectivity, critical distance, the integrated personality?"[225]– Ganz unverhofft finden wir uns an jenen Punkt zurückverwiesen, an dem die dialektische Spannung sich aufzubauen begann, die „ALL DIES!" ins Laufen brachte: die Spannung zwischen Aufklärung und Romantik, Entzauberung und Wiederverzauberung von Mensch und Kosmos.

4.5 FAZIT

Zusammenfassend lässt sich sagen, dass in Morrisons Aneignung des Schamanenkonzeptes alle von Eliade beziehungsweise Castañeda ausgearbeiteten zentralen Elemente – Tranceinduktion, ekstatische Seelenreise, performative Elemente der Séance, die soziale Funktion des Vermittlers und Heilers und das *illud tempus* – Beachtung fanden. Zugleich aber durchlief das Konzept nahezu alle Vorgänge, die einem ‚Ding' während seiner Aneignung geschehen können: Es wurde neu kontextualisiert, um bestimmte Komponenten erweitert, modifiziert und bestimmter Komponenten beraubt, zur Chiffre gemacht und kommerzialisiert. Zunächst setzte Morrison

223 Vgl. Lisciandro 1992: 30.

224 Vgl. Dalton 1991: 75 ff. und Eliade 1975 [1951]: 188 ff.

225 Ebd.: 78.

das Konzept in einen neuen Kontext: Auf theoretischer Ebene ging es eine Synthese mit dem antiken Katharsiskonzept, Nietzsches apollinisch-dionysischer Kunstkonzeption und der Psychologie O'Browns ein. Festzuhalten ist hierbei vor allem, dass Eliades *illud tempus*, zu dem der Schamane in Kontakt treten kann, bei Morrison mit Nietzsches Idee einer „wiederhergestellten Einheit" und der romantischen *unio mystica* verschmilzt, während die schamanische Reise als Analogon zu O'Browns „thalassaler Regression" auftritt. Das selbstentgrenzende, desubjektivierende Moment dieser Konzeptionen ist in der ‚herkömmlichen' Schamanismuskonzeption nicht Bestandteil des transzendenten Bereiches. Auf praktischer Ebene wurde die in der Literatur beschriebene Séance in eine moderne musikalische, darstellende und lyrische Sprache übersetzt und mit Artauds Theatertheorie verknüpft.

Weitere Modifikationen erfuhr das Schamanenkonzept durch eine seine körperliche Komponente hervorhebende Erotisierung, sowie durch Morrisons Versuch, dem Konzept eines seiner zentralen Elemente – nämlich das soziale – aufgrund des Drucks, den es auf ihn ausübte, zu entziehen.

Ein Element des Schamanismusdiskurses, nämlich das besonders intime Verhältnis des Schamanen zur Natur, das insbesondere im neo-schamanischen Bereich in Form eines spiritualisierten ökologischen Bewusstseins sehr stark aufgegriffen wird (und auch bei Joseph Beuys zentral ist), spielt bei Morrison nur eine marginale Rolle. Die zitierte Passage aus *When the music's over* und das Lied *Ship of Fools* auf dem Album *Morrison Hotel* (1970) sind seine einzigen Texte mit ökologischer Thematik.

Wenn man nun das Augenmerk auf Morrisons literarische und philosophische Hintergründe richtet, wird deutlich, dass für ihn genau jene Autoren und gedanklichen Strömungen bedeutsam waren, die, historisch betrachtet, den Schamanismusdiskurs geprägt haben – sein Rückgriff auf die Metapher des Schamanen erscheint vor diesem Hintergrund äußerst naheliegend. Eigentlich beließ er damit das Konzept in dem Sinnzusammenhang, in dem es ‚genealogisch' betrachtet stand, aber höchstwahrscheinlich ohne sich dessen bewusst zu sein: Aus seiner Sicht ergriff er eine Figur, die aus einem anderen kulturellen Kontext zu stammen schien, spielte ihre symbolische Tragweite in der Medienwelt der USA des 20. Jahrhunderts aus und stellte sie in den Zusammenhang der grundlegenden politischen Forderungen seiner Zeit, nämlich der Abwendung von Rationalismus, Militarismus und Kapitalismus und dem Versuch der ‚Wiederverzauberung' der Welt durch die Ideen der ‚psychedelischen' und ‚sexuellen Revolution'.

Augenfällig ist auch, dass Morrisons Künstlerrolle wesentlich von Ideen aus dem Sturm und Drang und der Romantik beherrscht war: Das Paradigma der Voraussetzungslosigkeit künstlerischen Schaffens dürfte der einzige romantische Topos gewesen sein, den der überdurchschnittlich gebildete und sich seiner fehlenden musikalischen Ausbildung häufig schämende Sänger[226] nicht teilte. Seine affirmative Einstellung zu Leid und Schmerz aber, die Verknüpfung der Topoi Liebe und Tod, und insbesondere die Annahme der Rollen des Außenseiters und des ‚wilden Künstlers' entsprechen romantischen Idealen. Morrison hatte sich schon in seiner Jugend mit dem erfolgreichen Werk *The Outsider* von Colin Wilson (1956) beschäftigt, das eine Typologie des künstlerischen Außenseiters erstellt[227]; ihren prominentesten Ausdruck fand die Thematik der Fremdheit und des Außenseitertums wohl im Song *People are Strange* („People are strange / When you're a stranger / Faces look ugly / When you're alone / Women seem wicked / When you're unwanted / Streets are uneven / When you're down […]"[228]). Die ‚Künstlerwildheit' praktizierte Morrison geradezu exemplarisch durch einen exzessiven und libertinären Lebensstil und gezielte Regelverstöße und Tabubrüche. Auch die Vorstellung vom ‚sich selbst verbrennenden' und selbst vernichtenden Künstler hat ihre Wurzeln in der Romantik – eine Vorstellung, die mit Morrisons Selbstentwurf, seiner Biographie und auch deren Rezeption offensichtlich interagiert (über Kausalitäten möchte ich hier nicht spekulieren). Und schließlich stammt aus jener Zeit auch das Idealbild des Künstlers als Heilsbringer und ‚Mittler zwischen den Welten', dem Morrison sich zunächst eindeutig verpflichtete. Angesichts der Tatsache, dass die Konvergenz der Künstler- mit der Schamanenrolle im Falle eines romantischen Künstlerbildes am stärksten ausgeprägt ist, erweist sich der Rückgriff auf die Metapher des Schamanen in Jim Morrisons Fall als geradezu logischer Schluss.

Auf der Ebene der Rezeption blieb trotz seiner Abwendung vom zu Beginn der Karriere geschaffenen Bühnencharakter genau dieser im Gedächtnis; und im dazugehörigen Gedankengebäude erfüllt der Schamane die Rol-

---

226 Vgl. Morrison 1988 [o.J.]: 220 und Densmore 1991: 44.

227 Vgl. Collmer 1997 [1994]: 103 ff.

228 The Doors 1967 b: *Strange Days*, Track 7.

le des Befreiers, Sehers und Märtyrers. Insbesondere die Idee des Märtyrers ist es auch, die sich dafür anbietet, das konsequente Ausagieren – und nicht etwa das Scheitern! – seines ‚Schamanentums' als Erklärungsmodell für den Lebenslauf des Sängers zu benutzen. Weiter wurde deutlich, dass die Schamanenmetapher von den verschiedenen Autoren häufig genutzt wird, um ihren eigenen Standpunkt zu legitimieren; sei es als Chiffre zu Werbezwecken, zu Zwecken der demaskierenden ‚Abwertung' oder der spirituellen ‚Überhöhung' Morrisons und einer (in beiden Fällen) damit verbundenen Selbstaufwertung.

Nachdem es vor allem die zitierten Werke sind, die dem Populärverständnis zugrunde liegen, differiert dieses vermutlich wenig von dem darin vermittelten Bild: Jim Morrison ist entweder der ‚erotische Schamane' oder ein prätentiöser Alkoholiker, manchmal beides zugleich, aber nur selten der ernsthafte, interessante Dichter, der er letztendlich sein wollte. An seinem Grab auf dem Pariser Friedhof *Père Lachaise* grüßten mich fremde Menschen herzlich mit „Break on through!".

5. Joseph Beuys

Joseph Beuys (1921-1986) gilt als einer der bedeutendsten deutschen Künstler der Nachkriegszeit. Auch international nahm er über Jahre hinweg eine Sonderstellung ein: 1979 wurde Beuys von *Capital* zum „größten Künstler der Gegenwart" ernannt, seine Werke wurden zu Stückpreisen von bis zu 300 000 DM gehandelt und das Guggenheim-Museum in New York ehrte ihn mit einer zwei Monate dauernden Werkschau, bei der sich die Versicherungswerte der Exponate auf 18,5 Millionen DM summierten[1].

Beuys verfolgte mit seinem künstlerischen Schaffen einen Ansatz von ungewöhnlich totalitärem und universellem Anspruch, der die Grenzen des herkömmlichen Kunstbegriffes bewusst sprengte und Kunst als das einzig geeignete Medium gesellschaftlicher Veränderung und Verbesserung ansah. Sein Werk besteht aus zwei sich gegenseitig bedingenden und ineinander abbildenden Elementen, nämlich dem bildnerischen und aktionistischen Schaffen einerseits und der Arbeit an seiner Kunst- und Gesellschaftstheorie andererseits. Das Verhältnis dieser Elemente zueinander bezeichnete Beuys als „Parallelprozess"[2]. Da für Beuys' Kunstverständnis die Einheit von Kunst und Leben essentiell war und er auch im Hinblick auf seine Biographie ausdrücklich eine Unterscheidung zwischen Lebens- und Werklauf ablehnte[3], werde ich auch in diesem Kapitel versuchen, Werk, Theorie und Biographie nicht getrennt zu behandeln, sondern deren wechselseitige Durchdringung darzustellen. Dabei folge ich nur zu Beginn einem chronologischen Schema, das, wenn durchgehend angewandt, dem Verständnis

1 Vgl. o.V. 1979, in: Der Spiegel vom 05.11.1979.

2 Beuys o.J., in: Müller 1994: 170.

3 Vgl. ebd.: 16.

der zirkulären Verflochtenheit dieser Elemente nicht zuträglich wäre. Die Analyse mündet schließlich darin, den Platz zu bestimmen, den die Figur des Schamanen in Biographie, Theorie und im herkömmlichen Sinne ‚künstlerischem' Werk von Joseph Beuys einnimmt.

Meine Darstellung stützt sich im Wesentlichen auf Aussagen von Beuys selbst und auf Interpretationen seines Werkes durch einen relativ kleinen Kreis von Biographen, Kunstkritikern und Kunsthistorikern, die sich auf Beuys spezialisiert haben und durch ihre Veröffentlichungen, Ausstellungen und Tagungen ganz wesentlich das Bild von Beuys, vor allem nach seinem Tod, geprägt und zu einem gewissen Grade konstruiert haben. Dem muss allerdings hinzugefügt werden, dass ich mich hier nicht mit dem Bild befassen kann, das die nicht dezidiert an Kunst interessierte ‚breite Masse' der Bevölkerung, die sich nie mit diesem kunsttheoretischen Korpus befasst, von Beuys hat. Dies müsste, um nicht zur reinen Spekulation zu geraten, durch eine empirische Forschung fundiert werden.

Das Populärverständnis von Beuys ist aufgrund der Komplexität und primären Unzugänglichkeit seines Gesamtwerkes vermutlich weit weniger mit (wie auch immer gearteten) Inhalten gefüllt als das von Jim Morrison, der zumindest oberflächlich einem breiten Publikum Einlass und Identifikationsangebote gewährte. Obwohl Beuys sehr daran gelegen war, seine Ideen zu vermitteln, und er spätestens seit seiner von Kontroversen geprägten Zeit als Professor an der Düsseldorfer Kunstakademie und seinem Auftritt auf der *documenta 5* (1972) internationale Berühmtheit und einen Star-Status erlangt hatte, wirkte er stets sehr polarisierend und stieß oft auch nur auf blankes Unverständnis[4]. Der häufig missverstandene Satz „Jeder Mensch ist ein Künstler“, Beuys' ungewöhnliche Werkmaterialen wie Fett, Filz, technische Geräte und (tote) Tiere, sowie seine politischen Aktivitäten und Aktivismen dürften die wichtigsten, aber nicht als in einem einheitlichen Sinnzusammenhang stehend erkannten Elemente des Populärverständnisses von Beuys sein.

Sowohl die Äußerungen von Beuys in Vorträgen und Interviews und sein bildnerisches und aktionistisches Werk, als auch die Sekundärliteratur sind von solchem Umfang, dass sie hier nicht vollständig berücksichtigt werden können. Ich habe daher erstens diejenigen Texte und künstlerischen Werke ausgewählt, die sich explizit mit dem Aspekt des Schamanismus

4 Vgl. Stachelhaus 2004 [1987]: 79, 85.

befassen, und zweitens solche, die ein Grundverständnis des beuysschen Theoriegebäudes ermöglichen.

5.1 KLEVE, KRIM UND KUNSTAKADEMIE

Joseph Heinrich Beuys wurde am 12. Mai 1921 in Krefeld am Niederrhein geboren. Er besuchte das Gymnasium in Kleve und war Mitglied der Hitlerjugend. Bereits in seiner Jugend war er sowohl an Naturwissenschaft als auch an Kunst interessiert: Er unterhielt eine kleine botanische und zoologische Sammlung in seinem Elternhaus, zeigte sich aber auch von einem Buch über die Plastiken Wilhelm Lehmbrucks, das er vor der Verbrennung rettete, tief beeindruckt (in einer Rede 1986 sagte er darüber: „Alles ist Skulptur, rief mir quasi dieses Bild zu. Und in dem Bild sah ich eine Fackel, sah ich eine Flamme, und ich hörte: Schütze die Flamme!“[5]; Lehmbruck habe ihn zur Auseinandersetzung mit der Plastik inspiriert).

Nach dem Abitur wurde Beuys zur Luftwaffe eingezogen, wo er zunächst zum Funker und dann zum Sturzkampfbomber ausgebildet wurde. Rolf Famulla erhebt in seinem Buch *Joseph Beuys: Künstler, Krieger und Schamane* (2009) den Vorwurf, Beuys habe zeitlebens der nationalsozialistischen Ideologie angehangen. Famulla versucht dies mit gemeinsamen Tendenzen wie dem Rückgriff auf Mythologie, einem anti-modernistischen Impuls und einer Sakralisierung von Natur und „Boden“ zu belegen. Mir erscheint diese Argumentation nicht gerechtfertigt, da Beuys sich später sowohl vom Krieg[6] als auch vom Rassismus[7] eindeutig distanzierte und die erwähnten Parallelen eher daraus herzurühren scheinen, dass sowohl die nationalsozialistische Ideologie als auch Beuys' Gedankengebäude auf Thematiken der romantischen Naturphilosophie zurückgreifen, diese aber in völlig verschiedene gedankliche Kontexte stellen.

Ein für Beuys entscheidendes Erlebnis ereignete sich im Winter 1943: Er stürzte mit seinem Flugzeug über der Krim ab und erlitt mehrere Knochenbrüche und Verbrennungen. Das Ereignis wurde nachträglich sowohl

5 Beuys 1986, in: Stachelhaus 2004 [1987]: 14 f.

6 Vgl. von Graevenitz 1993 a: 263.

7 Vgl. Beuys 1985: 1.

von Beuys[8] als auch von Kritikern[9] als Element der (Selbst)mythologisierung des Künstlers verwendet, wobei der tatsächliche Hergang der Ereignisse nicht rekonstruierbar ist. Der gängigen Erzählung zufolge wurde der schwer verletzte und ohnmächtige Beuys von einer Gruppe tartarischer Nomaden aufgefunden und gepflegt, die seine Wunden mit Fett salbten, ihn in Filz wickelten und mit Milch, Quark und Käse ernährten. Mit dieser Episode wird häufig Beuys' spätere Bevorzugung von Fett und Filz als Werkmaterialien begründet[10], was Beuys aber ablehnte: „Ich habe ja nicht Filz, Fett und diese Materialien genommen, weil ich mit den Tartaren zusammen war, sondern diese Sache hat sich aus einer Theorie der Plastik entwickelt [...]“[11] (eine Argumentation, die mit Kenntnis der entsprechenden Theorie nachvollziehbar sein wird). Zudem wird der Absturz vielfach als Beuys' künstlerische beziehungsweise schamanische Initiation gedeutet[12]: Die Analogie von Beuys' Knochenbrüchen und Verletzungen zur Zerstückelung des Initianden im schamanischen Ritual bietet sich für diesen Vergleich an. Wie sich noch zeigen wird, spielt die Thematik der transformativen Krise, die in diesem (und einem weiteren) Ereignis biographisch verankert ist, auch in Beuys' Gedankengebäude eine wichtige Rolle.

Von der Naturwissenschaft zur Kunst

Nach dem Krieg begann Beuys zunächst ein Medizinstudium, zeigte sich aber bald von der Naturwissenschaft enttäuscht: „ich [sah] mich schon als einen Spezialisten im Labor..., der als Zoologe die Beinchen von irgendwelchen Insekten zählt...Ich fühlte, dass meine Möglichkeiten irgendwo anders liegen, bei einem Umfassenderen.“[13] Er empfand den naturwissenschaftlichen Wissenschaftsbegriff als reduktiv, da dieser nicht geeignet sei, nicht-materielle Phänomene zu erfassen:

8 Vgl. Beuys o.J., in: Waberer/Beuys 1990 [o.J.]: 207.

9 Vgl. Stachelhaus 2004 [1987]: 26 und van der Grinten 1990: 13.

10 Vgl. z.B. van der Grinten 1990: 13.

11 Beuys o.J., in: Waberer/Beuys 1990 [o.J.]: 207.

12 Vgl. Kraft 1995: 169 f.; siehe z.B. auch http://www.altertuemliches.at/termine/ausstellung/joseph-beuys- schamane.

13 Beuys 1977, in: Bezzola 1993 d: 288.

„Das ist eben der Wissenschaftsbegriff, der durch die gesamte Entwicklung per Reduktion zustandegekommen ist. Man hat von allem abgesehen, was spiritueller Natur ist, was sich auf das Bewußtsein bezieht..., was sich auf Seelisches bezieht, was sich auf Gefühlsmäßiges bezieht und sogar was sich auf das Prinzip ‚Leben' bezieht."[14]

Obwohl dieser Begriff also, wie Bezzola es formuliert, nicht fähig sei, „die Totalität des Seienden zu erfassen"[15], plädierte Beuys in seiner späteren Theorie nicht für die Abschaffung, sondern für die Erweiterung des Begriffes: Der naturwissenschaftliche Wissenschaftsbegriff (von Beuys oft synonym als „Materialismus" bezeichnet[16]) sei das ideale Instrument, materielle Vorgänge zu erforschen:

„[Es] läßt sich nachweisen, daß ich ihn [den Wissenschaftsbegriff, K.R.] sogar feiere: daß ich ihn aber nur feiern kann als Durchgangssituation in seinem sektorhaften Dasein, in seiner Einseitigkeit und in den Ergebnissen natürlich, dass er immerhin Glanzvolles erreicht hat."[17]

Zudem erklärte er später, der wissenschaftliche Ansatz der „Untersuchung des gesamten Lebenszusammenhanges" [18] – und nicht etwa die Inspiration aus der Kunstgeschichte – habe ihn zur Beschäftigung mit Kunst geführt. So nahm Joseph Beuys 1949 sein Studium bei dem Bildhauer Ewald Mataré an der Kunstakademie Düsseldorf auf, den er auch bald bei Auftragsarbeiten wie der Gestaltung des Südportals des Kölner Doms unterstützte. Parallel zum plastischen Studium begann Beuys auch sein umfangreiches zeichnerisches Werk[19].

14 Beuys 1976, in: Harlan/Beuys 1976: 17.

15 Bezzola 1993 d: 288.

16 Vgl. Müller 1994: 167

17 Beuys 1973, in: Müller 1994: 111.

18 Beuys 1977, in: Tisdall/Beuys 1976: 20.

19 Vgl. Stachelhaus 2004 [1987]: 34 ff.

Rudolf Steiner

Während seines Kunststudiums befasste sich Beuys mit der Anthroposophie Rudolf Steiners, die eine wichtige Inspirationsquelle für sein theoretisches und künstlerisches Konzept werden sollte. Steiners Philosophie, die sich als Gegenbewegung zum naturwissenschaftlichen Positivismus verstand, verfolgte den Anspruch, dem ‚ganzen Menschen' inklusive seiner Empfindungen und Emotionen gerecht zu werden. Steiner griff dabei auf die unterschiedlichsten Quellen (wie zum Beispiel Goethe, die okkulte Tradition, die idealistische abendländische Philosophie, östliche Lehren, die Theosophie und das Christentum) zurück. Erkenntnisse seien im Wesentlichen durch Meditation zu erreichen. Steiner veröffentlichte umfangreiche Werke zu den Thematiken des menschlichen Körpers, des Geistes und der Seele, zu Natur und Kosmos, zu Karma, Reinkarnation und Auferstehung, zu Geschichte und Gesellschaftstheorie und zu seinem pädagogischen Konzept, das bis heute in den Waldorf-Schulen Anwendung findet. Beuys war ab 1973 Mitglied der *Anthroposophischen Gesellschaft*[20]. Die wichtigste Idee, die Beuys von Steiner, auf den er häufig direkt verwies, übernahm, war die der „Dreigliederung des sozialen Organismus" im Rahmen eines freiheitlich-demokratischen Sozialismus: „Und die Menschheit wird nicht weiter mitreden können, ohne daß sie ihren sozialen Organismus im Sinne der Dreigliederung: des Sozialismus für das Wirtschaftsleben, der Demokratie für das Rechts- und Staatsleben, der Freiheit oder des Individualismus für das Geistesleben einrichtet"[21]. Aus dieser Idee leiten sich Beuys' Forderungen nach direkter Demokratie, Neugestaltung des Wirtschaftslebens, freien Schulen und Autonomie des Individuums ab, auf die ich noch näher eingehen werde. Allerdings nahm Beuys durch seine „plastische Theorie" eine eigenständige Erweiterung des steinerschen Konzeptes vor[22].

Die transformative Krise

Nach dem Abschluss des Studiums erlebte Beuys 1954 eine schwere persönliche Krise; Als Auslöser für seine Depression werden das Ende einer

20 Vgl. Bezzola 1993 c: 284.

21 Steiner 1919 in einem Vortrag, zit.in: Harlan/Rappmann/Schata 1976: 28.

22 Vgl. Bezzola 1993 c: 284.

Liebesbeziehung, die Schwierigkeit, als Künstler Fuß zu fassen, die damit einhergehenden materiellen Entbehrungen und die körperlichen und seelischen Nachwirkungen des Kriegseinsatzes genannt. Nachdem er sich tagelang in einer schwarzen Kiste eingesperrt hatte, bekam Beuys Hilfe von den Brüdern Hans und Franz Joseph van der Grinten, die seit 1951 einzelne Werke von ihm gekauft und Ausstellungen für ihn organisiert hatten[23], und deren Mutter, die Beuys auf ihrem Gutshof aufnahm und ihn zur Mithilfe bei der Feldarbeit anhielt. Beuys' Genesung von seiner Depression während dieser Zeit ging mit einem von ihm selbst als entscheidend betrachteten Impuls für sein künstlerisches Schaffen und die Entstehung seiner Theorie einher. Er fertigte eine große Zahl von Zeichnungen, Aquarellen und Skizzen für Plastiken; die Brüder van der Grinten sprachen, so Stachelhaus, von einem „Aufblühen der Schaffenskraft"[24]. Beuys selbst interpretierte die Krise im Nachhinein als transformativ und positiv:

„Ich glaube, diese Phase war für mich eine der wesentlichsten insofern, als ich mich auch konstitutionell völlig umorganisiert habe; ich hatte zu lange einen Körper mit mir herumgeschleppt. Der Initialvorgang war ein allgemeiner Erschöpfungszustand, der sich allerdings schnell in einen regelrechten Erneuerungsvorgang umkehrte. Die Dinge in mir mußten sich völlig umsetzen [...]. Krankheiten sind fast immer auch geistige Krisen im Leben, wo alte Erfahrungen und Denkvorgänge abgestoßen beziehungsweise zu durchaus positiven Veränderungen umgeschmolzen werden. [...] Von da ab begann für mich eine systematische Arbeit an gewissen Grundprinzipien."[25]

Die Analogie zur schamanischen Initiation liegt auf der Hand;, insbesondere wenn diese – wie im *healed healer*-Konzept – als initiale Selbstheilung interpretiert wird, die dann zum Zweck der Heilung anderer reaktualisiert wird. Beuys selbst sprach in diesem Zusammenhang von einer Initiation, deren Sinn es sei, „in eine neue Ebene hineinzukommen"[26]. Auch in der Literatur wird Beuys' Depression häufig als (nach dem Flugzeugabsturz) zweiter Initiationsvorgang in sein Künstler- beziehungsweise ‚Schamanen-

23 Vgl. Stachelhaus 2004 [1987]: 55 f.

24 Ebd.: 65 ff.

25 Beuys o.J., in: Stachelhaus 2004 [1987]: 69 f.

26 Beuys o.J., in: Waberer/Beuys 1990 [o.J.]: 209.

tum' interpretiert[27]. Im selben Interview erläutert Beuys auch, dass seine theoretischen Überlegungen in der Krisenzeit einen entscheidenden Impuls erhalten hätten:

„Da hat sich der Kunstbegriff noch einmal radikal auf eine andere Ebene vorgeschoben. In dieser Krisenzeit hat das noch mal so einen letzten Push gekriegt auf die Radikalität das Begriffes hin. Es haben sich dann unmittelbar und schnell die ganzen Materialien angeschlossen, die Aktionen und Theorien."[28]

Mit dem Ende der Krise fällt auch die Ersterscheinung von Eliades *Schamanismus und archaische Ekstasetechnik* und damit Beuys' erste Beschäftigung mit dem Schamanismus zusammen, die sich bald in ersten (kaum anthropomorph zu deutenden) Gemälden wie „Haus des Schamanen" I und II (1959), „Schamane I" (1961) „Schamane" (1963) und gegenständlichen Zeichnungen wie „Werkzeuge des Schamanen" (1962)[29] niederschlug. Die Überwindung der Krise und die erste Beschäftigung mit dem Schamanismus gingen also chronologisch unmittelbar der Kristallisation der „plastischen Theorie" voraus, in der die Figur des Schamanen eine zentrale Stellung einnehmen sollte.

Neben Eliades Werk bezog Beuys seine Informationen über das Phänomen des Schamanismus aus dem 1957 erschienen Buch *Schamanentum, dargestellt am Beispiel der Besessenheitspriester nordeurasiatischer Völker* des deutschen Ethnologen Hans Findeisen[30]. Findeisen, dessen Buch sich in ähnlicher Weise wie das Eliades mit der schamanischen Berufung, Initiation und Tracht sowie mit rituellen Abläufen und den Aufgaben des Schamanen befasst, spricht sich entschieden gegen die Pathologisierung des Schamanen aus[31]. Findeisen betont die Kreativität und musische Form schamanischer Séancen; Schamanen leisteten spontane Neuschöpfungen auf den Gebieten der Dichtung, der Musik, des Dramas und des Tanzes[32] und stünden als spirituelle Spezialisten in der sozialen Ordnung auf einer

27 Vgl. Kraft 1995: 170 ff.

28 Beuys o.J., in: Waberer/Beuys 1990 [o.J.]: 209.

29 Vgl. Haenlein 1990: Ausstellungskatalog *Eine Innere Mongolei.*

30 Vgl. Borchhardt-Birbaumer 2008: 9.

31 Vgl. Findeisen 1957: 7.

32 Vgl. ebd.: 193.

hohen Stufe, während die technische Ausstattung der betreffenden Völker minimal sei. Im Gegensatz dazu betrachtet er die „Überwucherung unserer eigenen Kultur durch die Ratio als eine enge Spezialisierung", die Gefahren mit sich bringe: Findeisen beklagt die Intoleranz und Aggressivität der „materialistischen Kriegersekte des technisch-rationalen Stiles", die eine geistige Verarmung der Menschheit zu verursachen drohe. Die Vorherrschaft und Suggestionskraft der angewandten Naturwissenschaften müsse zugunsten eines Wiederauflebens der Künste zurückgedrängt werden. Mit diesen Ideen, die den Schamanismus als positive Gegenfolie zur eigenen als negativ empfundenen Kultur nutzt, steht Findeisen eindeutig in der romantischen gedanklichen Tradition; neu ist allerdings der von ihm formulierte Wunsch nach einer Synthese des „rationalistischen Stils" mit den „wuchernden irrationalen Schöpferkräften der nordasiatischen musisch-schamanischen Weltprovinz", die zur Entstehung einer „harmonischen Kultur" [33] führen könne. Obwohl der Gedanke, wenn auch in anderem Zusammenhang, durchaus der dionysisch-apollinischen Kunst- und Kulturtheorie Nietzsches ähnelt, scheint Findeisen insofern eine wichtige Inspirationsquelle für Beuys gewesen zu sein, als er die Utopie einer Synthese von rationalen und intuitiven Kräften direkt mit dem Phänomen des Schamanismus in Zusammenhang bringt: Dieser Gedanke ist, wie sich noch zeigen wird, einer der grundlegenden in Beuys' Aneignung der Schamanenmetapher. Eine weitere Quelle war ab 1965 Lommels *Schamanen und Medizinmänner*, das, wie bereits erwähnt, Schamanismus als den Ursprung von Kunst auffasst und den Schamanen in erster Linie über dessen kreative Fähigkeiten definiert[34].

Professur an der Kunstakademie Düsseldorf

Beuys wurde 1961 als Professor an die Kunstakademie Düsseldorf berufen (nachdem sein einflussreicher ehemaliger Lehrer Mataré dies drei Jahre zuvor mit dem Ausspruch, Beuys sei verrückt, verhindert hatte). Beuys' Lehre stand bereits ganz unter dem Zeichen des „erweiterten Kunstbegriffes", der im nächsten Kapitel dargestellt werden wird. Mit seiner Professur begann für Beuys in den 60er Jahren der Weg in die breite Öffentlichkeit – also in

33 Findeisen 1957: 193 ff.

34 Vgl. Goodrow 1991: 97.

einer Zeit, die, ähnlich wie in den USA, von politischen und kulturellen Protestbewegungen geprägt und daher für die Theorien und Aktionen des Künstlers sehr empfänglich war.

Zeitgeschichtlicher Kontext

Die europäische ‚1968er-Bewegung' (ich konzentriere mich in meiner an Fels (1998) angelehnten Darstellung allerdings auf Deutschland) teilte mit der US-amerikanischen *counterculture* eine fundamentale Kritik an der westlichen Zivilisation und das Verlangen nach alternativen Lebensentwürfen, Authentizität und Selbstverwirklichung.

Herbert Marcuse war auch für die deutsche Studentenbewegung ein wichtiger geistiger Mentor; eine ähnliche Rolle spielte Ernst Bloch, der in seinem Werk *Das Prinzip Hoffnung* die Utopie einer „realen Demokratie" und der Überwindung der Entfremdung im Kapitalismus entwarf. Sein militanter Optimismus, der die Philosophie als „Gewissen des Morgen" sah, entsprach weitgehend der Aufbruchsstimmung der 60er Jahre[35]. Die Studentenbewegung definierte sich über einige zentrale Prinzipien, nämlich

(1) den Antifaschismus, wobei der Faschismus als Auswuchs des Kapitalismus und das westliche System, da kapitalistisch und auf der Ausbeutung der ‚dritten Welt' beruhend, als faschistisch eingestuft wurden[36],

(2) eine antiautoritäre Einstellung, die sich auf die Gebiete der Parteiorganisation, des Staates, der Hochschulen, der Sexualmoralm und der Pädagogik und Erziehung erstreckte[37], und

(3) den Antiimperialismus, der sich vor allem gegen die Politik der USA und ihrer ‚Handlanger' in ehemaligen Kolonialstaaten richtete und beispielsweise Ho Chi Minh und Che Guevara zu Leitfiguren erhob[38].

Während für die Proteste in den USA der Vietnamkrieg eines der zentralen Themen war, lagen die politischen Schwerpunkte der Bewegung in Deutschland auf der Forderung nach kritischer Aufarbeitung der NS-Vergangenheit, die auch im Kampf gegen die Notstandsgesetze und in der Gründung der *APO* (*Außerparlamentarische Opposition*) zum Ausdruck

35 Vgl. Fels 1998: 81 f.

36 Vgl. ebd.: 18 f.

37 Vgl. ebd.: 24 ff.

38 Vgl. ebd.: 35 f.

kam[39]. Zwar gelang es der in erster Linie von Studenten getragenen Bewegung, als deren Anführer der 1940 geborene und 1979 an den Folgen eines rechtsradikalen Attentats verstorbene Rudi Dutschke gilt[40], nie, ihr eigenes Ziel der Eingliederung des ‚Proletariats' in die Bewegung zu realisieren[41], und auch kann die in 1970er Jahren agierende Terroristengruppe der *RAF* als radikalisierter Zweig der Bewegung gelten[42], aber ohne Zweifel hatte die 68er-Zeit großen Einfluss auf den Umgang mit der deutschen Vergangenheit, auf die Revision gesellschaftlicher Normen sowie auf die aufkeimende ökologische und feministische Bewegung.

Auch nach dem Abflauen der Studentenbewegung wirkte deren Geist in den 70er Jahren nach; Beuys' universalistischer Kunstanspruch entsprach diesem Geist insofern, als er – als Gegenbewegung zur grundlegenden ‚Zerrissenheit' – geeignet schien, den empfundenen Mangel an spirituellen Leitfäden zu kompensieren[43]. Beuys selbst sah die Protestbewegungen der 60er Jahre grundsätzlich positiv, interpretierte sie aber als „fragmentarische Kulturen", wobei er sich an einem Ideal der Integration der „menschlichen Hauptkräfte" orientierte:

> „Wenn man die Rockerkultur als reine emotionelle Willenskultur ansieht, dann kommt das dauernd zum Schlagen. Wenn man die Hippiekultur als reine Empfindungskultur nimmt, die das Seelische ganz vereinseitigt, dann kommt das zum Träumen oder zur Droge. Wenn man die reine Kopfkultur nimmt, kommt man zum politischen Theoretikertum der deutschen Studentenbewegung, die sich in ihrem Intellektualismus ebenfalls isoliert hat. So erleben wir ständig, wie der Kopf und das Herz und die Willenskräfte voneinander isoliert werden, der ganze Mensch kommt nicht zustande."[44]

Kunst als Politik, Politik als Kunst

Beuys' Aktionen und politische Aktivitäten aber – in seinem Verständnis beides Kunst – standen dem Zeitgeist ohne Zweifel sehr nahe: 1967 grün-

39 Vgl. Fels 1998: 149 ff.

40 Vgl. ebd.: 118 ff.

41 Ebd.: 144 ff.

42 Vgl. ebd.: 185 ff.

43 Vgl. Neumann 1986: 102.

44 Beuys o.J., in: Waberer/Beuys 1990: 217.

dete er (als Ergebnis mehrer Gesprächsrunden in seiner Akademieklasse und auch als ausdrückliche Reaktion auf die Ermordung des Studenten Benno Ohnesorg bei einer Demonstration) die *Deutsche Studentenpartei*, als deren Ziele er „Abbau nationalistischer Interessen, absolute Waffenlosigkeit, keine Notstandsgesetze, die Einheit Europas und der Welt, Erarbeitung neuer Gesichtspunkte für Lehre, Erziehung und Forschung, und zwar als Fundament für Weltwirtschaft, Weltrecht und Weltkultur“ nannte. In seiner Aussage, die Partei sei „die größte Partei der Welt – aber die meisten Mitglieder sind Tiere“[45], klingt auch bereits eine gewisse ökologische Ausrichtung an.

Was die Hochschulpolitik betraf, folgte Beuys rigoros seinem Ideal der Aufnahme aller Bewerber in eine Hochschule, die er als umfassende Bildungseinrichtung betrachtete. Seine Klasse hatte bald 400 Studenten; 1971 und 1972 besetzte er mehrmals zusammen mit abgelehnten Bewerbern das Sekretariat der Akademie. Daraufhin wurde er im Oktober 1972 von dem damaligen Wissenschaftsminister Nordrhein-Westfalens und späteren Bundespräsidenten Johannes Rau entlassen, was einen internationalen Proteststurm auslöste (so verfassten etwa Heinrich Böll, Peter Handke, Martin Walser und andere prominente Personen einen Protestbrief; ein italienischer Galerist schrieb: „Wir betrachten die Kündigung von Joseph Beuys als Kündigung der gesamten europäischen Avantgarde“[46]) und Beuys zu der zornigen öffentlichen Aussage veranlasste, der Staat sei „ein Untier, das bekämpft werden muß. Ich habe mir zur Aufgabe gemacht, dieses Untier Staat zu zerstören.“[47] Ab 1973 wurde er an der Akademie Düsseldorf wieder geduldet und 1978 endgültig wieder eingesetzt[48].

1974 gründete Beuys, der das Ideal eines freien, sich selbst verwaltenden Schul- und Hochschulwesens vertrat, Kreativität und Kunst als das „eigentliche Kapital“ der Menschheit betrachtete und das gegenwärtige Hochschulwesen „von Ideologien besetzt“[49] sah, die *Free International University*, die es sich – im Einklang mit den pädagogischen Prinzipien Steiners – zum Ziel setzte, im kreativen Miteinander von Lehrenden und

45 Beuys o.J., in: Stachelhaus 2004 [1987]: 136 f.

46 Zit.in Stachelhaus 2004 [1987]: 128.

47 Beuys 1972, in: Stachelhaus 2004 [1987]: 127.

48 Vgl. ebd.: 133.

49 Beuys 1985: 3 f.

Lernenden die durch Gewalt, Gleichgültigkeit und Umweltzerstörung „verschütteten Lebenswerte" zu reaktivieren. Im Lehrplan standen neben reinen Kunstfächern auch Fächer wie „Erkenntnislehre", „Solidarität und soziales Verhalten", „Sinneslehre" und „Kritik der Kritik"[50]. Ein erstes Institut nach diesem Modell wurde in Dublin eingerichtet; 1977 unterhielt Beuys auf der *documenta 6* in Kassel ein Informationsbüro, in dem er 100 Tage lang der Öffentlichkeit sein pädagogisches Konzept und seine Gesellschaftsutopie im Kontext des „erweiterten Kunstbegriffes" erläuterte[51]. Weiter war Beuys 1979 maßgeblich an der Gründung der Partei *Die Grünen* beteiligt; allerdings warf man ihm aus deren Reihen bald mangelnden Realitätssinn vor („Was soll man mit jemandem anfangen, der die Partei als Skulptur versteht?"[52]), und Beuys selbst übte an der späteren Entwicklung der Partei scharfe Kritik: „[...] politikfähig zu sein heißt, auf alles zukünftige Ideenpotential zu verzichten."[53]

Beuys kann also durchaus als ‚Kind seiner Zeit' gelten, aber sein Gedankengebäude erhält durch das Konzept des „erweiterten Kunstbegriffes", der Gegenstand des folgenden Kapitels sein wird, eine starke Individualität.

5.2 SOZIALE PLASTIK: KÄLTE, WUNDE, HEILUNG, WÄRME

Als Grundlage allen politischen und künstlerischen Handelns Joseph Beuys' können seine „plastische Theorie" und der darin verankerte „erweiterte Kunstbegriff" gelten. Im Folgenden soll nun dargestellt werden, wie sich dabei Theorie und Praxis durchdringen und welche Rolle die Figur des Schamanen in diesem Gedankengebäude spielt.

Weltmodell

Beuys' Theorie liegt ein Weltmodell zugrunde, das in weiten Teilen dem der romantischen Naturphilosophie entspricht. Beuys' geistige Nähe zur

50 Vgl. Stachelhaus 2004 [1978]: 146.

51 Vgl. ebd.: 149.

52 Ebd.: 142.

53 Beuys 1985: 5.

Romantik (und auch zu Nietzsche, mit dem er sich nachweislich befasste) zeigt beispielsweise folgendes von ihm während der Kriegsjahre verfasstes Gedicht:

> „Nordischer Frühling
> O Frühling
> Deine tausend Kräfte strömen in mich hinein
> wenn ich durch den Wald gehe
> wie Baum an Baum hier das frühe Licht empfangen
> durch das Filigran der Kronen fällt der rote
> Schimmer auf die grünen Blätter [...]
> Der Mensch fühlt, dass
> die Pflanzen und Tiere seine Verwandten sind.
> [...] Der Mensch kann was er will durch sein
> Genie und seinen fanatischen Willen das dionysische ins
> apollinische Apollo mit Dionysos [...]“[54]

Beuys, der einmal den Hasen als „Außenorgan“[55] des Menschen bezeichnete, vertrat die Ansicht, Tiere sollten über Rechte und „Mitspracherecht“ verfügen; auch war ihm der ökologische Ansatz seiner Zeit nicht tief genug gefasst: „Ich wollte das noch komplexer darstellen, auch spiritueller. [...] Da wird die Sache übersinnlich. Es gibt nicht nur oberhalb und unterhalb des Menschen sehr viele Dinge, die wie Organe in der Außenwelt zu ihm gehören.“[56] In diesem Modell eines verwobenen, spirituell durchdrungenen Weltganzen treten die Tiere als „Götter“ und „Engelwesen“[57] auf. Sie stehen für Transzendenz, die Möglichkeit des Zugangs zu anderen, verborgenen Regionen der Welt[58]: „Das spricht von einem Reich oberhalb des Menschen, von einer geistigen Dimension, die im Menschen selbst enthalten ist.“[59] So treten in Beuys' Werk häufig Hasen, Hirsche, Elche, Bienen und

54 Beuys o.J., in: Stachelhaus 2004 [1987]: 24 f.

55 Beuys o.J., in: Müller 1994: 114 und Stachelhaus 2004 [1987]: 78.

56 Beuys o.J., in: Waberer/Beuys 1990 [o.J.]: 201.

57 Ebd.: 201 f.

58 Vgl. Tisdall 1979: 21.

59 Beuys o.J., in: Waberer/Beuys 1990 [o.J.]: 202.

Schwäne auf, die über einen jeweils spezifischen symbolischen Gehalt verfügen.

Wipplinger weist darauf hin, dass die Nähe zum romantischen Naturverständnis „geradezu den Weg zu einer Auseinandersetzung mit Mythologie und Schamanismus [ebnete]“[60] – meines Erachtens insbesondere deshalb, weil, wie ich gezeigt habe, die westliche Konzeption des Schamanismus maßgeblich von dieser Philosophie beeinflusst war.

Die plastische Theorie und der erweiterte Kunstbegriff

Beuys' Theorie geht von einem Grundgedanken aus: er definiert „Plastik“ als den Prozess der Transformation von Chaos in Form mittels Bewegung. In seinen Worten: „Plastik ist eine Kräftekonstellation, die sich zusammensetzt aus unbestimmten chaotischen, ungerichteten Energien, einem kristallinen Formprinzip und einem vermittelnden Bewegungsprinzip.“[61] Dabei wird das Chaotische mit dem Amorphen, der Wärme, der Ausdehnung und dem Gefühl assoziiert, das Geformte dagegen mit dem Kristallinen, der Kälte, der Kontraktion und der Logik[62]. „Nur aus dem Chaos kann etwas kommen“[63] – „Aus dem allgemeinen Unbestimmten muß etwas zur Bestimmtheit kommen“[64]: Plastik entsteht also zwischen diesen beiden Polen. Diese äußerst weit gefasste Definition erlaubt es, den Begriff der Plastik nahezu unbegrenzt anzuwenden: Beuys betrachtet Denken und Sprechen als plastische Vorgänge, da Gedanken das Ergebnis eines Formprozesses aus formloser Ahnung und Intuition seien; er spricht von „einem Begriff des Plastischen, der im Sprechen und Denken beginnt, der im Sprechen erlernt, Begriffe zu bilden, die das Fühlen und Wollen in die Form bringen können und bringen werden“[65]. Den Beobachtungen aus der Embryonalforschung zufolge sei auch der Mensch Plastik – „Plastik ist alles...Plastik ist das Gesetz der Welt.“[66] Dementsprechend konzipiert Beuys auch die menschliche

60 Wipplinger 2008: 24.

61 Beuys 1979, in: Boehlen 1993: 278.

62 Vgl. ebd.

63 Beuys 1976, in: Harlan/Beuys 1976.: 59.

64 Ebd.

65 Beuys 1985: 2.

66 Beuys 1976, in: Boehlen 1993: 279.

Gesellschaft als Plastik, also den sozialen Organismus als ein Kunstwerk, an dessen Gestaltung jeder Mensch teilhabe oder teilhaben sollte: So ist auch sein programmatischer Ausspruch „Jeder Mensch ist ein Künstler" zu verstehen – jeder Mensch ist ein Künstler, da er an der Gestaltung der „sozialen Plastik" beteiligt ist[67]. Mit dieser Konzeption weitete Beuys, der den traditionellen Kunstbegriff als „nicht leistungsfähig" [68] einordnete, diesen Begriff auf die gesamte Lebenswirklichkeit aus[69] und kam somit zu seinem „erweiterten Kunstbegriff". Als das wichtigste Wirkungsfeld der Kunst in diesem weiten Sinne betrachtete Beuys den sozialen Bereich: „Das große Kunstwerk muss heute vollzogen werden an der ungelösten sozialen Frage, ganz generell"[70]. Die Kunst stelle dabei die einzige – im Gegensatz zur Wissenschaft noch nicht verbrauchte[71] – evolutionäre und revolutionäre Kraft dar[72].

Fettecke ...

Der Grundgedanke der plastischen Theorie Joseph Beuys' spiegelt sich in seinem bildnerischen Schaffen wieder. Die Absicht dieses „Parallelprozesses" bestand darin, durch das bildnerische Werk und die Aktionen Erkenntnisweisen zu reaktivieren, die er verloren glaubte, und die neuen Erkenntnisse als Voraussetzungen in den erweiterten Diskurs einzufügen[73]. Beuys war der Auffassung, seine Werke sprächen aufgrund ihres Materials für sich; man könne allein durch Betrachtung seine Absicht erahnen – er erkläre nur, weil dies dem antrainierten Erkenntnismodus der Mehrheit des Publikums entspreche[74]. Beuys' ungewöhnliche Werkmaterialien tragen metaphorische Einschreibungen, die nicht auf gesellschaftlichem Konsens beruhen, sondern individuell festgelegt sind. Ich möchte hier einige Beispiele nennen:

---

67 Vgl. Boehlen 1993: 279.

68 Beuys 1985: 2.

69 Vgl. Müller 1994: 11.

70 Beuys o.J., in: Waberer/Beuys 1990 [o.J.]: 216.

71 Vgl. Beuys 1985: 4.

72 Vgl. Müller 1994: 169.

73 Vgl. ebd.: 170.

74 Vgl. ebd.: 199.

Das Fett, bekannt etwa aus den Werken „Fettecke“ (1963) und „Fettstuhl“ (1964) macht den Grundgedanken der plastischen Theorie sichtbar:

„Durch das Heranbringen von Wärme oder Kälte macht das Fett genau den Prozeß durch, der in der Plastischen Theorie dargelegt wurde. Einmal zerfließt es total, wird Chaos, das andere Mal erhärtet es zur Form. Dieser Pol wird auch betont ‚in dem Augenblick, wo das Fett in der Ecke landet‘ [...], also im geometrischen, kristallinen Prinzip erstarrt.“[75]

Eine ähnliche Rolle spielt bei Beuys das Wachs, das von den (aufgrund ihrer Aktivitätszeiten und ihrer am Sonnenstand orientierten Tänze) „sonnen“- oder „wärmebezogenen“[76] Bienen hergestellt und beim Bau der Waben in ein systematisch-kristallines Ordnungssystem gebracht wird. Filz verwendet Beuys dagegen, wiederum den Gegebenheiten des Materials entsprechend, um einerseits das Entstehen und Bewahren von Wärme, andererseits aber den Zustand der Isolation und Einsamkeit zu versinnbildlichen. Kupfer wiederum tritt als ‚Leiter‘ auf, durch den bestimmte ‚gedankliche Kräfte‘ und Energien fließen können[77].

In der Literatur wird häufig ein Widerspruch identifiziert zwischen Beuys’ Behauptung, seine Kunst sei nicht symbolisch und die Bedeutung gehe aus den Materialen hervor, und der offensichtlich allegorischen Funktion der Werkmaterialien[78]. Dieser Widerspruch löst sich allerdings dadurch auf, dass die Materialien bei Beuys tatsächlich keine Bedeutung tragen, die ihnen rein willkürlich zugeschrieben und deshalb ‚von ihnen abgehoben‘ ist, sondern eine Bedeutung, die ‚in ihnen aufgehoben‘ ist; beide Aussagen stimmen: Beuys arbeitete mit Materialen, deren Bedeutung aus ihren Eigenschaften hergeleitet war[79].

75 Harlan/Rappmann/Schata 1976: 60.

76 Vgl. ebd.: 60.

77 Vgl. Stachelhaus 2004 [1987]: 92 f.

78 Vgl. Burchhart 2008: 64.

79 Vgl. Müller 1994: 104.

Die soziale Plastik

Kälte und Wärme

Da Beuys die Gestaltung der „sozialen Plastik“ als die wichtigste Aufgabe der Kunst ansah, soll nun dargestellt werden, welche Transformation er an diesem sozialen Organismus mit welchen Mitteln vorzunehmen gedachte.

Den *Status Quo* der menschlichen Gesellschaft bezeichnete Beuys, in seiner eigenen Begrifflichkeit, als „Kälteplastik“[80]: Der soziale Organismus befinde sich aufgrund der Dominanz des Materialismus und des reduktionistischen Wissenschaftsbegriffes in einer Krise[81]. Das rein intellektuelle, „im Kopf stattfindende“ Denken, das damit einhergehe, betrachtete Beuys als „erkaltet“, „kristallin“, „todbringend“ und „tot“ (in diesem Kontext ist auch sein Ausspruch „Ich denke sowieso mit dem Knie“ zu verstehen). Die Folgen davon sind nach Beuys Entfremdung, spirituelle Armut, Umweltzerstörung, Kriege und eine Diktatur der Wirtschaft[82]: Der Mensch werde zum profitorientierten Egoismus erzogen, während die freie Marktwirtschaft tatsächlich weder den materiellen noch den seelischen und spirituellen Bedarf des Menschen decke – und „Derjenige, der einen Gegenentwurf leistet oder versucht, ihn zu entwickeln, der wird oft, sagen wir mal, in die Ecke gestellt, indem man sagt: das ist Mystik, du verstehst ja nichts davon, kein Mensch kann was verstehen, das verstehen nur wir.“[83] Beuys betrachtete die Analysen Karl Marx’ als zutreffend, hielt aber dessen Lösungen aufgrund der mangelnden Berücksichtigung spiritueller Elemente für nicht adäquat[84].

Den zu erreichenden Idealzustand der „sozialen Plastik“ bezeichnete Beuys als „Wärmeplastik“, also eine Gesellschaft, in der die erstarrten Formen des Denkens durch das Wirken einer „menschlichen Wärme“ – die er letztlich

80 Beuys o.J., in: Leutgeb 1993 a: 244.

81 Vgl. Beuys 1985: 2.

82 Vgl. Leutgeb 1993 a: 244. Die Autorin verwendet hier eine Reihe typisch beuysscher, von mir als Zitat gekennzeichneter Begriffe, deren Originalquelle ich (mangels Quellenangabe) in diesem Wortlaut nicht auffinden konnte.

83 Beuys 1985: 7.

84 Vgl. Beuys o.J., in: Waberer/Beuys 1990 [o.J.]: 215.

mit der Liebe gleichsetzte[85] – in Bewegung gebracht und ‚erweicht' worden sind. Diese Utopie der „Wärmeplastik" enthält sowohl politisch-konkrete als auch geistige Elemente: Auf politischer Ebene forderte Beuys die „Auflösung versteinerter Machtkomplexe", eine Neuorganisation zur direkten Demokratie durch Volksabstimmung, und eine Änderung der Wirtschaftspraxis, wobei er sich am bereits erläuterten Konzept einer „Dreiteilung des sozialen Organismus" von Rudolf Steiner orientierte[86].

In ethischer Hinsicht hatte für Beuys ein verantwortlicher Umgang mit der Natur einen hohen Stellenwert; vor allem aber wird seine „Wärmeplastik" von einem den Zustand der Entfremdung überwindenden, gewaltfreien, freundschaftlichen und altruistischen Umgang der Menschen miteinander getragen[87]. Als unabdingbare Voraussetzung dafür betrachtete er allerdings individuelle Bewusstheit, Freiheit und Autonomie. Sowohl der Prozess zur individuellen Autonomie als auch zur kollektiven Solidarität sei durch die Kunst anzuregen[88]. Auf geistiger Ebene enthält Beuys' Utopie eine zentrale Idee, nämlich die der Verbindung von Rationalität und Intuition. Diese Idee leitet sich aus seiner Einschätzung her, der rationalistische Wissenschaftsbegriff sei reduktiv und nur „sektorhaft richtig", weshalb es nötig sei, ihn nicht zu ersetzen, sondern zu *erweitern*[89]. Dieses Streben nach einer fruchtbaren Synthese von Ratio und Transzendenz, Intellektualität und Mythos zeichnet sich bereits in der dionysisch-apollinischen Begrifflichkeit Nietzsches ab; wie erwähnt war vermutlich auch Findeisens Werk zum Schamanismus eine Inspirationsquelle für diese Idee.

Intuition, Imagination und Inspiration treten in diesem Gedankengang als Erkenntnisformen auf, die den wegen seiner einseitigen Rationalität „verstümmelten Westmenschen" zur ganzheitlichen Erfahrung zurückführen können. Die Kunst hat dabei die wichtige Aufgabe, durch die Aktivierung von „Archaismen" die Intuition zu induzieren[90]; hier wird auch deut-

85 Vgl. Beuys 1985: 5.

86 Vgl. Oman 1991: 273.

87 Vgl. ebd.: 274 f.

88 Vgl. Murken 2008: 41.

89 Vgl. Wipplinger 2008: 26.

90 Vgl. Bezzola 1993 b: 265; auch hier entlehnt die Autorin vermutlich beuyssche Begriffe – wie in Kapitel 3 erläutert, ist die Unterscheidung zwischen Zitaten und Gedanken des Autors in nichtwissenschaftlicher Literatur oft unklar.

lich, in welchem Verhältnis die von Beuys geschaffenen „parallelen Prozesse" zueinander stehen: Sein im herkömmlichen Sinne ‚künstlerisches' Werk will in den Menschen ‚verlorene' Erkenntnisweisen reaktivieren, um die damit zu gewinnenden Erkenntnisse als Voraussetzungen in seinen gesellschaftsutopischen Entwurf der „Wärmeplastik" zu integrieren. Dass Beuys also nicht-rationalen, als „archaisch" konzipierten Kräften wie Intuition und Inspiration eine der Ratio gleichgestellte Bedeutung zuschreibt, wurde häufig als eskapistisch kritisiert[91]; auch er selbst war sich dessen bewusst: „Die haben gesagt: Gott – der will wieder zurück [...]. Der hat nicht die Möglichkeiten einer modernen Denkungsart in sich. Ein rückwärtsgewandter Träumer, private Mythologie."[92] Hierzu weist Müller zurecht darauf hin, dass diese massive Kritik, die Beuys eine „regressive Zivilisationsmüdigkeit" und den Wunsch nach Ablegen des rationalen Denkens unterstellt, auf einem Missverständnis beruhe, da es ihm tatsächlich um die *Synthese* der verschiedenen Erkenntnisformen gehe[93]. Auch erweist sich der Regressionswunsch bei genauerer Betrachtung als Wunsch nach ‚Regression als Progression', wie sich an folgendem Beispiel aufzeigen lässt: Beuys betrachtete die Indianer (und andere Indigene) in evolutionistischer Manier als Gruppen, in denen die menschliche Vergangenheit erhalten geblieben sei; während ihres Prozesses der „freie[n] Abnabelung aus den mythologischen Systemen" würden diese Gesellschaften „zunächst im Materialismus landen":

> „Aber man muß erkennen, dass das als Durchgangsstadium, also als Abnabelungsprozess, die Mission des Materialismus ist. Damit *eine Geistigkeit auf höherer Ebene* entstehen kann, aber *nicht die alte Geistigkeit*, in der der Häuptling, der Hohepriester, der Clan [...] alles determinieren. Da ist ja auch eine Machtstruktur."[94]

Beuys' Rück-Griffe verstehen sich stets als auf die Zukunft gerichtet, wie sich auch in der Diskussion des schamanischen Aspektes noch zeigen wird.

Um seine Idee der „Wärmeplastik" zu verdeutlichen, wies Beuys häufig auf das Bild des Bienenstaates hin. Er verglich sowohl den menschlichen

91 Vgl. Neumann 1986: 108.

92 Beuys o.J., in: Waberer/Beuys 1990 [o.J.]: 198.

93 Vgl. Müller 1994: 168.

94 Beuys o.J., in: Waberer/Beuys 1990 [o.J.]: 198; Herv. von mir.

Körper und dessen Zellen mit einem Bienenstaat und dessen einzelnen Mitgliedern, als er auch den Bienenstaat als Modell einer arbeitsteiligen Solidargemeinschaft nahm, deren Mitglieder sich gegenseitig ‚Wärme spenden'. Zugleich betrachtete er (übrigens auch in Bezug auf Rudolf Steiners Vortragsreihe *Über das Wesen der Bienen* von 1923[95]) die Biene in spiritualisierender Weise als Tier mit „Wärmecharakter":

„Der allgemeine Honig wurde früher auch im mythologischen Zusammenhang als eine spirituelle Substanz angesehen, und insofern war die Biene natürlich auch eine Gottheit. Es gibt ja Apiskult. [...] Im Grunde sind meine Skulpturen auch eine Art Apiskult, sie sollen sich nicht verstehen als Aussage über die biologischen Vorgänge im Bienenstock, sondern sie sollen sich ausdehnen, zum Beispiel auf den Apiskult, der zum Beispiel Sozialismus bedeutet"[96].

Er habe eine Theorie ausgebildet, in der „der Wärmecharakter, die Wärmeskulptur eine große Rolle spielt [...], die sich schließlich auf das ganze Soziale ausdehnt ... Und in diesen ganzen Zusammenhängen muss man das sehen mit der Biene."[97]

Zeige Deine Wunde

Der Weg von der „Kälteplastik" zur „Wärmeplastik" führt nach Beuys notwendigerweise durch eine Krise. In Bezugnahme auf seine persönlichen Krisen betrachtete er Krankheit und Krise als Zustände kreativer Potenz, die – auch auf gesellschaftlicher Ebene – notwendig seien, da darauf eine Metamorphose folgen könne:

„Our society is far from intact, but this too is a necessary stage. It's the point of crisis that sets in at every stage of history [...]. Once the intactness is gone, a kind of metamorphosis begins."[98]

Entsprechend wertet er auch Leid nicht als einseitig negativ: „Leiden interessiert mich und Aktivität. Diese beiden Pole. Entschiedenes Leiden und

95 Vgl. Stachelhaus 2004 [1987]: 73.

96 Ebd.: 75.

97 Ebd.: 74.

98 Beuys 1979, in: Tisdall 1979: 23.

entschiedenes Handeln."[99] „Durch Leiden entsteht etwas geistig Höheres."[100] Und schließlich erfährt auch der Tod eine positive Umwertung, da er einen Qualitätsmaßstab ans Leben setzt und zur erfüllten Lebensgestaltung zwingt (ein Gedanke, den wir schon von Jim Morrison kennen): „Wir alle wissen, daß wir sterben werden. Was gerettet werden muß, ist die menschliche Seele. Dieses Leben muß doch eine Frucht aus sich entlassen, das muß doch erlebbar werden, daß dieses Leben alles ist."[101]

Dementsprechend sind Verletzung, Leid und Tod wichtige Motive in Beuys' Werk; häufig finden sich Knochen und Blut, medizinische Utensilien wie Pflaster, Gaze, Tabletten und Spritzen, sowie tote Tiere[102]. Als exemplarisch für die Thematik der notwendigen Krise, des entschiedenen Leidens und des *memento mori* kann die erstmals 1976 in München ausgestellte und dann für 270 000 DM von der städtischen Galerie im Lehnbachhaus erworbene Installation *Zeige Deine Wunde* gelten. Das Werk besteht aus einem Doppelobjekt namens *Zwei Betten*, bei denen es sich tatsächlich um zwei ausrangierte Leichenbahren aus dem Krankenhaus handelt, Reagenzgläsern mit einem skelettierten Amselschädel, zwei mit Fett gefüllten und mit einem Thermometer versehenen Eisenkästen, zwei mit Fett bestrichenen ‚Lampen' aus Zink, einigen weiteren Objekten und einer Schultafel, die in kindlicher Handschrift die Aufschrift „Zeige Deine Wunde" trägt – der Betrachter wird also in einer etwas rätselhaften, aber zugleich nüchternen und schonungslosen Weise mit der Erfahrung des Todes konfrontiert: „Gerade die unveränderte, sachliche Präsentation der gebrauchten Bahren, ihr trostloser, rein funktionaler Sinn als pathologisches Instrument lassen den Tod als erschreckend definitives, unabänderliches biologisches Faktum auftreten."[103] Diese emotionale Konfrontation mit dem Tod sah Beuys als Voraussetzung jeder positiven Entwicklung; nur indem man sich den angstvollen Empfindungen öffne, könne man sie überwinden: „Das Denken [kann] nur vollzogen werden durch den Tod hindurch und es [gibt] dann allerdings etwas höheres für das Denken: seine Auferstehung in der durch

99 Beuys o.J., in: Waberer/Beuys 1990: 210.

100 Beuys 1980, in: Müller 1994: 158.

101 Beuys 1985: 7.

102 Vgl. Müller 1994: 155.

103 Ebd.: 159.

den Tod errungenen Freiheit, ein neues Leben für das Denken ...“[104] Bereits hier stellt Beuys eine explizite Verbindung zum Schamanismus her: „Sowohl Tod als auch Entwicklung sind Übergänge von einem Zustand in einen anderen. Im Schamanismus sind beides positive Faktoren: Die Initiation erfolgt durch das Simulieren des Todes.“[105]

Beuys' Aktionen als Katalysator sozialer Heilung

Wenn nun die ‚Wunde‘ einmal erkannt ist, muss sie geheilt werden. Heilung – sowohl des Individuums als auch der Gesellschaft – kann als der zentrale Gedanke von Beuys' künstlerischem Entwurf gelten; der Sinn von Kunst sei ihr therapeutisches Potential: „Ja, das ist der therapeutische Prozeß an sich. Sonst sehe ich keinen Aspekt. Das ist das Wesentlichste in der Kunst.“[106]

Der Ansatzpunkt zur kollektiven Heilung ist auch bei Beuys das Individuum: Der Mensch werde gegenwärtig „totgeschwiegen aus eben diesen Machtinstinkten, die zum Niedergang geführt haben“, habe aber tatsächlich „ungeheuer ungenutzte Möglichkeiten“, die es zu wecken gelte:

> „[Jeder] soll mal in sich hineinschauen, jeder soll mal tatsächlich in sich als Sprache bewegen, was das Fühlen und Denken entwickelt, das Denken zurückwirken läßt auf den Willen und der Wille auf die Sprache wirkt, so daß ein immer höher steigender spiraliger Vorgang entsteht, in dem ein scharfes Ich-Bewußtsein, ein Selbstbehauptungswille ja in jedem Menschen entstehen muß.“[107]

Nur aus dieser Freiheit des Individuums heraus sei ein schöpferisches Arbeiten am Gemeinwesen möglich: „Das ist wichtig, vom Menschen zu wissen, daß aus seiner Freiheit und dem übenden Wirken im Bewußtsein das ‚Ich‘ erkannt wird als der Souverän, der Bestimmende. So wird der Charakter der Selbstbestimmung doch der elementarste, nur mit diesem Hebel ist eine Neugestaltung der Gesellschaft möglich.“[108] Die Welt sei voller Rätsel, „für diese Rätsel aber ist der Mensch die Lösung. Der

104 Beuys 1971, in: Müller 1994: 165.

105 Beuys 1972, in: Tisdall/Beuys 1977; übersetzt in Murken 2008: 41.

106 Beuys 1976, in: Harlan/Beuys 1976: 21.

107 Beuys 1985: 3 f.

108 Ebd.: 3

Mensch [...] als der Träger der Liebe."[109] Voraussetzung für individuelle Kreativität und „Wärme" ist dabei selbstverständlich auch die oben erläuterte Synthese von Ratio und Intuition, die den Menschen erst zum „Ganzen" werden lässt[110].

Seine Kunst verstand Beuys als Methode, diese Entwicklung zur individuellen Freiheit und damit zur „sozialen Wärmeplastik" zu antizipieren und zu bewirken. Insbesondere in seinen Aktionen soll die notwendige Transformation des Individuums durch ihn als Identifikationsfigur demonstriert und angeregt werden[111]: „Ich zeichne [...] Formeln vor."[112] Von Graevenitz zieht in diesem Punkt eine Parallele zum Schamanenkonzept: Das Vorexerzieren des heilenden Vorgangs entspreche im Grunde einer Selbstheilung, die Voraussetzung für die Ausübung des Schamanenamtes sei[113]. Die von Beuys durchgeführten Aktionen entsprechen sowohl aufgrund ihrer Kurzlebigkeit, durch die sie sich der Marktlogik entziehen, dem Geist der 60er Jahre, als sie auch ihren Platz in Beuys' „erweitertem Kunstbegriff" haben. Seine ersten Aktionen fanden im Rahmen der *Fluxus*-Bewegung statt, von der Beuys sich aber nach kurzer Zeit lossagte, da er mit deren ‚Antikunst-Programm' nicht einverstanden war[114]. Häufig blieben in den Aktionen verwendete oder entstandene Objekte als ‚Zeugnisse' zurück[115]. Als zentraler Topos kann erstens die Absicht gelten, auf neue (beziehungsweise ‚verlorene') Möglichkeiten der Wirklichkeitswahrnehmung und -konzeptualisierung zu verweisen: „Ich sehe mich als Aufklärer wahrer Zusammenhänge in der Welt. Der Künstler muß nicht erfinden, sondern Zusammenhänge entdecken."[116] So erläuterte er etwa die Aktion *Wie man dem toten Hasen die Bilder erklärt*, auf die ich noch näher eingehen werde, folgendermaßen: „Ich muß also den Menschen dadurch, dass ich mit einem Tier in einen Dialog komme, doch sagen, dass man das kann – mit einem Tier in einen Dialog zu kommen [...], dass man das auch mit Pflanzen kann, dass man

109 Beuys 1985: 5.

110 Vgl. van der Grinten 1990: 16.

111 Vgl. Müller 1994: 115.

112 Beuys 1985: 2.

113 Vgl. von Graevenitz 1993 a: 263.

114 Vgl. Kellein 1991: 137 ff.

115 Vgl. Schneede 1993: 239.

116 Beuys o.J., in: Müller 1994: 19.

das mit Böden und all diesen Verhältnissen kann."[117] In diesem Sinne spielen Beuys' Aktionen ihre Rolle als Erfahrungen, die in die Wirklichkeit eingebracht werden können, um dort Verbesserungen zu bewirken[118]. Das zweite zentrale Motiv ist, so von Graevenitz, das der Transformation und Erneuerung, das häufig durch die Figur des Wanderers oder Nomaden ausgedrückt wird, auf das aber auch Objekte wie die häufig auftauchenden Schlitten verweisen (der Schlitten sei, so Beuys, ein „geistiges Gefährt"[119]): „[Jede] Transformation ist eine Grundidee: Transformation, Transsubstantiation. Ich suche die Grenze zum Religiös-Spirituellen. Transformationen machen ist eine alchemistische, religiöse Bewegung."[120]

5.3 ABSTRAKTION: DER SCHAMANE ALS VERMITTLER

Aktion und Ritual: Eine abstrakte Analogie

Die Betonung des transformativen Aspektes innerhalb eines von Beuys selbst in die Nähe des Religiösen gerückten Handelns veranlasste Kritiker dazu, die Aktionen als „Rituale"[121] oder, genauer, „*rites de passage*" oder „Initiationsriten"[122] zu bezeichnen. Beuys selbst zog diese Parallele explizit bei der Besprechung seiner Aktion *Der Chef* (1964), während der er acht Stunden in einer Filzrolle verbracht hatte: „[It's comparable to] the old initiation of the coffin, a form of mock death."[123] Allerdings greifen Beuys' Aktionen keine formalen rituellen Muster, etwa nach dem Modell Arnold van Genneps, auf: Der Künstler erleidet keine schmerzhaften oder dramatischen Erfahrungen wie ein Initiand, vielmehr gehen die Aktionen langsam, still und konzentriert vor sich[124]. Auch wenn sein Biograph Heiner Stachel-

117 Beuys o.J., in: Müller 1994: 23.

118 Vgl. von Graevenitz 1993 c: 280.

119 Beuys o.J., in: von Graevenitz 1993 b: 274.

120 Beuys 1981, in: Müller 1994: 108.

121 Von Graevenitz 1993 c: 281, Stachelhaus 2004 [1987]: 179.

122 Von Graevenitz 1984: 37 ff.

123 Beuys 1979, in: Müller 1994: 103.

124 Vgl. Müller 1994: 108 und von Graevenitz 1993 c: 280.

haus schreibt, „[er] agierte stets äußerst konzentriert, oft wie in Trance, verbrauchte ungeheure Energien und konnte so das Paradoxon verwirklichen, dass er sich – wie er sagte – durch Kraftvergeudung ernähre“[125], kann eine unmittelbare Nähe zum schamanischen Ritual, wie es Eliade oder Findeisen schildern, nicht festgestellt werden: Beuys verwendete keine Methoden der Tranceinduktion wie Trommeln, Tanz oder Drogen; er kommunizierte dem Publikum keine Erfahrungen während ‚Seelenreisen‘. Auch versuchen seine Aktionen nicht, die Menschen zum ekstatischen Erleben ihrer ‚Urtriebe‘ zu führen, wie etwa Jim Morrison es sich zum Ziel gesetzt hatte, sondern arbeiten sehr stark mit dem Element der Verfremdung, Absurdität und Provokation. Zur Verdeutlichung sei hier eine Beschreibung seiner ersten öffentlichen Aktion zitiert, die bereits einen geographischen Bezug zum Schamanismus im Namen trug (*Sibirische Symphonie 1.Satz*, 1963):

> „Beuys improvisiert auf dem Klavier einen freien Satz und hängt, nachdem er ein weiteres Stück von Erik Satie eingefügt hat, einen toten Hasen an eine hinter dem Klavier stehende Schiefertafel. Dann beginnt er, kleine Tonberge auf dem Klavier zu modellieren. In jeden dieser Tonberge steckt er einen Ast und befestigt daraufhin einen Draht, der wie eine Stromleitung das Klavier mit dem Hasen verbindet. Zuletzt wird dem Hasen das Herz herausgenommen.“[126]

Die aufgrund ihrer Rätselhaftigkeit und ‚Brutalität‘ provokante Wirkung dieser Aktion sollte nach Beuys' Vorstellung nicht für sich stehen, sondern eine Grundsatzdiskussion anstoßen, auch wenn er sich der mit der Provokation einhergehenden Gefahr der Verflachung bewusst zu sein schien: „Wenn ich mit dem Hasen…eine inhaltliche Beziehung zum Ausdruck bringen will, zu Geburt und Tod, zur Verwandlung in Materie, so hat das nichts gemein mit dadaistischem Bürgerschreckgetue.“[127] Tatsächlich wurde die Aktion – durchaus im Einklang mit Beuys' andernorts geäußerten Überlegungen – so gedeutet, dass der Hase den Menschen versinnbildliche, dem durch die ‚alte‘, konservative Kultur (in Gestalt des Klaviers) das Herz, also das Gefühl entzogen würde, während die Tonberge und Äste es

125 Stachelhaus 2004 [1987]: 98.

126 Müller 1994: 94 f.

127 Beuys o.J., in: Müller 1994: 97.

ermöglichten, den Hasen (über den Draht) mit den Kräften der Natur zu speisen – es handele sich also tatsächlich um eine Initiation des durch den Hasen repräsentierten Menschen von einer überkommenen, einseitigen, in eine ganzheitliche, die als ‚archaisch-natürlich' imaginierten Kräfte integrierende Ordnung[128]. Das ‚Absurde' in Beuys' Aktionen ist also, wie Müller zu Recht interpretiert, nicht nur als Provokation oder Denkanstoß zu verstehen, sondern es „[zielt] auf eine Mobilisierung aller Formen der Sensitivität und Intuition und nicht nur des Intellekts alleine"[129]. In der Wirklichkeitsfassung, die Beuys entwirft, und auf die seine in diese Wirklichkeitsfassung eingebetteten ‚Absurditäten' verweisen, werden diese tatsächlich sinn- und bedeutungsvoll.

Bereits hier wird also deutlich, dass Beuys' Gebrauch der Schamanenmetapher vor einem Hintergrund stattfindet, der den Schwerpunkt nicht auf die Unmittelbarkeit sinnlichen Erlebens in einer ‚Séance' legt, sondern in dem die Analogien zum schamanischen Ritual auf einer wesentlich abstrakteren Ebene angesiedelt sind: Es geht um Transformation, den Übergang von einem Zustand in einen neuen; und es geht darum, auf ein Wirklichkeitsmodell zu verweisen, das auf der Integration der rationalen mit der intuitiven Erkenntnisform beruht. Dadurch soll eine Heilung der kollektiven „Wunde" von Mensch und Natur herbeigeführt werden. Im Folgenden soll nun gezeigt werden, wie die Figur des Schamanen mit den einzelnen Aspekten dieses zentralen Gedankenganges – also mit Heilung, Transformation und dem ‚neuen' Wirklichkeitsmodell – in Verbindung steht.

Heilungsmetaphern

Die zentrale Idee der Heilung – wie erwähnt, betrachtete er diese als „das Wesentlichste in der Kunst" – wird in Beuys' Werk durch die Metaphoriken der Medizin, des Christentums und des Schamanismus ausgedrückt. Beuys beschäftigte sich eingehend mit den Lehren Paracelsus', Mesmers und Hahnemanns, deren naturmedizinische und psychologische Entwürfe im Grenzbereich naturwissenschaftlich-aufklärerischen und romantisch-metaphysischen Denkens angesiedelt sind[130]. In Beuys' zeichnerischem

128 Vgl. Müller 1994: 96.

129 Ebd.: 99.

130 Vgl. Murken 2008: 47.

Werk findet vielfach der Gedanke Ausdruck, dass jeder Organismus über eine nichtphysische „Äthernatur" verfüge, deren Zustand Einfluss auf die Gesundheit habe; so gibt es viele Zeichnungen, in denen pflanzliche und menschliche Gestalten ineinander übergehen, wodurch die heilende Wirkung des Kontaktes zur vegetabilen Welt ausgedrückt wird[131]. Aber auch Utensilien aus der ‚modernen' Medizin wie Pflaster, Verbände, Spritzen, Tabletten und Arzneifalschen sind häufiger Bestandteil seiner Objekte und Installationen[132] und verweisen nicht nur auf die Thematik der Verwundbarkeit und des Schmerzes, sondern auch auf die Möglichkeit der Heilung: Beuys sprach im Hinblick auf sein Schaffen ausdrücklich von „Kunstsalbe" und „Kunstpille"[133].

Der christliche Aspekt in Beuys' Werk, sehr prominent durch seinen häufigen Gebrauch des Kreuzessymbols – auch wenn er dieses, wie sich noch zeigen wird, auf abstrakter Ebene anwandte –, steht ebenfalls im Kontext des Heilungsgedankens und der „plastischen Theorie": Für Beuys war der Tod Christi ein „Kältepol"; allein dadurch konnte der gegenwärtige Materialismus entstehen. Die Auferstehung wird mit Erwärmung gleichgesetzt; allerdings folgte Beuys dabei nicht der Idee einer physischen Auferstehung der Individuen, sondern der des „Christusimpulses". Dieser Impuls durchdringe die Wirklichkeit als „geistiges Wärmeelement", als „energetischer Impuls"[134]: „Schon in der ersten Aktion tritt er auf als reale Präsenz, als Grundkraft, als christliche Substanz, als ‚sakramentale Präsenz'."[135] Diese Kraft aber werde von den Menschen nicht wahrgenommen; ihre Bewusstmachung und Vergegenwärtigung sah Beuys als ersten Schritt zur Heilung[136]. Anstöße dazu suchte er durch den Gebrauch christlicher ritueller Elemente, wie etwa die während der Aktion *Celtic* + ^^^^ (1971) durchgeführte Fußwaschung an einigen Teilnehmern und die abschließende ‚Taufe' des Künstlers durch einen der Mitwirkenden, zu geben. Beuys wies darauf hin, dass die Fußwaschung „etwas anderes [sei] als das, was bereits einmal

131 Vgl. Harlan/Rappmann/Schata 1976: 82 f.

132 Vgl. Müller 1994: 155.

133 Beuys o.J., in: Stachelhaus 2004 [1987]: 93.

134 Vgl. Leutgeb 1993 b: 245; Die Begrifflichkeit ist wieder von Beuys entlehnt.

135 Beuys o.J., in: Mennekes 1991: 91.

136 Vgl. Leutgeb 1993 b: 245.

dagewesen ist"[137]: Er sah sie als Symbol für den Christusimpuls, das „Wärmeelement" der Nächstenliebe und altruistischen Arbeit, sowie – ebenfalls auf symbolischer Ebene – als Reinigungsvorgang[138] und damit als Beginn sozialer Heilung[139]. Das Prinzip der Auferstehung, „die alte Gestalt, die stirbt und erstarrt ist, in eine lebendige, durchpulste, lebensfördernde, seelenfördernde, geistfördernde Gestalt umzugestalten"[140], geht in der Theorie der „sozialen Plastik" auf. Es wird deutlich, dass Beuys eine Enthistorisierung des Christus-Begriffes betrieb[141], zugleich aber sich selbst durch die emphatische Annahme der Rolle eines gesellschaftlichen Heilsbringers messianische, durchaus christusähnliche Züge verlieh[142]. Dem spielte auch die Auffassung von Geschichte zu, die hinter Beuys' Konzept steht: Die von ihm angestrebte gesellschaftliche Transformation kommt tatsächlich einem Ausbruch aus der Geschichte und der Kunstgeschichte gleich (die an diesem Punkt ohnehin ineinanderfallen) – hier zeichnet sich eine gedankliche Nähe zu Eliade ab. Beuys selbst tritt dabei als die Person auf, in der sich eine übergeschichtliche Wahrheit kundtut, wodurch er eine Selbsthistorisierung als Messias und Prophet betreibt, die ihm häufig als Selbstinszenierung angekreidet wurde[143]. Beuys wies diese Kritik zurück: „Wenn ich mich in Szene gesetzt habe, habe ich etwas anderes im Auge gehabt. Ich wollte nicht mich darstellen, es sollte ein Prinzip dargestellt werden – durch mich natürlich. Das ist doch ein elementarer Unterschied."[144] Wie dem auch sei, die Rolle des gesellschaftlichen Heilsbringers ist integraler Bestandteil sowohl des Künstler- als auch des Schamanendiskurses.

Der Schamanismus schließlich tritt in Beuys' Werk ebenfalls als Therapiemethode auf, die in die „plastische Theorie" eingepasst ist. Er betrachtete ihn als „tiefste Wurzel der Idee des geistigen Lebens"[145], worin er sich

137 Beuys o.J., in: Müller 1994: 100 f.

138 Vgl. Müller 1994: 100.

139 Vgl. von Graevenitz 1993 a: 263.

140 Beuys o.J., in: Mennekes 1991: 92.

141 Vgl. Müller 1994: 101.

142 Vgl. Leutgeb 1993 b: 245 und Wipplinger 2008: 22 f.

143 Vgl. Bezzola 1993 a: 262.

144 Beuys o.J., in: Waberer/Beuys 1990 [o.J.]: 220.

145 Beuys o.J., in: Müller 1994: 171; vgl. auch Tisdall 1979: 23.

ebenfalls deutlich von Eliade, der im Schamanismus den Urtypus von Religion vermutete, beeinflusst zeigt, und identifiziert die therapeutische Funktion als die wichtigste des Schamanen: „That is precisely what the shaman does in order to bring about change and development: his nature is therapeutic."[146] Aber auch hierbei bewegt er sich auf einer abstrahierten Ebene: Der Schamane erfüllt zwar im herkömmlichen Konzept eine therapeutische Funktion in indigenen Gemeinschaften – diese ist hier aber nicht gemeint. Vielmehr benutzte Beuys die Figur des Schamanen im Kontext seiner plastischen Theorie, um metaphorisch auf die Möglichkeit eines Überganges von der „Kälte-" zur „Wärmeplastik", also auf *seine* Idee von ‚Heilung' zu verweisen. Die Metapher des Schamanen wird dabei auf zwei Ebenen eingesetzt: einerseits, um das Intuitive und ‚Irrationale' als Erkenntnisform wieder zu etablieren; andererseits, um auf die Notwendigkeit einer übergeordneten Synthese der rationalistischen und der intuitiven Erkenntniswege zu verweisen. Diese beiden Anwendungen der Schamanenmetaphorik sollen in den folgenden beiden Kapiteln näher erläutert werden.

Festzuhalten ist an dieser Stelle, dass in Beuys' Werk die Elemente der Medizin, des Christentums und des Schamanismus ein semantisches Geflecht bilden, in dessen Zentrum die Idee der Heilung steht. Durch die gemeinsamen Grundgedanken der Heilung, Transformation und Erneuerung und die abstrahierte Verwendung sowohl der christlichen als auch der schamanischen Semantik erfährt das Schamanenmotiv in Beuys' Werk eine gewisse Christianisierung.

Hase und Kojote

Auf der ersten zu identifizierenden Ebene nutzte Beuys die Figur des Schamanen, um auf die von ihm angenommene Existenz nichtmaterieller und nicht rational erfassbarer Elemente der Wirklichkeit zu verweisen:

„Ich habe versucht, ganz absichtlich, im Bilde des Schamanen etwas zu sagen, was etwa so heißt: Wir haben einen materialistischen Wissenschaftsbegriff, der behauptet, dass alles das, was der Schamane behauptet, nicht existiert. Nun tritt aber ein Mensch, der in diesem Wissenschaftsbegriff selbst groß geworden ist – und ich habe, bevor ich Kunst studiert habe, Naturwissenschaften studiert, ich kenne also die

146 Beuys o.J., in: Tisdall 1979: 23.

Methodiken der exakten Naturwissenschaft sehr genau – jetzt tritt ein Mensch auf, der durchaus die Methodik des Materialismus kennt, und führt wieder vor das, was der Schamane vorführt: Dass es ganz andere Dimensionen des Lebens gibt, dass es ganz andere Kräfte in der Welt gibt, von denen der Mensch gegenwärtig systematisch durch die politischen Systeme abgeschnitten wird. Das wollte ich darstellen."[147]

Die Fähigkeit, diese „ganz anderen Kräfte" wahrzunehmen, wird wiederum den ‚archaischen' Menschen zugesprochen: „Ich nehme [...] etwas Ursprüngliches, um das Zeitbewusstsein zu provozieren", um „verloren gegangene Kräfte [...] in unseren Bewusstseinszusammenhang [hineinzubringen]"[148]. Der Schamane schließlich ist derjenige, der mit diesen Kräften umzugehen weiß. Allerdings hob Beuys wiederholt hervor, dass er auch mit der Schamanenmetaphorik keine Regression zur ‚primitiven' Kultur anregen, sondern vielmehr auf die Möglichkeit einer erfüllten Zukunft verweisen wolle: „Ich war nie der Meinung, unser zivilisatorischer Stand sei negativ zu beurteilen. Ich wende mich zwar zurück, gehe zurück, suche ebenso das Existierende zu erweitern, indem ich es nach vorn durchbreche. Auf diese Weise werden alte mythische Inhalte aktuell."[149] Regression und Progression gehen also eine Einheit ein: Ein (scheinbares?) Paradoxon, das jeder Variante der uns inzwischen wohlbekannten Idee der *zukünftigen* Rückkehr in einen *früheren* Glückszustand innewohnt.

Als exemplarisch für die erste Bedeutungsebene der Schamanenmetapher kann die Aktion *Wie man dem toten Hasen die Bilder erklärt* gelten, die Beuys 1965 in der Galerie Schmela in Düsseldorf aufführte. Stachelhaus schildert die Szenerie, von der die Zuschauer durch eine Glaswand abgetrennt waren, folgendermaßen:

„Beuys sitzt in einer Galerieecke neben der Eingangstür auf einem Stuhl. Er hat seinen Kopf mit Honig übergossen und darin echtes Blattgold im Wert von DM 200,- eingeklebt. Er hält einen toten Hasen im Arm, schaut ihn unentwegt an. Dann steht er auf und geht mit dem toten Hasen im Arm durch den Raum, hält ihn dicht an die

147 Beuys 1979, in: Krüger 1979: min. 51:40.

148 Beuys 1979, in: von Graevenitz 1993 a: 263.

149 Beuys 1971, zit. in: H. van der Grinten 1987: 245.

an der Wand hängenden Bilder – es sieht aus, als spräche er mit dem toten Hasen. […] Alles ist von unbeschreiblicher Zärtlichkeit und von großer Konzentration.“[150]

Unter dem Stuhl lag einen Knochen, von Beuys *Radio* genannt, und an einer Fußsohle trug er eine Kupferplatte[151]. Die mit dieser Aktion angestrebte Grundaussage, dass es möglich sei, innerhalb eines verwobenen Weltganzen mit anderen Wesen in Dialog zu treten – was ein wichtiges Element sowohl des Schamanen- als auch des romantischen Künstlerdiskurses ist – und damit die Grenzen des rationalistischen Denkens zu sprengen, wurde bereits erwähnt. Es lassen sich allerdings noch weitere Bedeutungsebenen erschließen: Zur Symbolsprache der Aktion erklärte Beuys:

„Mit dem Honig auf dem Kopf tue ich natürlich etwas, was mit Denken zu tun hat. Die menschliche Fähigkeit ist nicht Honig abzugeben, sondern zu denken, Ideen abzugeben. Dadurch wird der Todescharakter des Gedankens wieder lebendig gemacht. Denn Honig ist zweifellos eine lebendige Substanz. Der menschliche Gedanke kann auch lebendig sein. Er kann aber auch intellektualisierend tödlich sein, auch tot bleiben […]“[152]

– er stellt hier also einen direkten Bezug zur „plastischen Theorie“ her, die Denken als plastischen Vorgang auffasst. Weiter führt Beuys aus: „Der Hase hat eine direkte Beziehung zur Geburt…Für mich ist der Hase das Symbol für Inkarnation. Denn der Hase macht das ganz real, was der Mensch nur in Gedanken macht. Er gräbt sich ein, er gräbt sich einen Bau. Er inkarniert sich in die Erde, und das allein ist wichtig.“[153]

Müller verweist in diesem Zusammenhang auf die (von Eliade, der sich aus bekannten Gründen auf die Himmelfahrt des Schamanen konzentrierte, nur am Rande erwähnten[154]) schamanischen Initiationsriten, in denen der Initiand ein gewisse Zeit in einer Erdhöhle verbringen muss, und interpretiert diese Höhle als Ort einer „inszestuösen Urverschmelzung“ [155] mit der

150 Stachelhaus 2004 [1987]: 171.

151 Vgl. Murken 2008: 42.

152 Beuys 1971, in: Müller 1994: 20.

153 Ebd.

154 Vgl. Eliade 1975 [1951]: 139 f.

155 Vgl. Müller 1994: 128.

mütterlichen Erde – eine Semantik, die uns bereits aus dem Kapitel über Jim Morrison geläufig ist. Weiter nutzte Beuys den Hasen als Symbol des Friedens und der Fruchtbarkeit, das in Opposition zum „todbringenden" intellektuellen Denken tritt[156]. Er nahm ihn sogar – zumindest spielerisch – als tierisches Alter Ego an: „Ich bin kein Mensch, ich bin ein Hase" – „Ich bin ein ganz scharfer Hase."[157]

Aber nicht nur durch den Verweis auf Inkarnation, sondern auch dadurch, dass der Hase *tot* ist, macht Beuys sich zum Kommunikator mit dem Totenreich, womit er ein weiteres Element des Schamanenkonzeptes aufgreift. In diesem Zusammenhang ist auch das „Knochenradio" zu verstehen: Es verweist offensichtlich auf die Knochensymbolik im Schamanismus, wie sie auch Eliade schildert: Bei der Initiation werden die Knochen des Initianden gezählt; die Schamanentracht ist mit Skelettdarstellungen versehen; Tiere und manchmal auch Menschen können aus ihren Knochen wiedergeboren werden[158]. Allein der Titel *Radio* sagt aus, dass dieses Objekt die Verbindung zur ‚anderen Welt' thematisiert; es ist – wie auch der tote Hase selbst – ein „Transfersymbol"[159]. Und so klärt sich schließlich auch die Bedeutung der Kupferplatte auf: Kupfer fungiert als Leiter, durch den Kräfte fließen können; und Beuys, der Vermittler, ist in seinem Besitz. Thematisch verwandt ist auch die Aktion *I like America and America likes Me*, aufgeführt 1974 in der Galerie René Block in New York:

„Am […] Kennedy Airport wird Beuys in Filz eingewickelt, auf eine Bahre gelegt, in einem Krankenwagen zur Galerie gefahren. Dort ist ein Raum durch ein Gitter abgeteilt, in dem ihn ‚sein' Kojote erwartet. Beuys ordnet Filzbahnen im Raum an, stapelt Tag für Tag die neueste Ausgabe des ‚Wall Street Journal' […]. Er trägt braune Handschuhe und stützt sich auf einen Spazierstock. So bemüht er sich, langsam in einen engen Kontakt mit dem Kojoten zu kommen […]. Er spricht mit dem Kojoten, bringt ihn dazu, dass er an den Filzbahnen zerrt, sie zerreißt […] Von Zeit zu Zeit macht Beuys ‚Musik' mit einer Triangel […]. Dann zerreißen Turbinengeräusche vom Tonband die Stille. Nach drei Tagen und Nächten haben sich die beiden aneinander gewöhnt. Beuys nimmt Abschied von Little John [dem Kojoten, K.R.], drückt

156 Vgl. Szeemann 1993: 285.

157 Beuys o.J., zit. in Stachelhaus 2004 [1987]: 77.

158 Eliade 1975 [1951]: 45 ff. und 159 ff.

159 Murken 2008: 43.

ihn sanft an sich […]. Wieder wird Beuys in Filz gehüllt, auf eine Bahre gelegt und […] zum Kennedy Airport transportiert. So verlässt er New York, ohne etwas anderes von der Stadt gesehen zu haben als diesen Raum mit dem Kojoten."[160]

Beuys erklärte explizit, er habe in dieser Aktion die Position eines Schamanen eingenommen[161]. Hier kehrt also der bekannte Topos der Kommunikation mit einem Tier – das hier noch mehr als der tote Hase als ‚Assistent' auftritt – wieder, der im Kontext eines anti-rationalistischen Weltbildes steht. Darüber hinaus allerdings trägt die Auswahl eines *Kojoten* – noch dazu in Verbindung mit dem Titel der Aktion – eine politische Implikation: Beuys wies darauf hin, der Kojote sei von den Indianern als (wenn auch schalkhafter) Gott verehrt worden, während ihn die Europäer als „verschlagen" gebrandmarkt und verfolgt hätten[162]. Durch das exklusive Zusammentreffen mit dem Kojoten drückt Beuys also eine Solidarisierung mit den Indianern ebenso aus wie eine fundamentale Kritik an der US-amerikanischen Gesellschaft, der er bereits ein Jahr zuvor in seinem *Energy Plan for the Western Man* den Weg zur Abkehr von einer fortschreitenden Ökonomisierung durch die Prinzipien der „plastischen Theorie" aufzuzeigen versucht hatte[163].

Beuys beschrieb seine Aktionen einmal als „ein Anklopfen an Wände, ein Anklopfen an das Gefangensein in unserem zivilisatorischen Kulturbewußtsein, sie zeigen ein Gegenmodell zum Alleinherrschenden, zum Nur-Rationalen, auf"[164]. In diesem Zusammenhang tritt der Schamane – wie in den beiden geschilderten Aktionen – als Repräsentant des Nicht-Rationalen auf. Martin Müller, für den der Schamanismus „der eine große Pol in Werk und Leben des Künstlers Beuys"[165] ist, identifiziert ein auf der Idee eines organischen Verwobensein des Weltganzen und der großen Bedeutung intuitiver Erfahrung beruhendes Wirklichkeitsverständnis als den „gemeinsamen Nenner" von Beuys und „dem Schamanen"[166]. Müller stößt damit

160 Stachelhaus 2004 [1987]: 211.

161 Vgl. ebd.

162 Beuys o.J. in Waberer/Beuys 1990[o.J.]: 202; Stachelhaus 2004 [1987]: 210.

163 Vgl. Tisdall 1976: 8.

164 Beuys o.J., in: Harlan/Rappmann/Schata 1976: 96.

165 Müller 1994: 19.

166 Ebd.: 207.

auf den Kern des Schamanismusdiskurses und dessen naturphilosophische Implikationen; da er aber Schamanismus nicht als diskursive Konstruktion konzipiert, erfasst er auch nicht, dass es sich bei beidem (Beuys' Kunst und dem Schamanismusdiskurs) um kontroverse Gesprächsbeiträge im aufklärerischen Diskurs handelt, die durch diese Oppositionsstellung geprägt sind und gerade daraus ihre Nähe zueinander beziehen.

Müller verweist weiter auf die Problematiken bei der wissenschaftlichen Auseinandersetzung mit ‚irrationalen' oder ‚paranormalen' Phänomenen, die häufig entweder für nicht vorhanden erklärt oder als Projektionen des Individuums oder eines Kollektivs abgetan würden[167], und kommt daraufhin zu dem Schluss, Beuys' Kunst sei *ausschließlich* in dem Sinne schamanistisch, als sich die

> „avisierten Erweiterungspotentiale menschlicher Erkenntnis und Selbstbestimmung auf ein ganzheitliches Weltbild beziehen, welches auf die gleiche Weise, wie wir es zuvor anhand der wissenschaftlichen Diskussion des Schamanismus skizziert haben, die Grenzen des wissenschaftlichen Diskursverständnisses berührt und überschreitet."[168]

Die Beobachtung, dass es sich bei Beuys' Kunst und dem Phänomen des Schamanismus um „erkenntnistheoretisch vergleichbare Probleme"[169] handele, ist zwar richtig, aber meines Erachtens für das Verständnis der Schamanenmetaphorik in Beuys' Werk nicht ausreichend: Denn während der Schamane in den bisher geschilderten Gedanken stets als Repräsentant eines irrationalen Wirklichkeitsmodells auftritt (was der herkömmlichen Konzeption entspricht), hob Beuys die Figur des Schamanen, wie ich im Folgenden zeigen werde, auf eine zweite Bedeutungsebene, auf der sie bisher tatsächlich noch nie angesiedelt worden war.

Eurasia

Wie bereits mehrfach erläutert wurde, war die Idee einer Überwindung des Gegensatzes von Ratio und Intuition, der Synthese von Intellektualität und

167 Vgl. Müller 1994: 181.

168 Ebd.: 189.

169 Ebd.: 192.

mythischem Denken, die den Menschen zur ganzheitlichen Erfahrung und Erkenntnis zurückführen könne, eines der zentralen Elemente von Beuys' Theorie der „sozialen Plastik". Diesen Gedanken illustrieren beispielhaft die Aktionen *Eurasia und 34. Satz der Sibirischen Symphonie*, aufgeführt 1966 in der Galerie 101 in Kopenhagen, und *Eurasienstab fluxorum organum op. 39*, aufgeführt 1967 in der Wiener Galerie St. Stephan. Zu *Eurasia* schreibt Troels Andersen:

> „Das Einleitungsmotiv war ‚The Division of the Cross', die Kreuzteilung. Kniend schob Beuys langsam zwei kleine Kreuze, die auf dem Boden lagen, bis vor eine Tafel. Auf jedes Kreuz wurde eine Uhr mit eingestelltem Klingelmechanismus gelegt. Auf die Tafel zeichnete er ein Kreuz, das er danach halb auswischte, darunter schrieb er ‚EURASIA'. Der Rest des Stückes bestand darin, dass Beuys [...] einen toten Hasen manövrierte, dessen Beine und Ohren mit langen dünnen schwarzen Holzstäben verlängert waren. [...] Von der Wand aus ging Beuys zur Tafel, wo er den Hasen niederlegte. [...] Er streute weißes Pulver zwischen die Beine des Hasen, steckte ihm einen Thermometer in den Mund, blies in eine Röhre. Danach wandte er sich der Tafel mit dem halben Kreuz zu und ließ den Hasen mit den Ohren wittern, während er selbst einen Fuß, an dem eine Eisenplatte festgebunden war, über einer ebensolchen Platte am Boden schweben ließ. Ab und zu trat er hart mit dem Fuß auf diese Platte."[170]

Andersen interpretiert das weiße Pulver als Schnee, den Thermometer als Zeichen für Kälte, das Blasen als Wind, und die Eisenplatten als Hinweis darauf, dass das Gehen schwer falle – was mit Sibirien als ‚Ort des Geschehens' korrespondiert.

Der Begriff „Eurasia" hat folgenden Hintergrund: Beuys benutzte „Europa" und „Asien" als Metaphern für zwei unterschiedliche Geisteshaltungen und Lebensprinzipien. „Europa" steht für analytische Logik und Materialismus, „Asien" für Intuition, sensible Wahrnehmung und Transzendierung des Verstandes (selbstverständlich liegt dieser Idee ein orientalistisches Weltbild im Sinne Saids zugrunde, in dem, ähnlich wie beispielsweise bei Herder, außereuropäische Kulturen als philosophische Fiktion eingesetzt werden – ob bewusst oder nicht, sei dahingestellt). Beuys betrachtete die beiden Geisteshaltungen als ebenbürtig und voneinander

170 Andersen 1969, zit. in: Stachelhaus 2004: 172.

abgetrennt[171]. Vor diesem Hintergrund erklärt sich auch das Motiv der ‚Kreuzesteilung': Das Kreuz, das im Werk von Joseph Beuys häufig auftritt, ist genau wie der „Christusimpuls" als abstrahiertes, vom engeren Kontext des Christentums entbundenes Zeichen aufzufassen. Müller schreibt zur Symbolik des Kreuzes: „Beinahe durchgängig […] ist die Qualität der Kreuzform, polarische Gegensätze zu fokussieren, gegensätzliche Bewegungen und Kräfte sozusagen auf den Punkt zu bringen und deutliche Polaritäten in ihrer Einheit und potentiellen Aufhebung zu visualisieren."[172] In der Aktion *Eurasia* entspricht das Auswischen der Hälfte des Kreuzes also dem Verlust einer Ganzheit durch die Abspaltung der Ratio von der Intuition.

Der Begriff *Eurasia* schließlich drückt die Utopie eines harmonischen Gleichgewichts aus, das nach der Überwindung des Bruchs zwischen beiden Prinzipien in Form einer übergeordneten Synthese eintreten kann[173]; und der Hase – als intuitives, friedliches, erdverbundenes Wesen – ist in Sibirien, dem Ort der Begegnung von Europa und Asien, auf dem Weg zum Dasein ‚jenseits aller Gegensätze'. Der *Eurasienstab,* entworfen für die gleichnamige Aktion, gehört in denselben Kontext:

> „Rund 50 kg schwer, 3,64 m lang und 2,5 cm dick ist er mit einem U-förmigen Ende ausgestattet, besteht aus massivem Kupfer. Beuys hantiert entsprechend der Dramaturgie der Aktion unter sichtlicher Kraftanstrengung. Als zentrales Instrument der Demonstration stemmt er ihn hoch und richtet ihn […] in alle vier Himmelsrichtungen aus."[174]

> „Auf diese Art und Weise versteht er ihn als einen Leiter von Energie, der die östliche Kapazität für transzendentales Denken mit dem westlichen Materialismus verbindet, basierend auf der Idee, dass bei der Vereinigung dieser beiden Fähigkeiten der Bruch zwischen Intuition und Ratio überwunden würde."[175]

171 Vgl. Leutgeb 1993 c: 257 f.

172 Müller 1994: 105.

173 Vgl. Leutgeb 1993 c: 258.

174 Ebd.

175 Tisdall 1979: 108, übersetzt in Goodrow 1991: 98.

Die Eurasien-Metaphorik beinhaltet einen dreifachen Bezug zum Schamanismus: Der offensichtlichste ist geographisch – Sibirien gilt bekanntlich als Ursprungsort des Phänomens. Zweitens gibt es durch die nachträglich als ‚Initiation' gedeutete Begegnung mit den Tartaren einen biographischen Zusammenhang, und schließlich tritt der ‚Schamane Beuys' als ‚Mittler zwischen den Welten' auf. Doch zwischen welchen ‚Welten'?

Hier wird nun die zweite Bedeutungsebene der Beuysschen Schamanenmetaphorik greifbar: Wie die rituelle Dimension der Schamanenrolle abstrahiert Beuys auch die Mittlerfunktion des Schamanen. Der Schamane fungiert hier nicht als Mittler zwischen Menschen und Geistern, zwischen Diesseits und Jenseits oder Gegenwart und *illud tempus*, sondern er fungiert als Mittler *zwischen Materialismus und Spiritualität, zwischen Ratio und Intuition*. In struktureller Analogie zur ‚herkömmlichen' Rolle des Schamanen als Mittler wird seine Funktion also dahingehend abstrahiert, dass er als Vereiner von Gegensatzpaaren auftritt[176]: Und eines dieser Gegensatzpaare beinhaltet ein Prinzip, mit dem der Schamane bisher immer assoziiert worden war, nämlich die Irrationalität. Bei Beuys tritt der Schamane also nicht nur als Repräsentant des Irrationalen oder ‚Prärationalen', sondern letztlich als Repräsentant einer „metarationalen, Irratio und Ratio vereinenden Alternative"[177] auf. Dieser Abstraktionsschritt ist im Schamanismusdiskurs zuvor nicht aufgetreten: Das Konzept erhielt also auch in der Aneignung durch Beuys eine völlig neue Bedeutungskomponente. Folgende Aussage des Künstlers belegt diese Argumentation:

> „Ich habe ja die Figur des Schamanen wirklich angenommen…Nun allerdings nicht um zurückzuweisen, in dem Sinn, daß wir wieder zurückmüssen, wo der Schamane seine Berechtigung hatte, weil das ein ganz anderer spiritueller Zusammenhang war. Sondern ich benutze diese alte Figur, um etwas Zukünftiges auszudrücken, indem ich sage, daß der Schamane für etwas gestanden hat, was in der Lage war, *sowohl materielle wie spirituelle Zusammenhänge in eine Einheit zu bekommen*."[178]

Der Schamane ist also in Beuys' Gedankenwelt derjenige, der ein gestörtes Kräfteverhältnis wieder ins Gleichgewicht bringen kann, indem er eine

176 Vgl. Wipplinger 2008: 27.

177 Bezzola 1993 b: 265.

178 Beuys 1981, zit. in Müller 1994: 9 f., Herv. von mir.

Synthese induziert[179], und spielt somit in der „plastischen Theorie“, die genau in dieser Synthese die Chance auf eine Heilung der gesellschaftlichen „Wunde“ sieht, analog zum Künstler die Schlüsselrolle.

5.4 REZEPTION

Auch in Beuys’ Fall wurde der Schamanenanspruch lebhaft rezipiert und stellt in der Literatur einen prominenten Aspekt dar. Meines Wissens taucht der Schamanenbegriff in fünf Buchtiteln[180], zahlreichen Zeitungsartikeln und Ausstellungstiteln[181] auf und wird praktisch in jeder Publikation erwähnt. Allerdings wird der Begriff nicht immer inhaltlich gefüllt; Insbesondere die Passgenauigkeit, mit der sich die Schamanenmetapher in Beuys’ „plastische Theorie“ einfügt, wird selten erkannt. In ähnlicher Weise wie im Falle Jim Morrisons ist zu beobachten, dass der Schamanenbegriff als Chiffre dient, die sich – je nach Einstellung des Autors – für mystifizierende oder abwertende rhetorische Manöver eignet.

So überschreibt etwa Rolf Famulla, dessen Buch das Wort „Schamane“ sogar im Titel trägt, zwar ein Kapitel mit „Beuys vergeistigt sich – Beuys als Schamane und Zauberer: Seine Aktionen und Installationen“, greift aber den Begriff im Text kein einziges Mal auf und versucht sich nicht an einer Definition. Das betreffende Kapitel interpretiert zwar Beuys’ Aktionen als Reinigungsrituale, versucht aber, diese mit der rassistischen Reinheitsideologie im Nationalsozialismus (und nicht etwa mit Schamanismus!) in Verbindung zu bringen, was dem Grundton des Buches entspricht[182]. Auch die Comic-Biographie *Joseph Beuys. Der lächelnde Schamane* geht auf den Begriff nicht näher ein. Die auflagenstarke Biographie *Joseph Beuys* von

179 Vgl. A. Müller 1993: 283.

180 Vgl. Buchhart/Wipplinger 2008: *Joseph Beuys. Schamane*; Blöß/Jünger 2008: *Joseph Beuys. Der lächelnde Schamane*; Famulla 2009: *Joseph Beuys: Künstler, Krieger und Schamane*; Haenlein 1990: *Eine Innere Mongolei. Dschingis Khan, Schamanen, Aktricen*; Müller 1994: *Wie man dem toten Hasen die Bilder erklärt. Schamanismus und Erkenntnis im Werk von Joseph Beuys.*

181 Siemens 2010: *Was vom Schamanen übrig bleibt*; Dirksen 2010: *Comeback des Kunst-Schamanen Beuys.*

182 Vgl. Famulla 2009: 125 ff.

Heiner Stachelhaus betont zwar die biographischen Parallelen zwischen Beuys und dem eliadeschen Schamanen und setzt Künstler mit Schamanen aufgrund ihrer „Selbstaufgabe“ und ihrer „Opfer an die Gemeinschaft“ [183] gleich; von Stachelhaus' unkritischem Begriffsverständnis aber zeugen geradezu rührende Formulierungen wie „Beuys hat gewusst, was es mit dem Schamanismus auf sich hat“[184] oder „Wie Mircea Eliade weiß….“[185].

Die kunstgeschichtlichen und philosophischen Werke, auf die ich meine Analyse der Schamanenmetaphorik bei Beuys gestützt habe, sind durchaus bemüht, den Begriff inhaltlich zu füllen; allerdings neigen auch die Autoren dieser Werke dazu, ausschließlich Eliades Schamanenkonzept zu zitieren und als faktische Gegebenheit zu behandeln[186]. Häufig finden sich auch Aussagen, die den Schamanismus mit „der Steinzeitkultur“ und „atavistischen Gebräuchen“[187] oder „animistischen Naturreligionen“[188] gleichsetzen. Selbst Martin Müller, dessen Dissertation *Wie man dem toten Hasen die Bilder erklärt* meines Erachtens das differenzierteste Werk zum Thema ist, fasst das Schamanenkonzept nicht als Ergebnis eines kulturell und ideengeschichtlich beeinflussten Konstruktionsprozesses auf – was mir aber für ein (nicht nur in ethnologischer Hinsicht) möglichst tiefgehendes Verständnis des künstlerischen Umgangs mit diesem Konzept unerlässlich erscheint.

Düsterkeit und ‚Scharlatanerie‘

Beuys' Aneignung der Schamanenrolle wird von mehreren Autoren vage mit der „Düsterkeit“, „Unheimlichkeit“ oder „magischen Aura“ seiner Werke assoziiert beziehungsweise als ‚Erklärung‘ für derlei Charakteristiken gebraucht, wobei das Begriffsverständnis meist rudimentär ist. So schreibt beispielsweise Stachelhaus:

> „Um aber den bei der Betrachtung der Person naheliegenden Konflikt mit dem Übersinnlichen zu vermeiden (sic!), ist es notwendig, nach einer Erklärung für den

183 Stachelhaus 2004 [1987]: 94 f.

184 Ebd.: 94.

185 Ebd.: 95.

186 Vgl. Murken 2008: 41; Goodrow 1991: 96.

187 Murken 2008: 43.

188 Wipplinger 2008: 27.

geistig-seelischen Hintergrund, der die überwiegend dunklen Beuys-Bilder entstehen läßt, zu suchen. Dafür bietet sich der Begriff Schamanismus an, der ja auch schon früh bei den Brüdern van der Grinten auftaucht."[189]

Eine etwas andere Nuancierung weist Murkens Einschätzung auf, die Gemeinsamkeit zwischen Beuys und dem Schamanen liege in beider Absicht, „suggestiv auf den Betrachter einzuwirken, ihn zu irritieren, nachdenklich zu stimmen, sein Denken in gewohnten Bahnen in Frage zu stellen"[190]. Dies greift insofern zu kurz, als Beuys zwar die Figur des Schamanen nutzte, um auf ein dem Rationalismus opponiertes Weltbild hinzuweisen – was im gegebenen geistigen Umfeld natürlich mit Irritation einherging –, aber weder Beuys noch die Erschaffer des Schamanenkonzeptes, auf das er aufbaute, unterstellten, Irritation sei die genuine Absicht eines Schamanen.

Häufig wird die Chiffre „Schamane" in der Literatur auch zur Diskreditierung der Person und des Werkes Joseph Beuys' eingesetzt. Sein künstlerischer Entwurf, in dem das Moment der Provokation, wie erwähnt, eine wichtige Rolle spielte, wurde von allem Beginn an kontrovers aufgenommen: Beuys hatte einerseits ‚Jünger' und andererseits Feinde, die ihn als effekthascherischen und geschäftstüchtigen Provokateur empfanden; so lautete zum Beispiel der Titel des Spiegel im November 1979: „Künstler Beuys – Der Größte: Weltruhm für einen Scharlatan?"[191]. Auch Autoren, die mit Beuys offen sympathisieren, assoziieren sein Auftreten mit dem eines Clowns oder Gangsters[192] und interpretieren einen gewissen Hang zur Selbstparodie als nicht unbedeutendes Werkelement[193]. In genau diesem Zusammenhang fällt häufig der Begriff des Schamanen. Ohne diesen Begriff inhaltlich zu klären, wird der Schamane hier also – ganz im Stile der Schamanismusrezeption durch Vertreter der Aufklärung – als trickreicher Betrüger, eben als ‚Scharlatan', verstanden oder mit Zauberern und Clowns in Verbindung gebracht[194].

189 Stachelhaus 1973: 38.

190 Murken 2008: 44.

191 O.V. 1979, in: *Der Spiegel* vom 05.11.1979.

192 Vgl. Stachelhaus 2004 [1987]: 172.

193 Vgl. Tisdall 1979: 24.

194 Vgl. Goodrow 1991: 96.

Ein weiterer Vorwurf richtet sich gegen die ‚Unechtheit' von Beuys' Schamanentum; so schreibt Hughes, Beuys betreibe „pseudoschamanenhafte Rituale"; „seine Spielchen mit Stöcken und Fett, Knochen und Verrottetem [...], Zauberstäben und toten Tieren [sollen] einen präzivilisatorischen Bewußtseinszustand wieder wachrufen."[195] Angesichts der Tatsache, dass Beuys sein Wissen über Schamanismus allein aus Büchern bezogen hat, spricht Moffit von einem „paperback-schamanism"[196], was ebenfalls die mangelnde Authentizität des Beuysschen ‚Schamanentums' bemängelt.

Auf diesen Vorwurf antwortet von Graevenitz interessanterweise folgendermaßen: „Jedoch baute Beuys kein Trugbild eines Para-Schamanen auf, der mit den Mitteln Trance, Ekstase und Opferritualen [...] arbeiten würde. Er ließ niemanden im Ungewissen, dass er mit den schamanistischen Mitteln im Begriffssystem und im Kontext der Kunst agieren würde."[197] – damit verweist die Autorin auf genau jenen Sonderstatus von Kunst, der den Künstler einerseits von Authentizitätsfragen entbindet, ihm andererseits aber auch keine konkrete Autorität zugesteht. Doch Beuys, dessen Gedankengebäude ja auf der Idee einer Erweiterung des Kunstbegriffes in die gesamte Lebenswirklichkeit hinein aufbaut, konnte sich konsequenterweise gar nicht auf die Position zurückziehen, er agiere lediglich „im Begriffsystem und Kontext der Kunst", wie von Graevenitz hier unterstellt (und tatsächlich hat er dies meines Wissens auch nicht getan). Die Argumentation der Autorin greift also nicht; der Vorwurf des ‚Para-Schamanismus' ist allerdings zumindest aus ethnologischer Sicht ohnehin obsolet.

Mystifizierung

Eine andere, stark mystifizierende Tendenz bei der Rezeption der Schamanenmetaphorik findet sich in den Werken von Beuys-‚Spezialisten' (einem gewissen Autorenkreis, der an fast allen Tagungen, Ausstellungen und Veröffentlichungen zu Beuys beteiligt ist). Als Beispiel sei hier Franz Joseph van der Grinten im Ausstellungskatalog *Joseph Beuys. Eine Innere Mongolei* zitiert:

195 Hughes 1981 [1980]: 383.

196 Moffit 1988: 78 ff.

197 Von Graevenitz 1993 a: 263.

„Der Schamane, sein Haus, sein Gerät, sein Tun, seine Gesten, seine Kraft. Die Kraft, zu empfangen, die Kraft, zu senden, reziprok; die Leistung der Sinne sinngebend. Als Beuys dann mit seinen szenischen Auftritten begann, war es schamanisches Wesen, was er in sich selbst geweckt hatte. Versenkung, das Wirken mit der Stille, die Dehnung der Zeit, das Sammeln von Kraft und ihre Aussendung. [...] Bewußtwerdungen, irrationale, das Hinführen des Betroffenen zu sich selbst und von ihm fruchtbringend nach außen, wo Empfänglichkeit besteht. Alles Wirken als ein verantwortetes, allgemein kreatürlich, allgemein der Kreativität teilhaftig. Symbole sind Lebenszellen.“[198]

5.5 FAZIT

Zusammenfassend lässt sich sagen, dass Beuys' Aneignung des Schamanenkonzeptes mit einer erheblichen Abstraktion der wesentlichen Komponenten des angeeigneten Konzeptes einhergeht und sich nahtlos in seine Theorie der „sozialen Plastik“ einfügt. Den von Eliade gesetzten Schwerpunkt auf die schamanische Ekstase – also die Fähigkeit, durch die gezielte Veränderung des körperlichen Zustandes aus sich herauszutreten –, den etwa Jim Morrison emphatisch aufgegriffen und sogar erweitert hatte, ließ Beuys fast vollständig fallen. Auch weisen seine Aktionen keine dramatische Ritualstruktur – weder im Aristotelischen noch im van Gennepschen Sinne – auf. Vielmehr griff Beuys die Metapher des Schamanen auf, um die zentralen Aspekte seiner „plastischen Theorie“ zu verdeutlichen: Das Grundprinzip der Transformation, die Notwendigkeit der Heilung, und die Synthese von Ratio und Intuition.

Im Hinblick auf die Heilerfunktion geht der schamanische Aspekt bei Beuys eine Synthese mit dem christlichen ein; die Schamanenrolle erfährt also eine gewisse Christianisierung und fällt zugleich mit der Rolle des Künstlers als Heilsbringer zusammen. Was das Ideal der Synthese von Ratio und Intuition zu einer umfassenden, der Ganzheit von Mensch und Kosmos entsprechenden Erkenntnisform angeht, funktioniert die Schamanenmetaphorik bei Beuys auf zwei Ebenen: Auf erster Ebene nutzt er sie – vermutlich von den Ideen Findeisens inspiriert –, um auf die Präsenz und Berechtigung des Irrationalen, der nicht-verstandesmäßigen Kräfte zu ver-

198 F.J. van der Grinten 1990: 15.

weisen; auf zweiter Ebene jedoch tritt der Schamane – wobei seine ‚herkömmliche' Mittlerfunktion ebenfalls abstrahiert wird – als Mittler *zwischen Ratio und Intuition* auf. Damit weist Beuys der Figur des Schamanen eine völlig neue Bedeutung zu, die nicht aus seinen ethnologischen Quellen hervorgegangen sein kann: Vielmehr verfährt er mit der Figur des Schamanen in der gleichen Weise wie mit seinen anderen ‚Werkmaterialien' – er gibt ihr eine ‚private' Bedeutung, die ihren Sinn erst im Kontext seiner individuellen Kosmologie und Mythologie erfährt, sich aber dennoch aus den Eigenschaften des ‚Materials' (das hier eben nicht Fett oder Kupfer, sondern das Schamanenkonzept ist) herleitet.

Ein Aspekt des Schamanenkonzepts, den Beuys ohne Abstraktionsschritte übernimmt, ist der ökologische, die intime Verbundenheit des Schamanen zum Reich der Tiere und Pflanzen. Die Nähe des Beuysschen Weltbildes zur romantischen Naturphilosophie, welche bekanntlich bei der Genese des Schamanismusdiskurses bedeutenden Einfluss hatte, liegt auf der Hand.

Auch bei Beuys lässt sich feststellen, dass sein Rollenverständnis als Künstler – wenn auch durch seine Erweiterung des Kunstbegriffes umgreifender definiert als je zuvor – im Künstlerideal der Romantik gründet. Sowohl die Idee des Künstlers als Mittler als auch seine affirmative Haltung zu Schmerz, Liebe und Tod lassen sich in diesem Sinne deuten. Insbesondere fühlte Beuys sich offensichtlich der Idee der Avantgarde verpflichtet, die ebenfalls aus dem 19. Jahrhundert stammt und dem Künstler die Funktion eines Vorreiters zuschreibt, der einen gesamtgesellschaftlichen Wandeln zum Besseren antizipieren und lostreten kann und soll. Interessant ist, dass Beuys diese in der Figur des Schamanen verkörperte Rolle, nachdem er sie in der Folge seiner schweren persönlichen Krisen gefunden hatte, nie wieder ablegte noch sie jemals anzuzweifeln schien. Bis zu seinem Tod am 23.01.1986 in Düsseldorf verbreitete er ein- und dieselbe Botschaft (so stammen einige Zitate, die ich zur Darstellung seiner „plastischen Theorie" verwendet habe, aus einer nur zwei Monate vor seinem Tod gehaltenen Rede in den Münchener Kammerspielen, die eine sehr dichte und überzeugte Darstellung seines Gedankengebäudes enthält). Gegen den Widerspruch zwischen der Annahme einer Führerrolle und dem Ideal einer Ermächtigung des Einzelnen, gegen die häufige Nicht- oder Fehlrezeption seiner Ideen wie auch gegen das öffentliche Interesse, das sich häufig mehr auf den provokanten und unterhaltsamen Aspekt seiner Auftritte als auf die dahinterliegenden, oft belächelten Ideen richtete, scheint Beuys erstaunlich immun gewesen zu sein. Was bei Jim Morrison eine in persönlicher Hinsicht unheilvolle Dynamik entwickelte, bestärkte Beuys in der Überzeugung, seine Botschaft weiter verbreiten zu müssen, bis sie richtig angekommen sei.

Ob dem so ist, darf nach der Durchsicht der wichtigsten Veröffentlichungen zu Beuys angezweifelt werden: Zwar wurde seine „plastische Theorie" einerseits ausführlich, detailgenau und sympathisierend aufbereitet und verbreitet; andererseits aber gilt Beuys auch vielen als ‚Clown' oder ‚Scharlatan'. Was genau Beuys schließlich mit der Metapher des Schamanen ausdrücken wollte, zählt vermutlich zu den bisher am wenigsten adäquat rezipierten Aspekten seines Werkes: Aufgrund eines meist rudimentären Begriffsverständnisses und einer mangelnden Verknüpfung mit Beuys' Theoriegebäude dient der Ausdruck ‚Schamane' der Assoziation des Künstlers mit ‚betrügerischen', unauthentischen Machenschaften, rätselhafter ‚Düsterkeit' und einer unspezifischen mystischen Aura.

6. Schlüsse

Abschließend möchte ich nun die in den Kapiteln vier und fünf geschilderten und analysierten Phänomene als Prozesse kultureller Aneignung deuten und die Fragen diskutieren, die sich dabei ergeben.

Ein zweifacher Aneignungsprozess

Zunächst lässt sich feststellen, dass die Selbstidentifikation moderner Künstler als Schamanen das Ergebnis eines zweifachen Aneignungsprozesses war:

(1) Wie ich im historischen Teil gezeigt habe, ist das westliche Schamanenkonzept Produkt eines intellektuellen Aneignungsprozesses, der die in Sibirien und später auch in Nordamerika beobachteten Phänomene zum Gegenstand hatte. Bei der Konzeptualisierung dieser Phänomene ließen westliche Denker entweder bewusst eigenkulturelle Elemente einfließen – wie dies etwa bei Herder der Fall war, der den Schamanen ganz explizit nach dem Künstlerideal des Sturm und Drang konzipierte –, oder sie nutzten eigenkulturelle Elemente als Interpretationswerkzeug, mit dem sie an die Phänomene herangingen, ohne dies zu reflektieren – als solche Werkzeuge können etwa die romantische Naturphilosophie, die Kunstkonzeption Friedrich Nietzsches oder Eliades Idee einer „Urreligion" gelten.

Als prominentestes eigenkulturelles Element wiederum, das diskursiv mit dem Schamanismus respektive dem Schamanen verknüpft wurde und in das Schamanenkonzept einfloss, lässt sich das europäische Künstlerideal des Sturm und Drang und der Romantik identifizieren. Beide Konzepte, das des Schamanen und das des Künstlers, stehen dabei im übergreifenden Zusammenhang der Spannung zwischen aufklärerischem und romantischem Denken; und die abwertende oder idealisierende Beurteilung der entsprechenden Phänomene dienten verschiedensten Autoren dazu, sich in diesem Spannungsfeld zu positionieren.

Am Beispiel des Schamanismus wird also deutlich, wie im Zuge eines Aneignungsprozesses, der (nach Rogers' Typologie) unter der Bedingung kultureller Dominanz stattfand, ein fremdkulturelles Phänomen in die eigenen philosophischen Diskurse eingefügt werden kann: Von Stuckrad verweist in diesem Zusammenhang auf die interessante Beobachtung des Religionswissenschaftlers Hans Kippenberg, dass „die Autorität des Ethnographen nicht allein auf seiner Feldforschung beruht. Sein wissenschaftliches Ansehen steigt offenbar, wenn er seine Daten zu einem Beitrag zu den Diskursen der eigenen Gesellschaft macht“[1]. Genau dies war bei der Konzeptualisierung des Schamanismus der Fall.

(2) Nun aber wurde dieses Schamanenkonzept, das *Produkt* eines Aneignungsprozesses war, auch zum *Gegenstand* eines Aneignungsprozesses, nämlich des künstlerischen Aneignungsprozesses, den ich am Beispiel von Jim Morrison und Joseph Beuys geschildert habe. Meine Ausgangsfrage, was diese (und auch weitere) Künstler und ihre Rezipienten zur Gleichsetzung der Künstler- mit der Schamanenrolle veranlasste – Wie kommen sie dazu? – habe ich eingangs hypothetisch damit beantwortet, dass das Schamanenkonzept einen gewissen ‚Eigensinn' mitbrachte, der es zur Aneignung durch Künstler prädestinierte. Tatsächlich kann man an dieser These genau deshalb festhalten, weil das Schamanenkonzept Ergebnis eines Aneignungsprozesses war, der es diskursiv mit dem Künstlerkonzept verknüpfte und gewisse Elemente vom einen in das andere Konzept übernahm: Der ‚Künstler' steckte bereits im ‚Schamanen', als Morrison und Beuys sich letzteren zur Identifikations- uns Schlüsselfigur ihrer künstlerischen Entwürfe wählten.

Genauer noch habe ich auch zeigen können, dass diese beiden Künstler sich im Wesentlichen dem Künstlerideal des Sturm und Drang und der Romantik verpflichtet fühlten – also genau dem Künstlerbild, für das die Kongruenz mit der Schamanenrolle am größten ist. Beide nahmen den Kernaspekt des Schamanen- wie auch des romantischen Künstlerbegriffs an: Die Stellung als ‚Mittler zwischen den Welten'. Auch dass beider Werke genau jene geistesgeschichtlichen Zusammenhänge aufgreifen, die das westliche Verständnis des Schamanismus prägten, illustriert, wie nahelie-

1 Kippenberg 1997: 260.

gend es in beiden Fällen tatsächlich war, sich selbst als Schamanen zu deuten.

Im Zuge der Analyse der Aneignung des Schamanenkonzeptes durch Morrison und Beuys wird aber nicht nur deutlich, dass das anzueignende ‚Ding' gewisse Verwendungsweisen durch seinen ‚Eigensinn' nahelegt, sondern auch, dass es trotz alledem deutungsoffen bleibt, denn beide eigneten sich das Konzept auf sehr unterschiedliche Weise an:

Während Morrison die Schamanenrolle erotisierte, christianisierte sie Beuys; der Betonung der physischen Ekstase durch bestimmte Methoden der Tranceinduktion bei Morrison steht die Abstraktion der Schamanenrolle durch Beuys gegenüber, mit der er auf die Wichtigkeit nicht-rationaler Erkenntnisformen verweisen wollte. Während Morrison im Kontext der *counterculture*, der ‚psychedelischen' und ‚sexuellen Revolution' agierte, war Beuys' Denken wesentlich von der Anthroposophie Rudolf Steiners beeinflusst. Während Beuys' Gesellschaftsutopie sich stets im Diesseits bewegt, trägt Morrisons Entwurf transzendentale Züge. Während Beuys den *Ekstase*aspekt fast vollständig fallenließ, versuchte Morrison, nachdem die zunächst angenommene Rolle auf ihn zurückschlug, den *sozialen* Aspekt abzustoßen. Beuys schließlich hob den Schamanen, indem er ihn als Mittler zwischen dem rationalen und dem irrationalen Denkmodus auftreten ließ, auf eine Abstraktionsebene, die seine völlig eigene Interpretation darstellt: Offenbar ließ das Schamanenkonzept also durchaus eine Vielfalt von Deutungen zu. Dies korrespondiert mit der ethnologischen Annahme, dass jedes anzueignende ‚Ding' deutungsoffen ist, also die Möglichkeiten seiner Interpretation und Nutzung nicht determiniert. Der Akteur verfügt bis zu einem gewissen Grad über das angeeignete ‚Ding', verändert es, macht es passend, fügt es in neue Sinnzusammenhänge ein und erlebt, wie es auf ihn selbst zurückwirkt.

Intellektuelle Aneignung

Wenn man nun den Schamanismus (1) als kulturelle Institution, die vor dem Hintergrund einer bestimmten Kosmologie – also eines gedanklichen Konzeptes – ihre Wirkung entfaltet, und weiter (2) als Gegenstand eines historisch-diskursiven Aneignungsprozesses betrachtet, stellt sich folglich die Frage, inwiefern und mit welchen konzeptuellen Schwierigkeiten die Theorie kultureller Aneignung auf Phänomene der Übernahme gedanklicher Konzepte und kultureller Institutionen anwendbar ist. Tatsächlich fand die Aneignung des Schamanismus im Westen im Zuge seiner Konzeptualisierung statt. Auch wenn es nicht die Absicht der Agenten dieses Aneignungsvorganges gewesen sein mag, sich den Schamanismus *anzueignen* – denn sie wollten ihn lediglich wissenschaftlich *konzeptualisieren* – war dieser Aneignungsvorgang unumgänglich: Aneignung, und zwar eine *intellektuelle* Aneignung, geht letztlich jedem Verstehen voraus. Der französische Philosoph Paul Ricoeur fasst Aneignung als hermeneutischen Prozess und als Akt von verstehender, begreifender Natur auf, der mit jeder angemessenen Interpretation eines Phänomens einhergehe: „An interpretation is not authentic unless it culminates in some form of appropriation (*Aneignung*), if by that term we understand the process by which one makes one's own (*eigen*) what was initially other or alien (*fremd*)."[2]

In diesem Gedankengang ist also Verstehen sowohl Bedingung als auch Folge von Aneignung. Beide Vorgänge verschmelzen miteinander:

Konzeptualisieren ist Aneignen; Verstehen ist Aneignen.

Jedes gedankliche Durchdringen fremdkultureller Phänomene bedient sich eigenkultureller Kategorien und Begriffe: Auch das Fremde wird nur in den eigenen Begriffen verständlich. Um die Passgenauigkeit der Theorie kultureller Aneignung auf die empirische Realität zu erhöhen, erscheint es mir daher notwendig, diese Theorie – wenn sie nicht auf die Aneignung materieller Güter, sondern auf die Aneignung kultureller Institutionen und gedanklicher Konzepte angewendet werden soll – um den Faktor der *intellektuellen Aneignung*, die jedem weiteren Umgang mit dem anzueignenden ‚Ding' vorausgeht und dieses *bereits an diesem frühen Punkt transformiert*, zu erweitern.

Schlüsse im Hinblick auf die Ethnologie

Aus dieser Überlegung folgen einige Schlüsse, die für die Disziplin der Ethnologie grundlegend relevant sind: Da die Ethnologie sich damit befasst, die Bedeutungs- und Sinnkonstruktion von Akteuren zu verstehen, die dem Forscher ‚fremd' sind, muss jedes ethnologisches Unterfangen von Beginn an berücksichtigen, dass mit dem Verstehen, das das Ziel ethnologischer Forschung ist, immer auch ein Aneignen einhergeht. Es ist erkennt-

---

2 Ricoeur 1981: 178; deutsch i.O.

nistheoretisch unmöglich, etwas Fremdes in anderen Begriffen als den eigenen zu verstehen.

Diese Erkenntnis allerdings muss nicht dazu führen, ethnologische Forschung von vorneherein als aussichtslos zu betrachten: Vielmehr sollte sie dazu führen, sensibler mit den Begriffen umzugehen; nachzuspüren zu versuchen, wieviel ‚Eigenes' man bereits ins ‚Fremde' hineingetragen hat; sich die Zeit zu nehmen, die es erfordert, eine bisher unbekannte Kategorie zu erfassen und die Orientierungslosigkeit oder den Ärger in Kauf zu nehmen, die mit dem Aufbruch eigener, gewohnter Kategorien einhergehen – und sich stets bewusst zu sein, dass das Ideal des völligen Verstehens ein unerreichbares bleiben wird. Ethnologisches Arbeiten sollte einen bewussten, reflektierten und affirmativen Umgang mit der Problematik des (im positivistischen Sinne) ‚Verfälschens durch Verstehenwollen' pflegen: Auf diese Weise können Ethnographien zum Zeugnis jener wechselseitigen Konstruktions-, Zuschreibungs- und Aushandlungsprozesse werden, die ihnen eigentlich schon immer zugrunde lagen, aber meist verborgen blieben. All diese Forderungen sind letztlich auch in der inzwischen fest etablierten Forderung nach Selbstreflexion in der Ethnologie enthalten.

Betrachtet man ferner – nach dem konstruktivistischen Paradigma – nicht ‚das Fremde', sondern die kollektive *Konstruktion* von Fremdheit als Gegenstand der Ethnologie, so erweist sich die Theorie kultureller Aneignung – unter Einbezug des Faktors der intellektuellen Aneignung – als wertvolles Analysewerkzeug: Prozesse der Konstruktion von ‚Eigenem' und ‚Fremden' und der damit verbundenen Grenzziehung gehen stets mit einer Aneignung, einer Übersetzung fremdkultureller Elemente einher, die diesen erst eine Bedeutung im eigenen Sinnzusammenhang verleiht. So diente auch die hier geschilderte westliche Konstruktion des Schamanismus zur Selbstabgrenzung und Selbstkonstitution, die nur durch ein aneignendes Eingliedern des Phänomens in den eigenen geistigen Zusammenhang stattfinden konnten.

Selbstreflexion

Das vorliegende Buch hat im Wesentlichen eine diskursive Formation und deren Manifestationen in der sozialen Realität zum Gegenstand. Allerdings ist es dadurch, dass ich die Identifikation des ‚Künstlers' mit dem ‚Schamanen' nie als Folge faktischer Gegebenheiten, sondern – dem postmodernen

Diktum des Konstruktivismus folgend – als Ergebnis einer diskursiven Konstruktion behandele, nicht davor gefeit, genau diesen Diskurs, den es zum Gegenstand hat, zu perpetuieren: Auch meine Arbeit gehört zu diesem „Gewimmel von Kommentaren“, das einen Diskurs am Leben erhält, selbst wenn sie diesen distanziert betrachtet. Allein dadurch, dass ich Schamanen und Künstler in einem Atemzug nenne, bleibt die gedankliche Verbindung zwischen beiden bestehen.

Weiter bin auch ich selbst von der diskursiven Formation, über die ich spreche, nicht unbeeinflusst: Die grundlegende Spannung, die ich als Triebkraft hinter dem Schamanismusdiskurs und hinter bestimmten Konzeptualisierungen des Künstlers identifiziert habe, ist diejenige zwischen Aufklärung und Romantik. Auch wenn die vorliegende Arbeit eine wissenschaftliche ist und damit in der Tradition der Aufklärung steht, wurde mir, während ich sie schrieb, mehr als je zuvor bewusst, wie sehr ich eigentlich diese Spannung zwischen aufklärerischem und romantischem Denken in mir trage – wie sehr ich also auch als Ethnologin von den in meiner Gesellschaft kursierenden Diskursen geprägt bin. Ich empfinde genau diese dialektische Spannung als durchaus produktiv, wenn es darum geht, die Sinnwelten anderer Menschen zu verstehen, und verspüre zumindest im Moment auch keine Notwendigkeit, sie aufzulösen. Allein schon die Auswahl des Themas, mit seinen Unterthemen Schamanismus und Kunst, ist der ‚romantischen‘ Seite meiner Person und meiner Interessenlage geschuldet; einer tiefen Grundsympathie für das Irrationale, Intuitive, Rauschhafte und diejenigen Menschen, die an alledem keine rationalistischen Zweifel haben, wie ich sie hege. Doch die Methode, mit der ich mich diesem Thema nähere (also die wissenschaftliche Methode, die mir die „Polizei“ des wissenschaftlichen Diskurses vorschreibt), entspricht mir durchaus *auch*; die Berechtigung rationalen Denkens würde ich niemals anzweifeln.

Im Hinblick auf die beiden Protagonisten dieses Buches schließlich stand ich zwei grundlegenden ethnologischen Herausforderungen gegenüber, wie man ihnen auch während einer Feldforschung begegnen kann: Joseph Beuys war mir fremd. Mir sein Gedankengebäude zu erschließen, empfand ich zu Beginn als äußerst mühsam; es glich dem, was ich mir unter den ersten Wochen in einer fremden Kultur vorstelle (beziehungsweise in Ansätzen erlebt habe). Nach einiger Zeit allerdings gewannen seine mir zunächst nicht intelligiblen Äußerungen, die er im Tonfall größter Selbstverständlichkeit vorträgt, an Zusammenhang, und ich entdeckte dahinter eine faszinierende private Kosmologie. Mit Jim Morrison verhielt es sich genau umgekehrt: Die Herausforderung bestand hier darin, eine gewisse ‚wissenschaftliche Distanz' herzustellen (die ja bei aller Kritik am Objektivismus dennoch nicht als obsolet gelten kann) und einen Weg zu finden, über ihn zu sprechen, ohne von den Prämissen der logischen Überprüfbarkeit und Nachvollziehbarkeit meines Argumentes abzuweichen. Diese Gratwanderung zu meistern zwischen einer privaten ‚Sympathie für den Forschungsgegenstand', einer emotionalen Nähe und der Notwendigkeit, sich selbst zur Seite zu nehmen, um einen reflektierten Blick haben zu können, zählt meines Erachtens zu den wichtigsten Aufgaben des ethnologischen Arbeitens und macht zugleich dessen besonderes Potential aus: Das Verständnis geht tiefer, wenn es nicht nur auf rationaler Erkenntnis beruht. Damit rede ich natürlich Joseph Beuys das Wort – aber nicht nur ihm: So räumt etwa Gerd Spittler in seinem Entwurf der Forschungsmethode der *Dichten Teilnahme* dem körperlichen und seelischen Fühlen und Miterleben, der sozialen Nähe, der Empathie und der Resonanz[3] – ein herrlich musikalischer Begriff, der, obwohl er sich eigentlich auf konkrete Interaktion in der Feldforschungssituation bezieht, sehr treffend mein Verhältnis zu den *Doors* beschreibt – große Bedeutung ein[4]. Auch Paul Stoller plädiert nach seiner langjährigen Forschung bei den *Songhay* für eine Forschungsmethodik, die den Bereich strikt rationaler Erkenntnis transzendiert:

> „In fact, it is the play of personalities, the presentation of self, and the presence of sentiment – not only the soundness of conventional research methods – that have become the reasons for my deep immersion into the Songhay world. Slowly, I uncovered an important rule: one cannot separate thought from feeling […]; they are inextricably linked."[5]

---

3 In Bezugnahme auf Wikan 1992.

4 Vgl. Spittler 2001: 19 f.

5 Stoller 1989: 5.

AUSBLICK

(1) Eine ganze Reihe von Fragen konnten in dieser Arbeit nicht besprochen werden und sollen deshalb hier nur kurz angeschnitten, jedoch nicht erschöpfend behandelt werden.

Während ich einem konstruktivistischem Ansatz gefolgt bin, gibt es zum Thema der Verbindung von Schamanismus und moderner Kunst ein prominentes Werk, das diesem Ansatz durchaus widerspricht: Victor Turner identifiziert das Element der *performance* als Bindeglied zwischen Ritual und Theater und nimmt ein – auch historisches – Kontinuum zwischen schamanischem Ritual, griechischem Theater, Karneval und moderner Aktionskunst an[6]. Sein Ansatz unterscheidet sich von meinem vor allem darin, dass er den von ihm identifizierten Zusammenhang als faktische Gegebenheit und nicht als diskursive Konstruktion auffasst, was meines Erachtens allerdings dem Vorwurf der Spekulation Vorschub leistet.

Eine Frage, der nachzugehen interessant wäre, ist die, warum sowohl das hier besprochene Phänomen der Selbstidentifikation von Künstlern mit Schamanen als auch das Künstler- und das Schamanenkonzept im Wesentlichen *männliche* Phänomene und Themen sind (auch ist nur ein sehr geringer Teil der hier zitierten Literatur von Frauen geschrieben – ich stelle offenbar eine Ausnahme dar). Gibt es spezifisch weibliche Künstlerinnen- oder Schamaninnenbilder, und welche Charakteristiken tragen sie?

Schließlich ließe sich auch fragen, warum beide Künstler, die ich hier besprochen habe, in den 60er und 70er Jahren agierten und sich gegenwärtig – zumindest meines Wissens – kein Künstler öffentlich als Schamane bezeichnet. Als Ausnahme könnte man den britischen *Graphic Novel*-Autor Alan Moore betrachten, der sich selbst als „rituellen Magier" bezeichnet und diesen Begriff synonym mit „Schamane" verwendet[7]. Allerdings hält er sich mit dieser Selbstidentifikation, wie mit seiner Person im Allgemeinen, in der Öffentlichkeit zurück.

Eine hypothetische Antwort könnte sein, dass die Aufnahme fremdkultureller Elemente in einen künstlerischen Entwurf zu einer gängigen Praxis geworden ist, die vom *mainstream* ‚aufgesogen', kommerzialisiert und ihres Neuigkeitswertes beraubt worden ist, weshalb sie für Künstler der

6 Vgl. Turner 1977 und 1982.

7 Vgl. Vylenz 2005.

Gegenwart nicht mehr attraktiv erscheint. Auch scheint eine breite Welle der Hinwendung zu alternativer Spiritualität und Sinngebung, wie sie die 1960er Jahre erlebten, in einer von postmoderner Fragmentierung und der Multiplikation von Sinnangeboten und Imaginationsvorlagen kaum noch wiederholbar: Viele Entwürfe existieren simultan. Auch die Ideenwelt der 1960er Jahre lebt weiter, doch ist sie nun zu einem Teil dessen geworden, was Appadurai als ein sich aus vergangenen Jahrzehnten zusammensetzendes „synchrones Kaufhaus“ bezeichnet:

„As far as the United States is concerned, one might suggest that the issue is no longer one of nostalgia but of a social *imaginaire* built largely on reruns. [...] The past is now not a land to return to in a simple politics of memory. It has become a synchronic warehouse of cultural scenarios, a kind of temporal central casting, to which recourse can be taken as appropriate [...]“[8]

(2) Zurück zum Thema Aneignung ...

„*Metamorphose*. An object is cut off from its name,
habits, associations. Detached, it becomes only
the thing, in and of itself. When this disintegration
into pure existence is at last achieved, the object
is free to become endlessly anything.“[9]

8 Appadurai 1996: 30.

9 Morrison 1979 [1969]: 144.

Quellen

Ackerknecht, Erwin 1943: Psychopathology: Primitive Medicine and Primitive Culture. In: *Bulletin of the History of Medicine* 14.

Andrews, Lynn 1981: *Medicine Woman*. New York: Harper & Row.

Appadurai, Arjun 1996: *Modernity at large*. Minneapolis, London: University of Minnesota Press.

Aristoteles 1994 [335 v.Chr.]: *Poetik*. Stuttgart: Reclam.

Artaud, Antonin 1997 [1958]: The Theater and Cruelty. In: Rocco, John M. (Hg.) 1997: *The Doors Companion. Four Decades of Commentary*. New York: Schirmner Books. S. 31-33. (Aus: Artaud, Antonin 1958: *The Theater and its Double*. New York: Grove Weidenfeld.)

Atkinson, Jane M. 1992: *Shamanisms today*. In: Annual Review of Anthropology 21 (1992): S. 307-330.

Banzarov, Dorji 1981 [o.J.] The Black Faith; or, Shamanism among the Mongols. In: *Mongolian Studies. Journal of the Mongolia Society* 7 (1981-1982). S. 53-91.

Barnard, Alan und Spencer, Jonathan 2002: Culture. In: Dies. (Hg.) 2002: *Encyclopedia of Social and Cultural Anthropology*. London, New York: Routledge. S. 136-143.

Barthes 1994 [1968]: La mort de l'auteur. In: Ders. 1994 : *Œuvres complètes*, Band 2. Paris: Seuil.

Beck, Kurt 2004: Bedfords Metamorphose. Eine Ethnographie der Aneignung des LKWs im Sudan. In: Beck, Kurt, Förster, T. und Hahn, Hans Peter (Hg.): *Blick nach vorn. Festgabe für Gerd Spittler zum 65. Geburtstag*. Köln: Köppe. S. 171-185.

Beliavskii, Frants 1833: *Poezdka k Ledovitomu moriu*. Moskau: v tipografii Lazarevyk instituta vostochnykh iazykov.

Benedict, Ruth 1934: *Patterns of Culture*. Boston: Houghton.

Beuys, Joseph 1985: *Reden über das eigene Land: Deutschland (3)*. Elektronisches Dokument: http://www.wilfried-heidt.de/pdf/beuys-rede-deutschland.pdf [aufgerufen am 12.06.2012]

Bezzola, Tobia 1993 a: Geschichte. In: Bezzola, Tobia und Szeemann, Harald (Hg.) 1993: *Joseph Beuys*. [Ausstellungskatalog des Kunsthauses Zürich]. Zürich: Pro Litteris. S. 262-263.

Bezzola, Tobia 1993 b: Intuition. In: Bezzola, Tobia und Szeemann, Harald (Hg.) 1993: *Joseph Beuys*. [Ausstellungskatalog des Kunsthauses Zürich]. Zürich: Pro Litteris. S. 265.

Bezzola, Tobia 1993 c: Steiner, Rudolf (1861-1925). In: Bezzola, Tobia und Szeemann, Harald (Hg.) 1993: *Joseph Beuys*. [Ausstellungskatalog des Kunsthauses Zürich]. Zürich: Pro Litteris. S. 284.

Bezzola, Tobia 1993 d: Wissenschaft. In: Bezzola, Tobia und Szeemann, Harald (Hg.) 1993: *Joseph Beuys*. [Ausstellungskatalog des Kunsthauses Zürich]. Zürich: Pro Litteris. S. 288.

Blake, William 2008 [1790]: The marriage of heaven and hell. In: Grant, John E. und Johnson, Mary Lynn (Hg.) 2008: *Blake's Poetry and Designs*. New York, London: Norton & Company.

Bloch, Ernst 1974 [1954-1959]: *Das Prinzip Hoffnung*. Frankfurt a.M.: Suhrkamp.

Blöß, Willi und Jünger, Bernd 2008: *Joseph Beuys. Der lächelnde Schamane*. Aachen: Willi Blöß Verlag.

Boehlen, Marc 1993: Plastik. In: Bezzola, Tobia und Szeemann, Harald (Hg.) 1993: *Joseph Beuys*. [Ausstellungskatalog des Kunsthauses Zürich]. Zürich: Pro Litteris. S. 278-279.

Bogoras, Waldemar 1975 [1908-1909]: *The Chukchee*. New York: AMS.

Borchhardt-Birbaumer, Brigitte 2008: Nomen est omen: Anacharsis – Cloots – Beuys. In: Buchhart, Dieter und Wippliner, Hans-Peter (Hg.) 2008: *Joseph Beuys. Schamane*. [Ausstellungskatalog der Kunsthalle Krems]. Nürnberg: Verlag für moderne Kunst. S. 9-12.

Bourdieu, Pierre 2001 [1992]: *Die Regeln der Kunst*. Berlin: Suhrkamp.

Buchhart, Dieter 2008: Joseph Beuys „Nonsite Objekte" zwischen Natur und Technik und die Kommentarbedürftigkeit seiner materialbasierten Modernität. In: Buchhart, Dieter und Wippliner, Hans-Peter (Hg.) 2008: *Joseph Beuys. Schamane*. [Ausstellungskatalog der Kunsthalle Krems]. Nürnberg: Verlag für moderne Kunst. S. 61-65.

Buescher, Derek T. und Ono, Kent A. 1996: Civilized colonialism: Pocahontas as neocolonial rhetoric. In: *Women's Studies in Communication* 19. S. 127-153.

Burroughs, William S. und Ginsberg, Allen 2001 [1963]: *The Yage Letters.* San Francisco: City Lights Publishers.

Campbell, Joseph 1993 [1958-1971]: *Myths to live by.* London u. A.: Penguin Books.

Campbell, Joseph 2009 [1949]: *The Hero with a Thousand Faces.* New York: Pantheon Books.

Carpenter, John und Morrison, Jim 1968: *Interview* für Los Angeles Free Press, Sommer 1968. Elektronisches Dokument: http://archives.waiting-forthe-sun.net/Pages/Interviews/JimInterviews/free_press.html [aufgerufen am 10.08.2012]

Carstensen, Richard (Hg.) 1998: *Griechische Sagen.* München: dtv.

Castañeda, Carlos 1991 [1972]: *Journey to Ixtlan. The Lessons of Don Juan.* New York: Washington Square Press.

Castañeda, Carlos 1991 [1974]: *Tales of Power.* New York: Washington Square Press.

Castañeda, Carlos 1991 [1978]: *Second Ring of Power.* New York: Washington Square Press.

Castañeda, Carlos 1998 [1968]: *The Teachings of Don Juan. A Yaqui Way of Knowledge.* New York: Washington Square Press.

Chorush, Bob und Morrison, Jim 1992 [1971]: Interview für Los Angeles Free Press, Frühjahr 1971. In: Hopkins, Jerry 1992 (Hg.): *Jim Morrison. Der König der Eidechsen: Die endgültige Biographie und die großen Interviews.* München, Paris, London: Schirmer-Mosel. S. 231-245.

Claessen, Henri J.M. 2002: Evolution and Evolutionism. In: Barnard, Alan und Spencer, Jonathan (Hg.) 2002: *Encyclopedia of Social and Cultural Anthropology.* London, New York: Routledge. S. 213-217.

Collmer, Thomas 1997 [1994]: *Pfeile gegen die Sonne. Der Dichter Jim Morrison und seine Vorbilder.* Augsburg: Maro Verlag.

Czaplicka, Marie Antoinette 1914: *Aboriginal Siberia: A Study in Social Anthropology.* Oxford: Clerendon.

Dalton, David 1991: *Mr. Mojo Risin'. Jim Morrison, the last holy fool.* New York: Spade & Archer.

De Mille, Richard 1976: *Castaneda's Journey: The Power and the Allegory.* Santa Barbara: Capra.

Deloria, Philip J. 1998: *Playing Indian*. Yale: Yale University.

Densmore, John 1991 [1990]: *Riders on the storm. Mein Leben mit Jim Morrison und den Doors.* Wien: Hannibal.

Detienne, Marcel 1992: *Dionysos. Göttliche Wildheit.* Frankfurt a.M.: Campus.

Devereux, George 1961: Shamans as Neurotics. In: *American Anthropologist* 63 (5). S. 1088-1090.

DiCillo, Tom (Regisseur) 2010: *When you're strange.* [Film]. Los Angeles: Wolf Films/ Strange Pictures.

Diderot, Dénis 1770-1775: *Encyclopédie Ou Dictionnaire Raisonné Des Sciences, Des Arts Et Des Métiers.* Bern: Sociétés Typographiques.

Diderot, Dénis 1891 [1805]: *Le Neveu de Rameau.* Paris: Plon.

Dirksen, Jens 2010: *Comeback des Kunst-Schamanen Beuys.* Elektronisches Dokument: http://www.derwesten.de/kultur/comeback-des-kunst-schamanen-beuys-id3642912.html [aufgerufen am 29.08.2012]

Dixon, Roland 1908: *Some Aspects of the American Shaman.* In: Journal of American Folklore 21. S. 1-12.

Dodds, Eric 1951: *The Greeks and the Irrational.* Berkeley: University of California Press.

Duerr, Hans Peter (Hg.) 1983: *Sehnsucht nach dem Ursprung: zu Mircea Eliade.* Frankfurt a.M.: Syndikat.

EFE World News Service 2008: *Mexican shaman visited by Rolling Stones and Jim Morrison honored.* Elektronisches Dokument: http://business.highbeam.com/436103/article-1G1-183141669/mexican-shaman-visited-rolling-stones-and-jim-morrison [aufgerufen am 04.07.2012]

Eliade, Mircea 1959: The Yearning for Paradise in Primitive Tradition. In: *Daedalus* 88 (2). S. 255-267.

Eliade, Mircea 1975 [1951]: *Schamanismus und archaische Ekstasetechnik.* Frankfurt a.M. Suhrkamp.

Eliade, Mircea 1990: *Autobiography.* Chicago: University of Chicago Press.

Eliade, Mircea 1993 [1955]: *Der verbotene Wald.* Frankfurt a.M.: Insel-Verlag.

Ellenberger, Henri 1970: *The Discovery of the Unconscious.* New York: Basic Books.

Faivre, Antoine 2001: *Esoterik im Überblick. Geheime Geschichte des abendländischen Denkens.* Freiburg: Herder.

Famulla, Rolf 2009: *Joseph Beuys: Künstler, Krieger und Schamane. Die Bedeutung von Mythos und Trauma in seinem Werk.* Gießen: Psychosozial-Verlag.

Fels, Gerhard 1998: *Der Aufruhr der 68er.* Bonn: Bouvier.

Feulner, Gabriele 2010: *Mythos Künstler. Konstruktionen und Dekonstruktionen in der deutschsprachigen Prosa des 20. Jahrhunderts.* Berlin: Erich Schmidt Verlag.

Findeisen, Hans 1957: *Schamanentum, dargestellt am Beispiel der Besessenheitspriester nordeurasiatischer Völker.* Stuttgart: Kohlhammer.

Flaherty, Gloria 1988: The Performing Artist as the Shaman of Higher Civilization. In: *MLN* 103 (3): S. 519-539.

Flaherty, Gloria 1989: Goethe and Shamanism. In: *MLN* 104 (3): S. 580-596.

Flaherty, Gloria 1992: *Shamanism and the eighteenth century.* Princeton, Oxford: Princeton University Press.

Fong-Torres, Ben und Morrison, Jim 1992 [1971]: Interview für Rolling Stone, Frühjahr 1971. In: Hopkins, Jerry 1992 (Hg.): *Jim Morrison. Der König der Eidechsen: Die endgültige Biographie und die großen Interviews.* München, Paris, London: Schirmer-Mosel. S. 247-252.

Forbes, Gordon (Regisseur) 1981: *No one here gets out alive. The Doors' tribute to Jim Morrison.* [Film]. Hollywood: Hollywood Heartbeat Productions.

Foucault, Michel 1969: *Qu'est-ce qu'un auteur?* Elektronisches Dokument: http://www.scribd.com/doc/65530559/Foucault-Qu-Est-ce-Qu-Un-Auteur-1969 [aufgerufen am 02.08.2012]

Foucault, Michel 1981 [1969]: *Archäologie des Wissens.* Frankfurt a. M.: Suhrkamp.

Foucault, Michel 2007 [1970]: *Die Ordnung des Diskurses.* Frankfurt a. M.: Fischer.

Frazer, James, Sir 1995 [1890, erweitert 1912]: *The Golden Bough. A Study in Magic and Religion.* New York: Touchstone.

Fromm, Erich 2012 [1956]: *Die Kunst des Liebens.* Berlin: Ullstein.

Furst, Peter 1977: Roots and Continuities of Shamanism. In: Trueblood Brodsky, Anne et.al. (Hg.): *Stones, Bones and Skins: Ritual and Shamanic Art.* Toronto: Society for Art Publications.

Gair, Christopher 2007: *The American Counterculture.* Edinburgh: Edinburgh University Press.

Georgi, Johann Gottlieb; Gmelin, Johann Georg; Pallas, Peter Simon et.al. 1779: *Sammlung Rußischer Reisen oder Geschichte der neuesten Entdeckungen im Rußischen und Persischen Reiche, vornehmlich was die Naturgeschichte, Künste, Regierungsarten und das Militär betrift.* Bern: Typographische Societät.

Gockel, Bettina 2006: Opfer und Heilerin. Frida Kahlo als Schamanin? In: Bucerius Kunst Forum 2006: *Ausstellungs-Katalog Frida Kahlo.* Hamburg. S. 40-51.

Goethe, Johann Wolfgang von 1982 [1774]: *Prometheus.* Weimar: Goethe- und Schiller-Archiv.

Goldmann 1997 [1991]: The End. In: Rocco, John M. (Hg.) 1997: *The Doors Companion. Four Decades of Commentary.* New York: Schirmer Books. S. 5-11.

Goldsmith, Melissa 2007: *Criticism Lighting his Fire. Perspectives on Jim Morrison from Los Angeles Free Press, Down Beat, and The Miami Herald.* Thesis an der Louisiana State University. Elektronisches Dokument: http://etd.lsu.edu/docs/available/etd-11162007-105056/unrestricted/Goldsmith_thesis.pdf [aufgerufen am 17.08.2012]

Goldstein, Richard 1997 [1967]: The Shaman as Superstar. In: Rocco, John M. (Hg.) 1997: *The Doors Companion. Four Decades of Commentary.* New York: Schirmer Books. S. 5-11.

Goldstein, Richard und Morrison, Jim 1992 [1969]: Interview für Critique (WNET-TV), Frühjahr 1969. In: Hopkins, Jerry 1992 (Hg.): *Jim Morrison. Der König der Eidechsen: Die endgültige Biographie und die großen Interviews.* München, Paris, London: Schirmer-Mosel. S. 189-193.

Goodrow, Gérard A. 1991: Joseph Beuys und Schamanismus. In: Harlan, Volker; Koepplin, Dieter; Velhagen, Rudolf (Hg.) 1991: *Joseph Beuys-Tagung Basel 1.-4. Mai 1991.* Basel: Wiese Verlag. S.96-101.

Gover, Robert 1982 [1981]: A hell of a way to peddle poems. In: Lisciandro, Frank 1982: *Jim Morrison. An Hour for Magic.* London: Eel Pie Publishing. S. 136-141.

Graevenitz, Antje von 1984: Erlösungskunst oder Befreiungspolitik, Wagner und Beuys. In: Förg, Gabriele (Hg.): *Unsere Wagner: Joseph Beuys, Heiner Müller, Karlheinz Stockhausen, Hans Jürgen Syberberg.* Frankfurt a.M.: Fischer. S. 11-49.

Graevenitz, Antje von 1993 a: Heilen. In: Bezzola, Tobia und Szeemann, Harald (Hg.) 1993: *Joseph Beuys*. [Ausstellungskatalog des Kunsthauses Zürich]. Zürich: Pro Litteris. S. 263.

Graevenitz, Antje von 1993 b: Nomaden. In: Bezzola, Tobia und Szeemann, Harald (Hg.) 1993: *Joseph Beuys*. [Ausstellungskatalog des Kunsthauses Zürich]. Zürich: Pro Litteris. S. 274-275.

Graevenitz, Antje von 1993 c: Ritual. In: Bezzola, Tobia und Szeemann, Harald (Hg.) 1993: *Joseph Beuys*. [Ausstellungskatalog des Kunsthauses Zürich]. Zürich: Pro Litteris. S. 280-281.

Grinten, Franz Joseph van der 1990: Eurasia. Eine Welt der Kräfte. In: Haenlein, Carl 1990 (Hg.): *Joseph Beuys. Eine Innere Mongolei*. Hannover: Kestner-Gesellschaft. S. 11-16.

Grinten, Hans van der 1987: *Beuys vor Beuys*. Köln: Dumont.

Grum-Grzhimailo, A.G. 1989: *Pis'ma G.N. Potanina*. Irkutsk: iz-vo Irkutskogo universiteta.

Gusaitis, Rasa 1968: Janis Joplin: She's a ‚Shaman Woman'. In: *The Toledo Blade* vom 15.12.1968. Elektronisches Dokument: http://news.google.com/newspapers?nid=1350&dat=19681215&id=Q8zAAAAIBAJ&sjid=pgEEAAAAIBAJ&pg=4059,358636 [aufgerufen am 21.06.2012].

Haenlein, Carl 1990 (Hg.): *Joseph Beuys. Eine Innere Mongolei*. Hannover: Kestner-Gesellschaft.

Hahn, Hans Peter 2005: *Materielle Kultur: Eine Einführung*. Berlin: Dietrich Reimer Verlag.

Hahn, Hans Peter 2011: Antinomien kultureller Aneignung. In: *Zeitschrift für Ethnologie* 136. S. 11-26.

Halifax, Joan 1988 [1982]: *Shaman: The Wounded Healer*. London: Thames & Hudson.

Halifax, Joan 1994: *The fruitful Darkness. Reconnecting with the Body of the Earth*. New York: Random House Value Publishing.

Hamayon, Roberte 1996: Game and Games, Fortune and Dualism in Siberian Shamanism. In: Pentikäinen, Juha (Hg.) 1996: *Shamanism and Northern Ecology*. Berlin, New York: Mouton de Gruyter. S. 61-66.

Hamayon, Roberte 2000: *„Ecstasy" and the Self or the West-dreamt Shamanism. From Socrates to New Age Postmodernism*. Hongkong. Elektronisches Dokument: www.sociodep.hku.hk/events/hamlecture.rtf [aufgerufen am 20.06.2012].

Hammond, Dorothy 1969: Review of Shamanism,The Beginnings of Art, by Andreas Lommel. In: *American Anthropologist* 71 (1969). S. 533-534.

Harlan, Volker und Beuys, Joseph 1976: Interview mit Joseph Beuys. In: Harlan, Volker; Rappmann, Rainer; Schata, Peter 1976: *Soziale Plastik. Materialien zu Joseph Beuys.* Achberg: Achberger Verlag.

Harlan, Volker; Rappmann, Rainer; Schata, Peter 1976: *Soziale Plastik. Materialien zu Joseph Beuys.* Achberg: Achberger Verlag.

Harner, Michael 1996 [1980]: *Der Weg des Schamanen. Ein praktischer Führer zu innerer Heilkraft.* Reinbek: Rowohlt.

Herder, Johann Gottfried 1885 [1774]: *Alte Volkslieder.* Hildesheim: Weidmann.

Herder, Johann Gottfried 1967 [1772-1803]: *Sämtliche Werke.* Hildesheim: Georg Olms.

Hiltunen, Ari 2001: *Aristoteles in Hollywood. Das neue Standardwerk der Dramaturgie.* Bergisch Gladbach: Lübbe.

Hopkins, Jerry 1992: *Jim Morrison. Der König der Eidechsen: Die endgültige Biographie und die großen Interviews.* München, Paris, London: Schirmer-Mosel.

Hopkins, Jerry und Morrison, Jim 1992 [1969]: Interview für Rolling Stone, Frühjahr 1969. In: Hopkins, Jerry 1992 (Hg.): *Jim Morrison. Der König der Eidechsen: Die endgültige Biographie und die großen Interviews.* München, Paris, London: Schirmer-Mosel. S. 195-209.

Hopkins, Jerry und Sugerman, Daniel 1991[1980]: *Keiner kommt hier lebend raus.* Augsburg: Maro Verlag.

Hughes, Robert 1981 [1980]: *Der Schock der Moderne.* Düsseldorf, Wien: Econ Verlag.

Hultkrantz, Åke 1973: A Definition of Shamanism. In: *Temenos* 9 (1973). S. 25-37.

Hutton 2001: *Shamans. Siberian Spirituality and the Western Imagination.* London, New York: Hambledon.

Huxley, Aldous 1954: *The Doors of Perception.* London: Chatto & Windus.

Irwin, Lee o.J.: *Poet as Shaman.* Elektronisches Dokument: http://www.scribd.com/doc/44616512/Poet-as-Shaman [aufgerufen am 14.05.2012]

James, Lizz und Morrison, Jim 1981 [bestehend aus drei Interviews aus den Jahren 1968 bis 1970]: Jim Morrison: Ten years gone. In: *Creem Magazine*, 1981. Elektronisches Dokument: http://archives.waiting-forthesun.net/Pages/Interviews/JimInterviews/TenYearsGone.html [aufgerufen am 02.07.2012]

Jochelson, Waldemar 1975 [1908]: The Koryak. New York: AMS.

Jones, Dylan 1990: *Jim Morrison – Poet und Rockrebell.* München: Wilhelm Heyne.

Joyce, James 1982 [1914]: *Ulysses.* Berlin: Suhrkamp.

Jung, Carl Gustav 2011 [1922]: *Über das Phänomen des Geistes in Kunst und Wissenschaft: Gesammelte Werke 15.* Ostfildern: Patmos Verlag.

Kant, Immanuel 2001 [1790]: *Kritik der Urteilskraft.* Hamburg: Meiner.

Katharina (Kaiserin von Russland, II.) 1788: *Der sibirische Schaman. Ein Lustspiel.* Berlin: Nicolai.

Kellein, Thomas 1991: Zum Fluxus-Begriff von Joseph Beuys. In: Harlan, Volker; Koepplin, Dieter; Velhagen, Rudolf (Hg.) 1991: *Joseph Beuys-Tagung Basel 1.-4. Mai 1991.* Basel: Wiese Verlag. S. 137-142.

Kennealy Morrison, Patricia 1998 [1992]: *Strange Days. Mein Leben mit Jim Morrison.* Köln: Vgs.

Kippenberg, Hans G. 1997: *Die Entdeckung der Religionsgeschichte. Religionswissenschaft und Moderne.* München: C.H. Beck.

Knorr, Alexander 2004: Metatrickster. Burton, Taxil, Gurdjieff, Backhouse, Crowley, Castaneda. Pondicherry, München: VASA-Verlag und ALTERITAS: Münchner ethnologische Impressionen. Vol. 3.

Knorr, Alexander 2009: Die kulturelle Aneignung des Spielraums. Vom virtuosen Spielen zum Modifizieren und zurück. In: Bopp, Matthias; Nohr, Rolf F.; Wiemer, Serjoscha (Hg.) 2009: *Shooter: Eine multidisziplinäre Einführung.* Münster u. a.: LIT Verlag. S. 217-246.

Knorr, Alexander 2011: *Cyberanthropology.* Wuppertal: Peter Hammer Verlag.

Kolak, John 2006: A ‚HWY' Guide. In: *The Doors Collectors Magazine* 2006. Elektronisches Dokument: http://www.doors.com/magazine/HWY-Review.html [aufgerufen am 20.07.2012]

Kraft, Hartmut 1995: *Über innere Grenzen. Initiation in Schamanismus, Kunst, Religion und Psychoanalyse.* München: Diederichs.

Krieger, Verena 2007: *Was ist ein Künstler?* Köln: Deubner Verlag.

Kris, Ernst 1977: *Die ästhetische Illusion. Phänomene der Kunst in der Sicht der Psychoanalyse*. Frankfurt a.M.: Suhrkamp.

Krivoshapkin, M.F. 1865: *Eniseiskii okrug i ego zhizn'*. St. Petersburg: v tipografii V. Bezobrazova.

Krüger, Werner (Regisseur) 1979: *Joseph Beuys. Jeder Mensch ist ein Künstler*. [Film]. Produktionsfirma Edmund Schmidt.

Ksenofontov, Gavriil 1929:. Irkutsk: tip. Vlast' truda.

Kupferschmidt-Neugeborn, Dorothea 1995: *Heal into time and other people: Schamanismus und Analytische Psychologie in der poetischen Wirkungsästhetik von Ted Hughes*. Tübingen: Narr.

La Barre, Weston 1970: *The Ghost Dance: Origin of Religion*. London: Allen & Unwin.

Lange-Eichbaum, Wilhelm 1928: *Genie – Irrsinn und Ruhm*. München: Ernst Reinhardt.

Leibniz, Gottfried Wilhelm 2002 [1714]: *Monadologie und andere metaphysische Schriften*. Hamburg: Meiner.

Leutgeb, Doris 1993 a: Blut. In: Bezzola, Tobia und Szeemann, Harald (Hg.) 1993: *Joseph Beuys*. [Ausstellungskatalog des Kunsthauses Zürich]. Zürich: Pro Litteris. S. 244-245.

Leutgeb, Doris 1993 b: Christus(impuls). In: Bezzola, Tobia und Szeemann, Harald (Hg.) 1993: *Joseph Beuys*. [Ausstellungskatalog des Kunsthauses Zürich]. Zürich: Pro Litteris. S. 245-246.

Leutgeb, Doris 1993 c: Eurasien. In: Bezzola, Tobia und Szeemann, Harald (Hg.) 1993: *Joseph Beuys*. [Ausstellungskatalog des Kunsthauses Zürich]. Zürich: Pro Litteris. S. 257-258.

Lévi-Strauss, Claude 1958: *Anthropologie Structurale*. Paris: Plon.

Lewis, I.M. 1989: *Ecstatic Religion: A Study of Shamanism and Spirit Possession*. London: Routledge.

Lisciandro, Frank 1982: *Jim Morrison. An Hour for Magic*. London: Eel Pie Publishing.

Lommel, Andreas 1966: *Shamanism. The Beginnings of Art*. New York: McGraw-Hill.

Lommel, Andreas 1980: *Schamanen und Medizinmänner*. München: Callwey.

Lorey, Isabell 2006: *Gouvernementalität und Selbst-Prekarisierung. Zur Normalisierung von KulturproduzentInnen*. Elektronisches Dokument: http://eipcp.net/transversal/1106/lorey/en [aufgerufen am 05.09.2012]

Luhman, Niklas 2002 [1995]: *Die Kunst der Gesellschaft*. Berlin: Suhrkamp.

Mann, Thomas 2011 [1946]: *Dostojewski – mit Maßen: Einleitung zu einem amerikanischen Auswahlbande Dostojewskischer Erzählungen*. Frankfurt a.M.: Fischer E-Books.

Manzarek, Ray (Regisseur) 1985: *The Doors: Dance on Fire*. [Film]. Los Angeles: Universal Studios/Doors Music Company.

Manzarek, Ray 1998: *Light my fire: my life with the Doors*. New York: G.P.Putnam's Sons.

Marcuse, Herbert 1965 [1955]: *Triebstruktur und Gesellschaft*. Berlin: Suhrkamp.

Maslow, Abraham 1970 [1954]: *Motivation and Personality*. New York: Harper & Row.

Mennekes, Friedhelm 1991: Beuys und sein Christus. In: Harlan, Volker; Koepplin, Dieter; Velhagen, Rudolf (Hg.) 1991: *Joseph Beuys-Tagung Basel 1. -4. Mai 1991*. Basel: Wiese Verlag. S. 89-93.

Meuli, Karl 1975: *Gesammelte Schriften*. Basel: Schwabe.

Mitskevich, S.I. 1929: *Menerik i imyarechenie: Formy isterii v Kolymskom krae*. Leningrad: izd-vo AN SSSR.

Moddemann, Rainer 2001 [1991]: *Doors*. Königswinter: Heel Verlag.

Moffit, John F. 1988: *Occultism in Avant-Garde Art. The Case of Joseph Beuys*. London, Michigan: UMI Research Press.

Morrison, Jim 1979 [1969]: *The Lords and the New Creatues*. Frankfurt a.M.: Zweitausendeins.

Morrison, Jim 1989 [o.J.]: *Die verlorenen Schriften von Jim Morrison. Wildnis*. München: Schirmer-Mosel.

Morrison, Jim, o.J.: *The Lost Paris Tapes*. [Inoffizielle CD mit am 08.12.1970 aufgenommener Lyrik].

Müller, Alois Martin 1993: Schamane. In: Bezzola, Tobia und Szeemann, Harald (Hg.) 1993: *Joseph Beuys*. [Ausstellungskatalog des Kunsthauses Zürich]. Zürich: Pro Litteris. S. 282-283.

Müller, Martin 1994: *Wie man dem toten Hasen die Bilder erklärt. Schamanismus und Erkenntnis im Werk von Joseph Beuys*. Alfter: VDG.

Murken, Axel Hinrich 2008: Der Künstler als Schamane und Medizinmann. Schamanistische Strukturen im Werk von Joseph Beuys. In: Buchhart, Dieter und Wippliner, Hans-Peter (Hg.) 2008: *Joseph Beuys. Schamane.*

[Ausstellungskatalog der Kunsthalle Krems]. Nürnberg: Verlag für moderne Kunst. S. 41-49.

Myerhoff, Barbara G. 1980 [1974]: *Der Peyote Kult.* München: Trikont Verlag.

Narby, Jeremy 1999: *Cosmic Serpent.* Los Angeles: Tarcher.

Neumann, Eckhardt 1986: *Künstlermythen. Eine psycho-historische Studie über Kreativität.* Frankfurt a. M., New York: Campus Verlag.

Nietzsche, Friedrich 1870: *Die dionysische Weltanschauung.* Elektronisches Dokument: http://www.nietzschesource.org/#eKGWB/DW [aufgerufen am 16.05.2012]

Nietzsche, Friedrich 1874: *Unzeitgemäße Betrachtungen, Drittes Stück: Schopenhauer als Erzieher.* Schloss-Chemnitz: Ernst Schmeitzner. Elektronisches Dokument: http://www.nietzschesource.org/#eKGWB/SE-5 [aufgerufen am 15.05.2012]

Nietzsche, Friedrich 1889: *Nietzsche contra Wagner. Aktenstücke eines Psychologen.* Leipzig: C.G.Neumann. Elektronisches Dokument: http://www.nietzschesource.org/#eKGWB/NW

Nietzsche, Friedrich 2012 [1872]: Die Geburt der Tragödie aus dem Geiste der Musik. In: Ders. 2012: *Gesammelte Werke.* Köln: Anaconda Verlag.

Nietzsche, Friedrich 2012 [1883-1885]: *Also sprach Zarathustra. Ein Buch für Alle und Keinen.* In: Ders. 2012: Gesammelte Werke. Köln: Anaconda Verlag.

Noel, Daniel (Hg.) 1976: *Seeing Castaneda: Reactions to the "Don Juan" Writings of Carlos Castaneda.* New York: Putnam.

Noll, Richard 1983: Shamanism and Schizophrenia: A State-Specific Approach to the "Schizophrenia Metaphor" of Shamanic States. In: *American Ethnologist* 10 (3). S.443-459.

Novalis (Friedrich von Hardenberg) 1978 [1791-1802]: *Werke, Tagebücher und Briefe.* München: Hanser.

O'Brown, Norman 1985 [1959]: *Life against Death. The Psychoanalytical Meaning of History.* Middletown: Wesleyan University Press.

O'Brown, Norman 1990 [1966]: *Love's Body.* Berkeley: University of California Press.

Ohlmarks, Åke 1939: *Studien zum Problem des Schamanismus.* Lund: Gleerup.

Oman, Hiltrud 1991: Universalisierbare Intentionen und Aspekte des Joseph Beuys. In: Harlan, Volker; Koepplin, Dieter; Velhagen, Rudolf

(Hg.) 1991: *Joseph Beuys-Tagung Basel 1.-4. Mai 1991*. Basel: Wiese Verlag. S. 273-276.

o.V. 1979: Joseph Beuys – Ein Grüner im Museum. In: *Der Spiegel* vom 05. November 1979. Elektronisches Dokument: http://www.spiegel.de/spiegel/print/d-39868738.html [aufgerufen am 30.08.2012]

o.V. 2008: Jim Morrison – Eine fast lebendige Legende. In: *Süddeutsche Zeitung* vom 07.07.2008.

Palmer, Richard 1977: Toward a Postmodern Hermeneutics of Performance. In: Benamou, Michel und Caramello, Charles (Hg.) 1977: *Performance in postmodern culture*. Madison, Wisconsin: Coda Press. S. 19-32.

Pfister, Oskar 1932: Instinktive Psychoanalyse unter den Navaho-Indianern. In: *Imago: Zeitschrift für die Anwendung der Psychoanalyse auf die Natur- und Geisteswissenschaften* 18 (1). S. 81-109.

Platon 2011 [385-378 v. Chr.]: *Phaidon*. Berlin: Akademie-Verlag.

Pott, Martin 1992: *Aufklärung und Aberglaube. Die deutsche Frühaufklärung im Spiegel ihrer Aberglaubenskritik*. Tübingen: Niemeyer.

Radin, Paul 1937: *Primitive Religion: Its Nature and Origin*. New York: Viking.

Radloff, Wilhelm 1884: *Aus Sibirien: Lose Blätter aus dem Tagebuche eines reisenden Linguisten*. Leipzig: Weigel.

Reichel-Dolmatoff, Gerardo 1975: *The Shaman and the Jaguar: A Study of Narcotic Drugs among the Indians of Colombia*. Philadelphia: Temple University Press.

Ricoeur, Paul 1981: *Hermeneutics and the human sciences*. Cambridge u. A.: Cambridge University Press.

Rimbaud, Arthur 1990 [1871]: *Seher-Briefe*. Mainz: Dieterisch'sche Verlagsbuchhandlung.

Riordan, James und Prochnicky, Jerry 1991: *Break on through. The life and death of Jim Morrison*. New York: William Morrow and Company.

Rogers, Richard A. 2006: From Cultural Exchange to Transculturation: A Review and Reconceptualization of Cultural Appropriation. In: *Communication Theory* 16 (2006). S. 474-503.

Roheim, Geza 1951: Hungarian Shamanism. In: *Psychoanalysis and the Social Sciences* 3. S. 150-161.

Rössner, Michael 1988: *Auf der Suche nach dem verlorenen Paradies*. Frankfurt a. M.: Athenäum.

Roszak, Theodore 1971 [1969]: *Gegenkultur. Gedanken über die technokratische Gesellschaft und die Opposition der Jugend.* Düsseldorf, Wien: Econ Verlag.

Rothenberg, Jerome 1985 [1968]: *Technicians of the Sacred.* Berkeley: University of California Press.

Schelling, Friedrich 1799: *Erster Entwurf eines Systems der Naturphilosophie.* Jena, Leipzig: Ernst Gabler.

Schmid, Christian 2009: *Entheogene - Gottes Werk oder Teufels Beitrag? Ethnologische Betrachtungen über das kulturelle Einstellungsmuster gegenüber Entheogen-induzierten Bewusstseinszuständen in der westlichen Moderne.* Magisterarbeit an der Ludwig-Maximilians-Universität München.

Schmied-Kowarzik, Wolfdietrich 1989: Friedrich Wilhelm Joseph Schelling (1775-1854). In: Böhme, Gernot 1989: *Klassiker der Naturphilosophie. Von den Vorsokratikern bis zur Kopenhagener Schule.* München: C.H. Beck. S. 241-262.

Schneede, Uwe M. 1993: Aktion. In: Bezzola, Tobia und Szeemann, Harald (Hg.) 1993: *Joseph Beuys.* [Ausstellungskatalog des Kunsthauses Zürich]. Zürich: Pro Litteris. S. 239-240.

Schneider, Arnd 2003: On ‚appropriation‘. A critical reappraisal of the concept and its application in global art practices. In: *Social Anthropology* 11, 2 (2003). S. 215-229.

Schopenhauer, Arthur 1819: *Die Welt als Wille und Vorstellung.* Elektronisches Dokument: http://www.schopenhauer-web.org/ textos/ MVR.pdf [aufgerufen am: 05.06.2012]

Shirokogoroff, Sergei M. 1935: *Psychomental Complex of the Tungus.* London: Kegan Paul.

Siemens, Christoph 2010: Was vom Schamanen übrig bleibt. In: *Die Zeit* vom 25.09.2010.

Silverstone, Roger und Hirsch, Eric (Hg.) 1992: *Consuming Technologies: Media and information in domestic spaces.* London, New York: Routledge.

Spittler, Gerd 2001: Teilnehmende Beobachtung als Dichte Teilnahme. In: *Zeitschrift für Ethnologie* 126 (2001). S. 1-25.

Spittler, Gerd 2002: Globale Waren – Lokale Aneignungen. In: Hauser-Schäublin, Brigitta und U. Braukämper (Hg.): *Ethnologie und Globali-*

sierung: Perspektiven kultureller Verflechtungen. Berlin: Reimer. S. 15-30.

Spivak, Gayatri Chakravorty 1996: *The Spivak Reader* (Hg: Landry, Donna und Maclean, Gerald). New York, London: Routledge.

Stachelhaus, Heiner 1973: Das Phänomen Beuys. In: *Magazin Kunst. Das aktuelle Kunstmagazin* 50(2). S. 29-47.

Stachelhaus, Heiner 2004 [1987]: *Joseph Beuys*. München: Ullstein.

Stavers, Gloria 1967: Meet Jim Morrison. In: *16* vom 6. November 1967. Elektronisches Dokument: http://doorshistory.com/16magarticle.html [aufgerufen am 15.07.2012]

Steiner, Rudolf 1929: *Neun Vorträge über das Wesen der Bienen, gehalten 1923 für die Arbeiter am Goetheanum*. Dornach: Naturwissenschaftliche Sektion am Goetheanum.

Stevenson, Salli und Morrison, Jim 1992 [1970]: Interview für Circus. In: Hopkins, Jerry 1992 (Hg.): *Jim Morrison. Der König der Eidechsen: Die endgültige Biographie und die großen Interviews*. München, Paris, London: Schirmer-Mosel. S. 219-229.

Stoller, Paul 1987: *In Sorcery´s Shadow: A memoir of apprenticeship among the Songhay of Niger*. Chicago: University of Chicago Press.

Stoller, Paul 1989: *The Taste of Ethnographic Things. The Senses in Anthropology*. Philadelphia: University of Pennsylvania Press.

Stone, Oliver (Regisseur) 1991: *The Doors*. [Film]. Hollywood: Paramount Pictures.

Storm, Hyemeyohsts 1985 [1972]: *Seven Arrows*. New York: Ballantine Books.

Stuckrad, Kocku von 2003: *Schamanismus und Esoterik. Kultur- und wissenschaftsgeschichtliche Betrachtungen*. Leuven: Peeters.

Sundling, Doug 1996 [1990]: *The Doors. Artistic vision*. Chessington: Castle Communications.

Szeemann, Harald 1985: *Individuelle Mythologien*. Berlin: Merve.

Szeemann, Harald 1993: Tiere. In: Bezzola, Tobia und Szeemann, Harald (Hg.) 1993: *Joseph Beuys*. [Ausstellungskatalog des Kunsthauses Zürich]. Zürich: Pro Litteris. S. 285.

Tart, Charles 1969: *Altered States of Consciousness*. New York: Wiley.

Taussig, Michael 1987: *Shamanism, Colonialism, and the Wild Man*. Chicago: University of Chicago Press.

The Doors 1967 a: *The Doors.* [Musikalbum]. Los Angeles: Elektra Records.

The Doors 1967 b: *Strange Days.* [Musikalbum]. Los Angeles: Elektra Records.

The Doors 1968: *Waiting for the Sun.* [Musikalbum]. Los Angeles: Elektra Records.

The Doors 1969: *The Soft Parade.* [Musikalbum]. Los Angeles: Elektra Records.

The Doors 1970: *Morrison Hotel.* [Musikalbum]. Los Angeles: Elektra Records.

The Doors 1971: *L.A.Woman.* [Musikalbum]. Los Angeles: Elektra Records.

The Doors 1978 [1968-1970]: *In Concert.* [Musikalbum]. Los Angeles: Elektra Records.

The Doors 1978 [Morrison 1970]: *An American Prayer.* [Musikalbum; bestehend aus von Morrison am 08.12.1970 aufgenommener Lyrik, die nachträglich von den anderen Bandmitgliedern mit Musik unterlegt wurde]. Los Angeles: Elektra Records.

The Doors 2002 [1997]: *The Doors Box Set.* [Musikalbum und dazugehöriges Booklet]. Los Angeles: Elektra Records.

The Doors 2007 [1970]: *Live in Detroit.* [Musikalbum]. Los Angeles: Bright Midnight Records.

The Doors et.al. 1987 [1968]: *Live at the Hollywood Bowl.* [Film]. Los Angeles: The Doors Video Company.

Tisdall, Caroline 1976: *Joseph Beuys, Coyote.* München: Schirmer-Mosel.

Tisdall, Caroline 1979: *Joseph Beuys.* [Ausstellungskatalog des Solomon R. Guggenheim Museums in New York].

Tisdall, Caroline und Beuys, Joseph 1977: Interview mit Beuys am 1. Dezember 1976. In: Beuys, Joseph; Koepplin, Dieter; Tisdall, Caroline (Hg.) 1977: *Joseph Beuys: The secret block for a secret person in Ireland.* [Ausstellungkatalog des Kunstmuseums Basel].

Tobler, John und Morrison, Jim 1992 [1970]: Interview für Zigzag, Herbst 1970. In: Hopkins, Jerry 1992 (Hg.): *Jim Morrison. Der König der Eidechsen: Die endgültige Biographie und die großen Interviews.* München, Paris, London: Schirmer-Mosel. S. 211-217.

Turner, Victor 1982: *From ritual to theatre. The human seriousness of play.* New York: Performing Arts Journal.

Turner, Victor 1977: Frame, Flow and Reflection: Ritual and Drama as Public Liminality. In: Benamou, Michel und Caramello, Charles (Hg.) 1977: *Performance in postmodern culture*. Madison, Wisconsin: Coda Press. S. 33-55.

Tylor, Edward B., Sir 1871: *Primitive Culture*. London: John Murray.

Van Meier, Kurt 1967: Love, Mysticism and the Hippies. In: Vogue *Magazine* vom 15. November 1967. Elektronisches Dokument: http://archives.waiting-forthe-sun.net/Pages/Legacy/Albums/TheDoors/Reviews/LoveMysticism.html [aufgerufen am 15.07.2012]

Vasari, Giorgio 2010 [1550-1568]: *Künstler der Renaissance*. Hamburg: Nikol.

Vylenz, Dez 2005: *The mindscape of Alan Moore* [Film]. London, Amsterdam, Wien: Shadowsnake Films/Tale Filmproduktion.

Waberer, Keto von und Beuys, Joseph 1990 [o.J.]: Das Nomadische spielt eine Rolle von Anfang an. Interview. In: Haenlein, Carl 1990 (Hg.): *Joseph Beuys. Eine Innere Mongolei*. Hannover: Kestner-Gesellschaft. S. 197-221.

Wasson, R. Gordon 1957: Seeking the Magic Mushroom. In: *Life* vom 13.05.1957. Elektronisches Dokument: http://books.google.de/books?id=Jj8EAAAAMBAJ&lpg=PA100&ots=biwwlEN8c4&pg=PA100&redir_esc=y#v=onepage&q&f=false [aufgerufen am 07.09.2012]

Watts, Alan 1999 [1957]: *The Way of Zen*. New York: Vintage Books.

Weintraub, Kris 1968: Oh Caroline. In: *Crawdaddy!*, Juni 1968. Elektronisches Dokument: http://mildequator.com/documents/magazines/CrawDaddyJune1968/crawpopup3.html [aufgerufen am 15.07.2012]

Weiss, Peg 1995: *Kandinsky and Old Russia: The artist as ethnographer and shaman*. New Haven: Yale University Press.

Whitaker, Mark P. 2002: Relativism. In: Barnard, Alan und Spencer, Jonathan (Hg.) 2002: *Encyclopedia of Social and Cultural Anthropology*. London, New York: Routledge. S. 478-482.

Wikan, Unni 1992: Beyond the Words: the power of resonance. In: *American Ethnologist* 19. S. 460 – 482.

Williams, Paul 1967: Rock is Rock. A Discussion of a Doors Song. In: *Crawdaddy!*, März 1967.

Wipplinger, Hans Peter 2008: Joseph Beuys – Formender Demiurg aus Urmaterie und Urgeschichte: Der Künstler als Versöhner und Erlöser mit kathartischer Wirkung. In: Buchhart, Dieter und Wippliner, Hans-

Peter (Hg.) 2008: *Joseph Beuys. Schamane.* [Ausstellungskatalog der Kunsthalle Krems]. Nürnberg: Verlag für moderne Kunst. S. 21-27.

Wrangel, Ferdinand von 1820-1823: *Narrative of an Expedition to the Polar Sea.* New York: Harper and Brothers.

Youngblood, Gene 1967: Doors Reaching for Outer Limits of Inner Space. In: *Los Angeles Free Press* vom 01. Dezember 1967.

Zimmermann, Nadya 2008: *Counterculture Kaleidoscope. Musical and Cultural Perspectives on Late Sixties San Francisco.* Michigan: University of Michigan Press.

Znamenski, Andrei A. 2007: *The Beauty of the Primitive. Shamanism and the Western Imagination.* Oxford: Oxford, New York u.A.: Oxford University Press.

Danksagung

An dieser Stelle möchte ich allen danken, die mich beim Schreiben dieses Buches – oder besser gesagt: meiner Magisterarbeit am Institut für Ethnologie der LMU München, um die es sich hier ja ursprünglich handelt – unterstützt haben und/oder ganz allgemein mein Dasein als Mensch und Ethnologin sehr bereichern und erleichtern:

Meinem Sohn Elio für die große Geduld mit seiner Mama, die so oft in die „Unität“ musste, und für die viele Freude, die er mir macht; meinen Eltern, Gisela und Günther Riedl, für die viele Kinderbetreuung und das aufmerksame Lektorat; meinem Zweitgutachter Herrn Prof. Dr. Frank Heidemann und den Teilnehmern und Teilnehmerinnen der Magistrandenkolloquien von Herrn Knorr und Herrn Heidemann im Sommersemester 2012, sowie denjenigen des Ferienseminars zu kultureller Aneignung im April 2012, für das Interesse am Thema und die konstruktive Kritik; und Frau Dr. Nathalie Göltenboth für das freundliche Ausleihen dicker Bücher über Beuys und interessante Gespräche über denselben. Weiter danke ich Kathrin Reikowski, Reyhaneh Scharifi, Wiebke Binder und vielen anderen, die sich hier angesprochen fühlen dürfen, für gute Gespräche, Freundschaft und moralische Unterstützung.

Ein ganz besonderer Dank gilt meinem Erstgutachter, Magisterbetreuer und mittlerweile Doktorvater, Herrn PD Dr. Alexander Knorr, für seine interessierte Offenheit gegenüber meinen Themenvorschlägen und die Wertschätzung meines ethnologischen Tuns, und dafür, mir sein ansteckend innovatives, unkonventionelles und handfestes Verständnis unseres Faches nahegebracht zu haben, welches mich noch lange begleiten wird... „Drum wandle, Wandrer, wandle – doch wisse, was Du tust!“[1]

1 Knorr 2004: vi

Edition Kulturwissenschaft

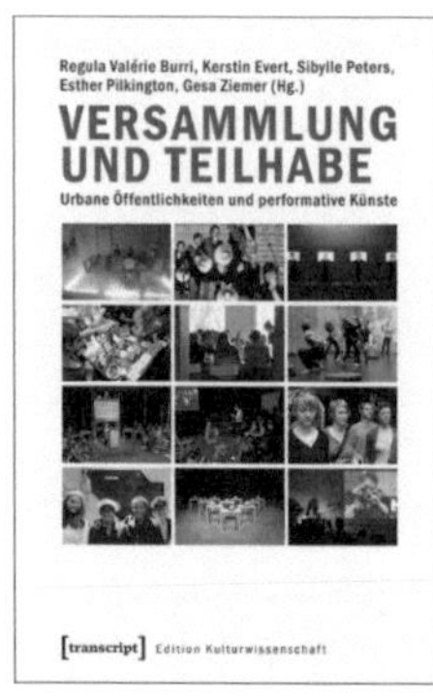

REGULA VALÉRIE BURRI, KERSTIN EVERT, SIBYLLE PETERS, ESTHER PILKINGTON, GESA ZIEMER (HG.)
Versammlung und Teilhabe
Urbane Öffentlichkeiten und performative Künste

Mai 2014, ca. 320 Seiten, kart., ca. 29,99 €,
ISBN 978-3-8376-2681-0

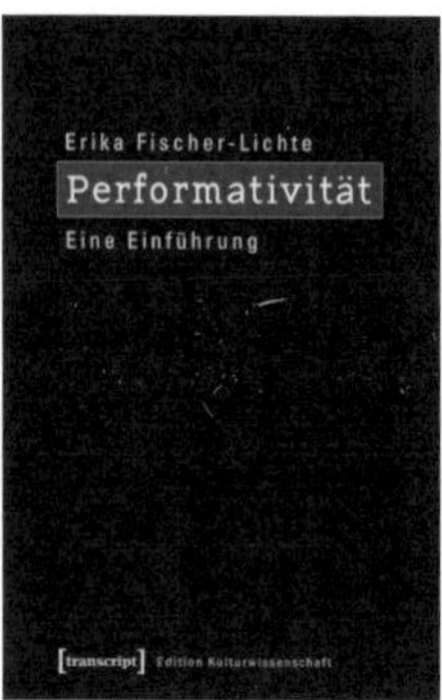

ERIKA FISCHER-LICHTE
Performativität
Eine Einführung
(2., unveränderte Auflage 2013)

2012, 240 Seiten, kart., 19,80 €,
ISBN 978-3-8376-1178-6

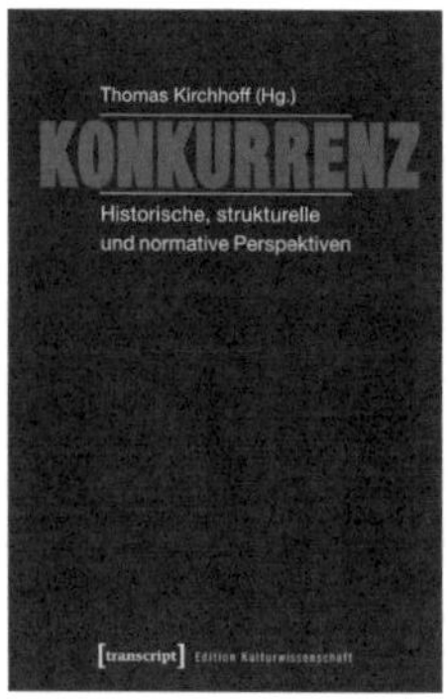

THOMAS KIRCHHOFF (HG.)
Konkurrenz
Historische, strukturelle und normative Perspektiven

September 2014, ca. 360 Seiten, kart., ca. 32,99 €,
ISBN 978-3-8376-2589-9

Leseproben, weitere Informationen und Bestellmöglichkeiten finden Sie unter www.transcript-verlag.de

Edition Kulturwissenschaft

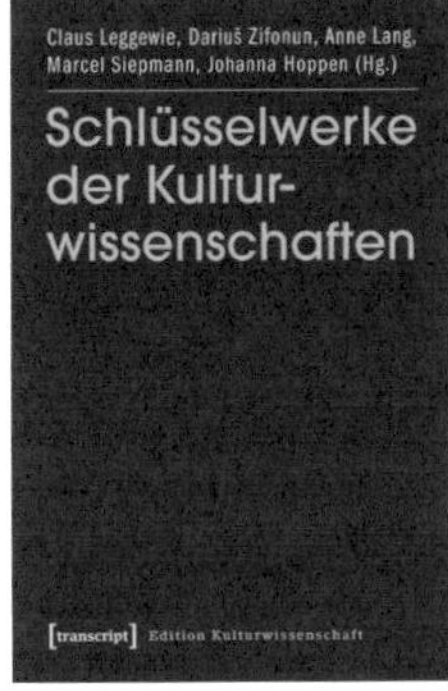

Claus Leggewie, Darius Zifonun, Anne Lang, Marcel Siepmann, Johanna Hoppen (Hg.)
Schlüsselwerke der Kulturwissenschaften

2012, 344 Seiten, kart., 25,80 €,
ISBN 978-3-8376-1327-8

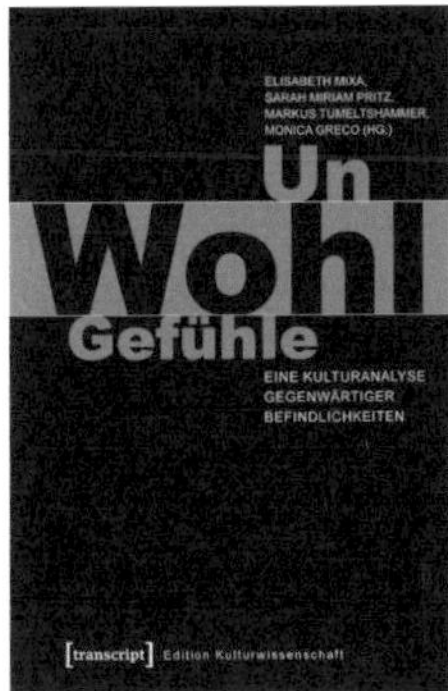

Elisabeth Mixa, Sarah Miriam Pritz, Markus Tumeltshammer, Monica Greco (Hg.)
Un-Wohl-Gefühle
Eine Kulturanalyse gegenwärtiger Befindlichkeiten

September 2014, ca. 300 Seiten, kart., ca. 29,99 €,
ISBN 978-3-8376-2630-8

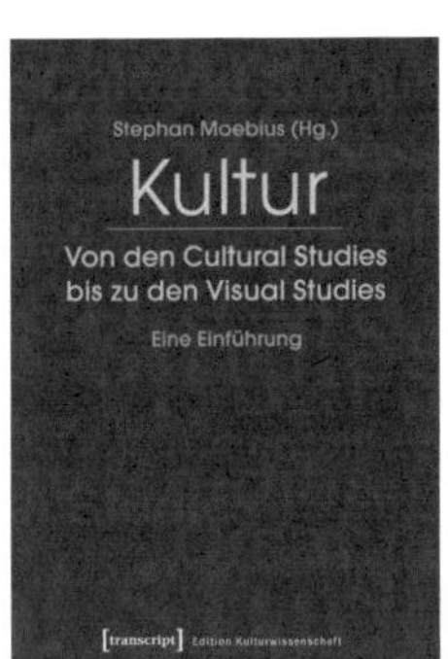

Stephan Moebius (Hg.)
Kultur. Von den Cultural Studies bis zu den Visual Studies
Eine Einführung

2012, 312 Seiten, kart., 25,80 €,
ISBN 978-3-8376-2194-5

Leseproben, weitere Informationen und Bestellmöglichkeiten finden Sie unter www.transcript-verlag.de

Edition Kulturwissenschaft

Gabriele Brandstetter,
Bettina Brandl-Risi,
Kai van Eikels
Szenen des Virtuosen
März 2014, ca. 328 Seiten,
kart., zahlr. Abb., ca. 29,80 €,
ISBN 978-3-8376-1703-0

Uta Fenske, Walburga Hülk,
Gregor Schuhen (Hg.)
Die Krise als Erzählung
Transdisziplinäre Perspektiven
auf ein Narrativ der Moderne
2013, 370 Seiten, kart., 34,80 €,
ISBN 978-3-8376-1835-8

Barbara Gronau (Hg.)
Szenarien der Energie
Zur Ästhetik und Wissenschaft
des Immateriellen
2012, 246 Seiten, kart., 29,80 €,
ISBN 978-3-8376-1689-7

Christian Grüny,
Matteo Nanni (Hg.)
Rhythmus – Balance – Metrum
Formen raumzeitlicher
Organisation
in den Künsten
Juni 2014, ca. 190 Seiten, kart., ca. 27,99 €,
ISBN 978-3-8376-2546-2

Nikolas Immer,
Mareen van Marwyck (Hg.)
Ästhetischer Heroismus
Konzeptionelle und figurative
Paradigmen des Helden
2013, 462 Seiten, kart., 36,80 €,
ISBN 978-3-8376-2253-9

Inga Klein,
Sonja Windmüller (Hg.)
Kultur der Ökonomie
Zur Materialität und Performanz
des Wirtschaftlichen
April 2014, ca. 300 Seiten, kart., ca. 29,80 €,
ISBN 978-3-8376-2460-1

Gudrun M. König,
Gabriele Mentges,
Michael R. Müller (Hg.)
Die Wissenschaften der Mode
April 2014, ca. 190 Seiten, kart., ca. 22,80 €,
ISBN 978-3-8376-2200-3

Eva Kreissl (Hg.)
Kulturtechnik Aberglaube
Zwischen Aufklärung und
Spiritualität. Strategien zur
Rationalisierung des Zufalls
2013, 584 Seiten, kart., zahlr. Abb., 29,90 €,
ISBN 978-3-8376-2110-5

Adam Paulsen,
Anna Sandberg (Hg.)
Natur und Moderne um 1900
Räume – Repräsentationen – Medien
2013, 310 Seiten, kart., 29,80 €,
ISBN 978-3-8376-2262-1

Regine Strätling (Hg.)
Spielformen des Selbst
Das Spiel zwischen Subjektivität,
Kunst und Alltagspraxis
2012, 310 Seiten, kart.,
zahlr. z.T. farb. Abb., 29,80 €,
ISBN 978-3-8376-1416-9

Rainer Wenrich (Hg.)
Die Medialität der Mode
Kleidung als kulturelle Praxis.
Perspektiven für eine
Modewissenschaft
Oktober 2014, ca. 400 Seiten,
kart., ca. 32,99 €,
ISBN 978-3-8376-2559-2

Susana Zapke,
Stefan Schmidl (Hg.)
Partituren der Städte
Urbanes Bewusstsein und
musikalischer Ausdruck
Juni 2014, ca. 210 Seiten, kart., ca. 27,99 €,
ISBN 978-3-8376-2577-6